인지발달 및 학습향상을 위한

인지 상담의 이해와 실제

박소진 · 손금옥 · 김익수

박영story

시작하는 글

    인간은 태어나기 전부터 죽을 때까지 성장과 변화를 거듭한다. 인간으로서 인간다운 삶을 영위하기 위해서 '배움'은 끝이 없는 과정이기 때문에 배움이 없는 삶이란, 상상할 수조차 없다.

    인간으로서 우리가 자연스럽게 습득하는 것처럼 생각되는 경험들과 지식들은 결코 단순한 과정을 통해 이루어지는 것이 아니다. 즉, 어린 아이가 옹알옹알거리며 소리를 내기 시작해 의미 있는 소리를 내면서부터 자신의 생각을 논리적으로 일목요연하게 설명하고 표현할 수 있기까지 오랜 세월이 걸리듯이, 우리가 학업적으로나 직업적인 성취를 하기 위해서 갖추어야 할 능력과 지식은 매우 다양하며 고된 훈련을 필요로 한다. 프로이드의 심리성적 발달단계 중 잠재기에 해당하는 학령기 아동들에게 중요한 것은 또래 관계와 앞으로 삶을 대비하기 위한 다양한 분야에 대한 학습이다. 배우고 또 배워서 자신과 가족, 사회를 구성하는 당당한 성인이 되기 위해 부지런히 학습해야 함은 당연한 것이고, 이는 그들의 권리임과 동시에 임무이다.

    그러나 이러한 '기본적인 능력이며 권리'로 받아들여지는 것들이 어떤 이들에게는 해당되지 않는 것 같다. 예를 들면, 선천적으로 장애를 가지고 태어났거나, 뇌의 이상이나 손상을 입었거나, 환경적인 결핍으로 인해 충분한 기회를 갖지 못하고 그런 기회를 박탈당하였다면, 새로운 정보를 학습하고 이를 응용하고 적용하며 일상생활이나 학업적, 직업적으로 적응하면서 살아가기란 힘든 일이다. 따라서 개개인의 특성과 능력을 고려한 전문적인 접근과 개입이 필수적이다.

    한국인지행동심리학회(협)에서는 장애와 비장애 아동청소년들을 대상으로 인지, 행동, 학습적인 개입을 하여 잠재된 능력을 개발하고 학교 학습에 보다 잘 적응할 수 있도록 하며, 더 나아가 자신의 적성에 맞는 진로를 탐색하고 사회에 훌륭히 적응하도록 돕는 전문가를 양성하는 것을 목적으로 하고 있다. 이를 위해서는 심리평가, 아동정신병리, 응용행동분석, 인지(학습)상담 등에 대한 교육이 필수적이다. 심리평가는 아동과 청소년들의 현 상태를 명확히 파악하여 치료적 목표를 세우고 적절한 치료 개입을 하기 위해 필요하며, 이런 평가는 아동과 청소년의 병리에 대한 이해가 선행되어야 한다. 응용행동분석은 문제 행동을 일으키는 대상들에게 바람직한 행동으로 유도하기 위해 필요하며, 인지(학습)을 실시하는 데 있어서 문제 행동을 효과적으로 통제하고 관리하면서 목표 행동으로 이끌고 최적의 효과를 발휘하기 위해 형성되어야 하는 것이다. 그리고 인지(학습)치료를 통해 적절한 태도를 형성시키고 수행능력을 향상시키기 위한 전략 등이 주된 내용이다.

본 교재는 인지상담을 위해 인지상담이란 무엇인지에서부터 시작하여, 인지의 개념, 인지상담이 담당하는 영역, 인지상담을 시작하기 위해 필요한 심리검사, 사례 개념화, 사례 설계, 치료 계획세우기 등 실제 치료현장에서 치료사들이 치료를 하기 위해 가장 기초적이면서도 필수적인 내용을 위주로 먼저 다루고 이후에 장애별, 단계별, 수준별 사례와 치료에 필요한 자료 등을 순차적으로 제시하고자 한다.

목차

제1장

인지상담의 개념

제 4 장

인지상담의 과정

제5장

인지상담의 실제

━━━━

제6장

치료보고서 작성하기

인지상담의 개념

인지상담의 개념

아동청소년 관련 상담센터를 운영할 때의 일이다. 상담센터를 이용하는 상당수의 부모들이 '인지상담'에 관심을 보인다. 그러면서 인지상담이 무엇인지를 묻는다. 도대체 인지상담실에서는 무엇을 하는 것인지? 잘 모르겠다면서 의구심을 갖기도 한다. 그런 질문을 수없이 받아오면서, 변변한 답변을 하지 못했던 것 같다. 그리고 인지상담사들을 채용하면서도 각 치료사들의 치료기법들이 다양하여 혼란스럽기도 하고 이에 대해 부모들의 불만도 적지 않게 있었다. 더러는 공부 못하는 아이들의 개인과외를 하는 선생님으로 오인되었기 때문에 이 치료에 대한 정의와 개념정립이 필요하였고 큰 틀에서의 인지상담의 과정이 제시될 필요성이 있었다. 현재 우리나라 발달심리상담센터 등에서 이루어지고 있는 인지상담은 '인지학습치료'나 '학습치료' 등으로 잘 알려져 있는 치료 영역 중 하나로 아론 백(Aaron Beck) 등에 의해 체계화된 **인지치료**(cognitive therapy)[1]와 구분될 필요가 있다.[2]

---

1 인지치료는 앨버트 앨리스(Albert Ellis)나 아론 백 등에 의해 1960~70년대 만들어진 인지행동치료와는 구별하여야 한다. 이 인지행동치료는 인간의 인지가 중심이 되어 인간의 정서와 행동에 영향을 미친다고 보고 비합리적이고 왜곡된 사고나 신념을 수정함으로써 각종 정신장애를 치료할 수 있다고 보는 관점을 가진 치료기법이며, 인지치료적 기법에 행동치료 기법을 보완함으로써 그 효과를 극대화하고 있고 최근에는 보다 다양하게 변화 발전하고 있다(자세한 내용은 <당신이 알아야 할 인지행동치료의 모든 것-박소진, 학지사>를 참고).
2 '인지상담'이란 용어는 '인지치료'와 구별하기 위함이며, 임상에서 치료는 보다 심각한 케이스를 다루고 상담은 '부적응' 등과 같은 문제를 다루는데 보다 광범위한 개념이다. 본서에서는 '상담'과 '치료'라는 단어를 종종 혼용하기도 한다.

01 | 인지상담과 인지의 개념

현장에서 많이 통용되고 있는 '인지학습치료'란 인지적, 정서적, 사회 적응상 등의 문제를 겪는 사람들을 대상으로 이들이 겪는 학업적, 대인관계, 의사소통, 문제 해결 등을 효과적으로 하도록 돕기 위해 인지, 행동, 학습 이론에 근거하여 계획된 치료방법으로 '인지를 개발하고 발달시키는 것'을 목적으로 하기 때문에 인지학습치료보다는 '인지상담'이라는 용어가 더 적합하다고 생각된다. 그 이유 중 하나가 '학습'이라는 용어가 단순히 아이들에게 지식을 가르치는 행위로 오인될 여지가 있기 때문이다. 따라서, 본서에서는 '인지상담'으로 명명하기로 한다.

이런 인지상담의 개념을 알기 위해 먼저 알아야 할 개념이 '인지'인데, 이 인지라는 개념은 다소 모호하고 추상적인 것으로 받아들여지곤 한다. 그래서 많은 사람들이 인지상담이라는 개념이 무엇이며 인지가 무엇인지에 대해 궁금해 하고 의문을 갖는 것일 수 있다.

인지(認知, cognition)란 '어떠한 사실을 분명하게 인식하여 아는 것'이다.

인지(認知)는 사전적 의미로 어떤 사실을 인정해서 '아는 것'으로 심리학에서는 자극을 받아들이고, 저장하고, 인출하는 일련의 정신과정, 인식(認識)을 말한다. 즉, 인지란 "앎"으로 이끄는 정신의 내적 과정과 그 소산물이며, 거의 모든 뇌의 활동과 관련되어 있고, 우리의 일상생활은 대부분 이런 의도적 행동으로 구성되어 있다. 가령, 밥을 먹거나 옷을 입거나 길을 걷거나 약속시간에 맞추어 약속장소에 늦지 않도록 찾아가는 행위, 공부를 하거나 일을 하는 행위, 사람과 관계를 맺고 유지하는 행위 등 모든 행위는 인지와 관련되어 있고 인지는 지능과 유사한 개념으로 사용되기도 하고, 사고나 생각 등과 유사한 개념으로 보기도 한다.

나이서(Neisser)는 "인지란 감각 정보가 변형되고 축소되고 정교해지고 저장되고 인출되고 활용되는 모든 정신활동을 일컫는 말이다."라고 하였다. 감각 정보(input)라는 말에는 인지가 사람과 환경과의 접촉에서 시작된다는 의미이며, 감각 정보의 변형은 바깥 세상에 대한 표상(representation)이 수동적으로 생성되는 것이 아니라 단순화나 정교화 같은 능동적 정신활동을 통해 구축된다는 의미를 가진다. 다시 말해, 우리는 주변의 물리적 자극 중 일부에만 주의를 기울일 수 있고 주의를 기울인 것 중에서도 일부만 기억할 수 있다는 뜻이다. 정교화는 주어진 감각 정보에다 다른 것을 추가할 때 일어난다. 정보를 지각하고 저장하고 인출한 후에는 그 정보를 적절하게 활용해야 하는데 결정을 내리거나 문제를 해결하는 데 그 정보를 이용해야 한다(박권생 역, 2014). 이런 인지를 다루는 인지심리학은 정보처리적 입장에서 인간의 마음을 이해하려는 관점이다.

인지에는 형태재인, 주의, 기억, 범주화, 계획, 언어의 이해 및 산출, 추론, 문제 해결, 창조 등의 모든 정신활동이 포함되며, 따라서 인지기능은 생존과 직결되는 문제로 인간은 환경에 적응하고 환경을 변화시키기 위해 사고하는 존재이다. 인간이 인간다울 수 있게 해주는 것이 바로 '인지'라고 할 수 있고 인지심리학은 지식을 습득하고 기억에 저장하며, 인출하여 지난주에 만난 사람을 기억해내는 것부터 시작하여 문제를 해결하고 타인과 의사소통하며, 시험문제를 푸는 것과 같이 다양한 과제 수행을 다루는 학문이다(도경수 외 공역, 2016).

그렇다면 다시 한번, 인지상담이 무엇인지에 대해 물어본다면, 한마디로 '인지상담이란 인지를 개발하고 발달시키기 위해 인지, 행동, 학습 이론에 근거한 치료법'을 말한다고 할 수 있다. 또한, 인지란 아는 것, 인식하는 것이며 지능, 사고, 생각과 유사한 개념으로, 인지에는 주의, 기억, 범주화, 계획, 언어의 이해 및 산출, 추론, 문제 해결, 창조 등의 거의 대부분의 정신개념이 포함되는데, 이중 부족하거나 결핍되어 있는 영역에 집중적으로 개입함으로써 개인이 가진 인지능력의 잠재력을 극대화하는 상담치료라고 볼 수 있다.

1. 인지의 주요 또는 관련 영역

인지의 주요 영역 또는 관련 영역에 대해 구체적으로 살펴보자.

1) 지각(perception)

지각은 감각기관(감각은 시각, 청각, 후각, 미각, 촉각 등 5개의 감각을 의미하며, 통상적으로 시각을 통해 가장 많은 정보가 들어옴)을 통해 들어온 정보를 통합하고 해석하는 과정을 말한다. 예를 들어, 창밖으로 보이는 풍경들이나 사물들이 시각정보로 뇌에 전달되고 이를 처리하는 과정에서 우리는 그것이 나무인지, 사람인지, 자동차인지를 구분할 수 있게 되는 것이다. 이 지각은 개인의 사물에 대한 지식이나 심리적인 상태 등에 영향을 받으며 왜곡되거나 오지각, 오해석 될 수 있다. 모든 인지과정은 지각에 의해서 시작되기 때문에 지각은 인지과정으로 통하는 관문과도 같은 역할을 한다.

이 지각은 감각, 주의, 의식, 형태재인 및 기억 등의 인지과정과 밀접한 관련이 있다.

2) 형태재인(pattern recognition)

형태재인은 자극의 정체가 확실하게 인식되는 지각의 단계로 감각기억 속에 등록된 자극의 형태(모양)에 관한 정보를 장기기억에 보관된 형태에 관한 정보와 비교하여 눈 앞에 있는 시각 자극을 '고양이'라는 동물, 'ㅂ'이라는 문자(낱자) 또는 '사랑'이라는 단어 등으로 분류하는 작업이다. 따라서 형태재인은 기억 속에 저장해두었던 정보를 활용함으로써 이루어질 수밖에 없다. 자극의 형태를 재인하는 데 필요한 정보가 없다면 그 자극의 정체를 알아낼 수 없다. 예를 들어, 라틴어를 처음 보는 사람은 라틴어를 알아차리지 못한다(박권생 역, 2014).

형태재인은 지각과정의 하위 과정으로 사람의 얼굴 인식, 글자 인식, 말의 내용 인식 등의 대상의 정체를 파악하는 과정, 지각된 내용, 지각적 표상에 의미를 부여하는 과정 등이 포함되며 주의, 기억 등의 인지과정과 연계된다.

3) 주의(attention)

주의는 정보처리를 하기 위해서 어떤 특정 정보를 '선택하고 집중'하는 능력과 관련이 있는데, '칵테일파티 효과(cocktail party effect)'는 다른 자극을 무시하고 한 자극에만 주의를 기울일 수 있는 능력으로, 파티 장소처럼 시끄러운 장소에서 한 사람과의 대화에 집중할 수 있다는 것이다. 이는 콜린(Colin)과 체리(Cherry, 1953)의 양분청취법 실험을 통해서도 증명되었다(양쪽에 다른 자극을 제시하고 한쪽 귀에 들리는 자극에만 주의를 기울이게 할 경우, 방치된 귀쪽의 정보는 거의 기억을 하지 못하였고 한쪽 귀에 제시된 정보들만 기억함).

주의를 능력이라고 보는 것은 주의력 결핍 및 과잉행동장애의 경우에는 주의를 기울이지 못하고 충동적으로 행동하는 경우를 예를 들어 설명할 수 있다. 이들이 보이는 행동은 의도적인 것이 아니라, 주의를 기울이고 유지하며 스스로의 행동을 통제하지 못하기 때문이다.

주의는 짧은 시간 동안 중요 자극에 주의를 기울일 수 있는지, 얼마나 오랫동안 유지할 수 있는지, 보다 중요한 것으로 빠른 전환이 유연하게 되는지가 중요하며, 그 외에도 용량(범위), 기억, 정서 등과도 밀접한 관련이 있다.

주의가 중요한 이유는 기본적으로 정보처리를 하기 위한 첫 단계로 지각이 인지과정으로 들어가는 관문이라면 주의는 인지과정의 첫 단계로서 이후 기억 등의 인지과정에 영향을 미치기 때문이다.

4) 기억(memory)

기억은 경험한 사실에 대한 정보들을 보유하고 인출하고 수용하는 데 수반되는 인지과정이다. 과거의 기억이 현재나 미래의 행동과 사고에 영향을 주는데 영화 <메멘토>의 경우 단기 기억 상실 장애에 걸린 주인공이 아내를 죽인 범인을 찾기 위한 내용을 다루고 있고, 영화 <공각기동대>에서는 다른 사람의 기억을 자신의 기억으로 알고 살아가게 되는 내용을 다루고 있다. 두 영화의 주인공들은 왜곡되거나 잘못된 기억으로 살아가는 데 어려움과 고통을 겪는다. 이렇게 기억은 모든 인지적 활동의 기본적 근거로, 기억 능력이 없거나 이 능력에 장애가 있다면 정상적인 삶을 유지하기 어렵다.

기억은 이름을 기억하는 단순한 과제부터 언어를 이해하고 사용하거나 목표를 수립하는 등의 어려운 과제에 이르기까지 관련된다.

기억은 크게 감각기억(sensory memory: 3-4초), 단기기억(short-term memory: 10-15초), 또는 작업기억(working memory), 장기기억(long-term memory: 수분 이상~평생)으로 나눌 수 있고 장기기억에는 '소풍'과 같은 과거 경험에 관한 일화기억(episodic memory), 자전거를 타는 것과 같은 절차 기억(procedural memory), 주소나 사진과 같은 사실들에 대한 의미기억(semantic memory)이 있다(도경수 외 공역, 2016).

5) 문제해결(problem solving)

문제를 해결한다는 것은 어려움에서 벗어나는 방법, 장애물을 극복하는 방법, 당장은 포착할 수 없었던 목적을 달성하는 방법을 찾는다는 뜻이다. 우리가 문제를 해결할 수 있는 것은 지적 능력 덕분이며 지적 능력, 즉 지능은 모든 인간이 가지고 태어난 재능이다(Goorge Polay, 1962)(박권생 역, 2014). 즉, 게임에서 이긴다든지 목적지를 찾아 간다든지, 갑작스러운 변화에 대응하는 것 등이 여기에 포함된다. 이럴 때 문제 상황을 어떤 식으로 해결할지에 대한 인지적인 처리와 조작의 과정이 문제해결 능력이라고 할 수 있다. 지능이 높던 낮던 간에 문제해결 능력이 유난히 부족한 경우를 종종 보게 되는데, 이런 아이들을 대상으로 보드게임을 실시해보면 쉽게 좌절하고 포기하는 양상을 보인다(보드게임에 관해서는 뒷부분에서 상세히 다루기로 한다). 아이의 인지수준이나 발달 수준을 고려해서 게임을 진행하다 보면 이런 문제해결 능력이 향상되는 것을 볼 수 있다. 이는 문제해결을 위한 규칙 또는 전략의 형성과 이를 적용할 수 있느냐의 여부에 달려 있으므로, 이런 능력이 부족하다면 훈련과 연습을 통해 어느 정도 습득이 가능하다.

인지상담은 위 인지 영역 중 어떤 부분에서 결함이 있는지를 찾아내어 집중적으로 자극을 제시함으로써 변화를 유도한다. 즉, 어떤 아동이 주의력에 문제가 있다고 판단된다면 주의력을 향상시키기 위한 전략과 개입이 필요한 것이다.

따라서 인지상담은 인지를 개발하고 발달시키며 이를 위해 인지의 어느 영역에서 문제를 보이는지를 심리검사 등을 통해 변별해내고 그 문제의 영역을 확인한 후 이에 맞는 적절한 치료 목표와 계획을 수립하여 직접적인 지도와 반복훈련을 통해 문제를 해결하고자 하는 치료 기법이라고 정리할 수 있다.

전술한 인지와 인지상담의 개념에 대해 분명히 하는 것은 무엇보다 중요하다. 자신이 무엇을 왜 하고 있는지도 모르고 치료(상담)를 하는 것은 목적지 없는 여행을 떠나는 것과 다름 없다. 즐겁고 기억에 남을 유익한 여행을 원한다면, 먼저 자신이 왜 여행을 가고자 하는지(의뢰 사유, 예: 또래 관계에 문제가 있다.), 어디를 가고 싶은지를 정해야 할 것이며(의뢰 동기, 예: 친구들과 잘 지내고 학교생활에 잘 적응하고 싶다.), 이것이 정해져야 대략적인 여행 계획과 세부 계획을 짤 수 있다(장기목표-사회성 향상시키기/단기 목표-상황카드 보고 이야기하기). 즉, 인지상담은 잘 짜여진 여행 계획표에 따라 정해진 목적지에 안전하게 도달하며 이 여정을 통해 보다 성숙한 단계로 성장하는 것에 그 목적이 있다. 이를 위해서는 잘 정리된 지도와 나침판(진단체계를 통한 장애 또는 문제의 분류, 심리검사를 통한 객관적이고 포괄적이며 심층적인 이해), 그리고 전문가의 조력(전문 치료사)이 필수적이다.

즉, 커다란 밑그림을 그리는 것과 같은 전략이 먼저 있어야 하고 세부적인 기술인 전술은 그 밑그림에 하나씩 그려나가면 되는 것이다. 어떤 사람들은 기술(skill)만 있으면 된다고 생각하지만, 곧 난관에 부딪치게 될 것이다. 너무나도 다양한 사례들이 있기 때문에 각 사례에 대한 이해가 없이는 제대로 된 설계를 할 수 없다. 마치 단기 기억 상실자가 된 것처럼 문득 문득 당신은 '여기가 어디지?', '나는 무엇을 하고 있는 것이지?'라는 질문을 스스로 하게 될 것이다. 아는 만큼 보인다. 따라서 사례 분석이 가장 중요하면서도 기초적인 작업이라고 할 수 있다. 진단과 심리검사, 사례분석에 대한 내용은 차후에 다룰 것이다.

02 | 인지의 발달

인지의 개념만큼 중요한 것이 인지의 발달에 대해서 아는 것이다. 인지는 평생에 걸쳐 발달되지만 인생의 초기 기간 동안이 보다 중요하다. 인지발달의 최적기(민감기)를 보통 2~3세부터 12~13세로 보고 있고, 10세 이전에 뇌의 발달이 거의 다 이루어지기 때문이다. 인간이 인간답게 살기 위해서는 연령에 맞는 경험과 교육을 통해 적절한 인지발달을 이루어야 하며, 이런 인지발달이 이루어지지 않는다면, 정상적인 성인으로 기능할 수 없다.

발달심리학자 피아제(Piaget)는 영아들이 '대상 영속성 과제'를 해결한 이후에야, "사라졌다"라는 단어를 사용할 수 있다고 하였다. 즉, 인지발달 단계마다 획득해야 하는 과제를 달성해야만 그에 관련된 언어를 이해할 수 있다는 것이다. 따라서 "자유", "평화"와 같은 눈에 보이지 않는 추상적인 용어를 이해하려면 적어도 청소년기(피아제의 인지발달 4단계)에 도달해야 가능하며, 교육이 부재하거나 지적능력에 결손이 있다면, 이를 이해하고 표현하기 어렵다. 이런 인지기능을 발달시키고 개발하기 위해서는 '교육', '학습', '경험'을 통해서 충분히 접하고 훈련되지 않는 한 적절한 인지기능을 발휘할 수 없다. 그렇기 때문에 우리가 초등, 중고등, 대학에 이르기까지 오랜 세월 공부를 하는 것이다.

그런데 통상적이고 일반적인 교육으로는 이런 인지기능을 향상시킬 수 없는 사람들이 있다. 예를 들어, 지적장애(정신지체)나 자폐와 같은 장애를 가진 사람들이다. 이들에게 적절한 개입이 들어가지 않는다면, 사회적응이 어려운 이들에게 발전할 수 있는 기회를 박탈하는 것이고 이로 인해 발생하는 고통은 당사자와 그들의 가족에게 돌아갈 것이며, 이로 인한 사회적 비용 또한 증가할 수밖에 없다.

1. 인지발달 이론(Piaget)

발달심리학자 피아제의 인지발달에는 네 단계가 있으며, 질적으로 서로 다른 이 단계들은 정해진 순서대로 진행하고, 단계가 높아질수록 복잡성이 증가한다.

1) 감각운동기(0-2세)

- 신생아의 단순한 반사들이 나타나는 출생에서 시작해서, 초기의 유아적 언어가 나타나는 상징적 사고가 시작되는 2세경에 끝난다.
- 아동의 행동은 자극에 대한 반응으로 나타나는 것이지만, 이때의 자극은 감각이고 반응은 운동이다. 그래서 이 단계를 감각운동이라고 부른다.
- 언어적 상징체계를 사용하여 경험을 조직할 수 없는 영아들은 그들의 지각을 기초로 환경을 탐색함으로써, 개념 형성의 기초를 구축하고 운동 기술이 발달한다. 영아는 세상을 이해하고 조작하기 위한 보다 확장된 감각운동적 레퍼토리를 갖게 된다.
- **대상영속성**: 물체가 눈에 보이지 않거나 소리가 들리지 않더라도 계속 존재한다는 것을 아는 것이다. 생후 6개월을 전후하여 발달하기 시작하여 1년 6개월경에 이르면 대상영속성의 개념이 완전히 발달한다.

2) 전조작기(2-7세)

- 논리적 조작이 가능하지 않기 때문에 전조작기라고 한다. '조작'의 의미는 과거에 일어났던 사건들을 내면화시켜 서로서로 관련지을 수 있는 것을 말한다.
- 이 시기의 아동들은 중심화 경향성을 나타내는데 상황의 한 차원이나 하나의 측면에 주의를 기울이고 다른 중요한 차원들을 무시하는 경향성을 말한다. 중심화의 결과로 자아 중심성, 물활론, 직관적 사고 등이 나타난다.
- 자아중심성은 자신의 조망에 의해서 세계를 지각하는 것이고, 물활론적 사고는 모든 자연물은 생명이 있다는 생각이고, 직관적 사고는 사물의 두드러진 속성에 압도되어 두 개 이상의 차원을 동시에 고려하지 못하는 것이다. 예를 들어, 한 아이가 콩자반을 젓가락으로 집어 먹으려고 하는데 젓가락질을 잘 못해서 콩이 미끄러져 나가는 것을 보고 "어, 콩이 움직이네, 콩이 살아서 움직이네?" 하는 반응은 모든 움직이는 것은 살아있다라고 생각하는 것으로 하나의 측면만을 고려한 것으로 볼 수 있다.
- 이 시기에 '상징적 사고'가 가능한데, 상징(symbol)은 어떤 것이 어떤 것을 나타내는 것으로 예를 들면, '국기'는 '국가'를 상징한다. '언어'는 가장 보편적인 상징이라 할 수 있다.

• 상징적 사고의 대표적인 것 중 하나는 가상 놀이로, 가상 놀이는 가상적인 사물이나 상황을 실제 사물이나 상황으로 상징화하는 놀이로 소꿉놀이나 병원놀이 학교놀이가 그 대표적인 예라고 할 수 있다.

3) 구체적 조작기(7-12세)

• 초등학교 시기에 해당한다.
• 가역성의 특성을 가진다. 즉, 조작의 순서는 전환될 수 있고 조작 전 상황의 특성들이 회복될 수 있다는 것을 이해한다.
• 보존개념의 이해: 물체의 외형이 변화해도 이로부터 빼거나 더하지 않으면 그 물체의 특정한 양은 그대로 보존된다는 것을 이해하는 것이다.

표 1-1 구체적 조작기 동안의 보존개념의 획득

조작	제1단계	제2단계	전조작적 사고(오답)	조작획득연령
수	두 줄의 점들이 동일한 간격으로 놓여 있다.	아래 줄에 있는 점 사이의 간격을 넓힌다.	아래 줄의 점들이 윗줄보다 더 많다.	6세
길이	두 개의 막대기	막대기를 엇비슷하게 놓는다.	위(혹은 아래)의 막대기가 더 길다.	6-7세
면적	큰 사각형 속에 4개의 작은 사각형이 있다.	한 개의 큰 사각형 속에 있는 작은 사각형을 흘어 놓는다.	왼쪽 사각형 속에 남아 있는 공간이 더 넓다.	7-8세
액체 (양)	동일한 2개의 유리컵에 동일한 양의 물이 담겨 있다.	하나의 컵에 있는 물을, 길고 가는 컵에 옮겨 붓는다.	왼쪽(혹은 오른쪽) 물이 더 많다.	7-8세
질량	공모양의 같은 크기의 찰흙	한 개를 납작하게 만든다.	왼쪽(혹은 오른쪽)이 더 무겁다.	7-8세
부피	동일한 양의 액체가 들어 있는 컵 속에 동일한 무게의 진흙공이 담겨 있다.	하나의 진흙공을 물에서 꺼내어 모양을 변형시킨 다음 다시 물속에 넣는다.	오른쪽 액체의 높이가 더 높아질 것이다.	11-12세

출처: 장휘숙 저(2013), 전생애 발달심리학, 박영사 p.127.

그러나 여러 연구들에 의하면 피아제가 제시한 것보다 더 이른 연령에서 보존개념이 출현하는 것으로 나타난다.

- **조망 수용**: 자기 중심성 사고에서 벗어나 타인의 입장, 감정, 인지 등을 추론하고 이해할 수 있는 능력이다.
- **유목화**: 물체를 공통의 속성에 따라 분류하고, 한 대상이 하나의 유목에 속하는 것으로 분류하는 것이다.
- **서열화**: 사물을 영역별로 차례대로 배열할 수 있는 능력이다. 예를 들어, 두 가지 이상의 속성(높이와 폭)에 따라 분류하는 다중 서열화도 가능하다.

4) 형식적 조작기(12세~)

- 청소년기, 청년기에 해당한다.
- 마지막 단계로 새로운 상황에 직면했을 때 현재의 경험 뿐 아니라, 과거와 미래의 경험을 이용할 수 있다.
- 이 시기가 되어야 추상적 사고, 가설적 사고, 논리적 사고가 가능하며 효율적인 지적 과업 성취가 가능하다.
- **추상적 사고**: 구체적 조작기의 아동이 구체적인 요소를 보아야만 문제해결이 가능하지만, 형식적 조작기에는 구두제시만으로도 문제 해결이 가능하다. 예를 들어, A>B, B>C이면, A>C라는 논리를 언어를 제시하는 것만으로 이해 가능하다.

따라서 아동과 청소년의 인지발달 수준을 고려한 학습이나 교육이 필요하다. 아동의 인지수준을 고려하지 않은 상태에서 무리하게 이해를 시키려고 하는 것은 효율적이지 못하고 스트레스만 가중시킬 것이다.

03 | 인지상담의 대상

인지상담에서 '학습'은 일반적인 교육현장에서 이루어지는 학습이나 교육의 개념이 아니라 인지적, 행동적, 심리적 문제를 가지고 있는 대상들의 인지적 능력을 향상시키고 개발시키기 위해 필요한 적절한 치료적 개입을 의미한다. 즉, 학습이라는 방법을 통해 인지, 행동, 심리적인 향상을 도모하는 치료 기법으로 이해할 필요가 있다.

지적 자극의 결핍, 발달적 지연, 정서적 문제 등으로 인해 기초학습 과정에 어려움이 있는 경우 지속적으로 추후 학습에 영향을 미칠 수 있으며, 의사소통이나 또래 관계의 문제를 야기할 수 있기 때문에 치료적인 교육 과정이 반드시 필요하다.

인지상담은 이러한 아동·청소년들의 인지적, 학습 능력과 학습 효율성 증진을 위해 심리치료적 접근과 교육적 접근을 통합한 치료방법이다.

인지상담은 내담자의 주호소와 지능검사, 기초학습검사 등에 필요한 심리검사를 실시한 후 종합하여 분석해 내담자의 문제영역을 파악하고, 치료계획을 수립한 후 개개인에 맞는 개별화된 프로그램을 작성·제공하여 내담자가 지닌 주 호소 문제를 개선시키고 학습에 대한 자신감과 성취감을 가질 수 있도록 돕는 치료방법으로 정리할 수 있다.

인지상담의 주된 대상은 지적 장애, 자폐스펙트럼장애, 주의력결핍과잉행동장애(ADHD), 학습장애, 학습부진(학습지체), 우울이나 불안 등으로 인해 부적응상태에 있는 아동과 청소년들이다. 이들의 대부분은 지적 기능이 낮거나 지적 기능의 활용에 어려움을 갖고 있어 지적 과업을 적절히 수행하지 못한다. 또한, 대인관계상의 문제, 문제 해결 능력이 떨어지는 성인 등도 포함될 수 있고, 최근에는 노인들을 대상으로 한 인지상담의 필요성도 대두되고 있다.

따라서 인지상담을 단순히 공부 못하는 아이들을 대상으로 공부시키는 정도로 이해해서는 안 된다는 것이다. 인지는 모든 인간 활동의 기본능력이다. 전술했듯이, 옷을 입고 밥을 먹고 목표장소를 찾아가고 사람을 만나고 어떤 특정한 과제를 수행하는 거의 모든 일에 '인지'가 필요하다. 주의력 결핍으로 인해 정서적, 학업적, 사회적으로 어려움을 겪는 대상자에게는 효율적으로 주의집중하는 능력을 길러주고, 높은 불안으로 인해 주의가 분산되었다면 그 불안을 다루어주어야 한다. 성인이 되어도 자기 조절이나 시간관리, 문제 해결 전략이 부족하다면 이들도 당연히 인지상담의 대상이 될 수 있다. 한 내담자는 대학생이 되었어도 시험 대비 준비 전략이 없어서 이에 대한 상담치료를 실시하였다. 최근 노령인구가 급증함에 따라 노인의 경우도 이들에 대한 적절한 프로그램이 없는 실정이고 특히 경도나 중증도의 치매를 가진 노인들에게도 인지상담은 매우 필요하다.

이들의 주 호소 문제와 심리검사 등을 바탕으로 기초인지능력 향상을 위해 주의집중, 기억력 향상전략, 읽기, 쓰기 등과 같은 기초학습훈련, 학습동기향상, 자기 조절, 시간 관리, 환경관리, 충동과 불안의 통제, 문제 해결 전략 등을 내담자의 필요에 따라 계획적으로 수준별, 단계별로 적용한다.

심리검사의 이해
(지능검사, 기초학력검사, 발달선별검사)

심리검사의 이해(지능검사, 기초학력검사, 발달선별검사)

심리검사는 심리측정을 위해 고안된 도구를 활용하여 실시되는 절차이고, 평가는 심리검사를 통해 얻은 자료들을 토대로 이를 해석하고 종합하며 통합하는 전문적인 과정을 말한다. 본서에서는 심리검사 중 지능검사와 기초 학력 검사 등을 중심으로 다루고자 한다.

필자가 아동청소년 치료를 하면서 가장 많이 들었던 질문 중 대다수는 "심리검사를 왜 하는가?", "비싼 비용을 치르면서 해야 할 가치가 있는가?", "검사 결과는 신뢰할만한가?" 등이었다.

이에 대한 대답은 언제나 단호하게 "심리검사는 가능하면, 할 수 있다면 해야 한다."이다. 몸이 아프면 먼저 무엇부터 하는가? 병원에 가서 의사를 만나 면담을 하고 각종 검사를 통해 어디가 왜 아픈지를 알아내려고 한다. 머리가 아프니 두통약, 소화가 안 되니 소화제를 먹으면 되지 않느냐고 물을 수 있지만, 아픈 원인은 다른 데 있을 수 있다. 증상만 가지고 판단해서는 큰 낭패를 볼 수 있다. 인지상담이나 심리치료도 이와 다를 바가 없다. 아이들이 몇 시간 동안이나 검사를 하면 너무 힘들어서 이건 아동학대 수준이라고 비아냥거리는 이야기를 들은 적이 있다. 아이가 힘들어 하면 무턱대고 하지 말아야 하나? 힘들어 한다면 적절히 시간을 분배해서 하면 될 일이다. 지름길을 두고 굳이 돌아갈 필요도 없고 원인이 무엇인지를 정확히 알아야 치료가 가능하다. 단언컨대 심리검사는 신뢰할 만하고 짧은 몇 시간의 검사를 통해, 아동에 대해 정확하고 객관적이며 구체적인 정보를 제시한다.

인지상담에서는 주로 지능검사가 많이 활용되고 이와 함께 기초 학력 검사 등을 같이 실시하면 활용도를 높일 수 있다.

01 | 지능검사 K-WISC-III, IV의 이해와 활용

'인지'는 앞에서 설명한 대로 추상적인 개념으로, 대뇌활동과 직접적으로 연결되어 있기 때문에 '지능'과 유사한 개념으로 보기도 한다. 그러나 지능 또한 인지와 마찬가지로 추상적인 개념이다. 먼저 지능의 정의부터 살펴보자.

"지능은 환경에 얼마나 잘 적응할 수 있는지를 보여주는 예상치"

지능(intelligence)의 어원은 라틴어 'intelligentia'에서 유래된 것으로 'inter'란 '내부에서'를 뜻하며, 'leger'란 '모이고, 선택하고, 분별한다.'는 뜻이다. 웩슬러(Wechsler)는 지능을 "개인이 목적에 맞게 활동하고 합리적으로 사고하며 자신을 둘러싼 환경을 효과적으로 처리해 나가는 종합적, 총체적 노력"이라고 정의하고 있다(신민섭 외, 2007).

지능검사는 개인의 지능 수준과 인지적 잠재력을 알려줄 뿐 아니라 개인의 인지적, 신경심리적 특성을 파악하여 임상적 진단을 명료화해줄 자료를 제공해주고 치료 계획을 세우는 과정에서 치료 목표를 설정하거나 진로 지도의 목적, 교육적 배치 등으로 상담과 임상장면에서 다양하게 사용되고 있다. 따라서 인지상담에서 지능검사는 필수적이라고 할 수 있다. 지적 수준에 맞는 개별적인 치료를 세워야 하기 때문이다. 예를 들어, 지능검사를 통해 기질적인 문제가 있는지, 지적 수준이 낮은지, 주의력에 문제가 있는지, 조직화에 문제가 있는지, 사회적 인지가 낮은지, 우울이나 불안으로 인해 학업 수행이 어려운지 등등을 파악함으로써 적절한 개입을 수립할 수 있다는 것이다.

지능검사 가운데 가장 널리 사용되고 있는 검사는 웩슬러 지능검사이다. 최근 K-WISC-IV(2011)가 개정이 이루어져 사용되고 있고[3] <미로>, <차례 맞추기>,

---

3 최근 2019년에 K-WISC-5가 출시되었다.

<모양 맞추기> 등 일부 소검사는 삭제되고 5개의 새로운 검사인 <공통 그림 찾기>, <순차연결>, <행렬추리>, <선책>, <단어추리>가 개발되어 추가되었으며, 소검사의 실시와 채점절차에 몇 가지 수정을 했다.

표 2-1 지능의 분류

IQ	분류
130 이상	최우수(very superior)
120-129	우수(superior)
110-119	평균상(high average)
90-109	평균(average)
80-89	평균하(low average)
70-79	경계선(boderline)
69 이하	정신지체(mentally deficient)

출처: K-WAIS 실시요강, 한국가이던스.

1. K-WISC-Ⅳ 주요 변경사항

1) 언어성과 동작성 IQ 폐기
2) 전체 IQ 및 언어이해지표, 지각추론지표, 작업기억지표, 처리속도지표의 네 가지 지표점수 산출
3) 10개의 주요 소검사와 5개의 보충소검사로 구성
4) 단어 추리, 공통그림 찾기, 행렬추리, 순차연결, 선택의 다섯 가지 소검사가 새롭게 추가
5) 미로, 차례 맞추기, 모양 맞추기 삭제

2. K-WISC-Ⅳ 지표점수와 하위 소검사 구성

표 2-2 지표점수와 하위 소검사

언어이해지표(VCI)	지각추론지표(PRI)	작업기억지표(WMI)	처리속도지표(PSI)
공통성 어휘 이해 (상식) (단어 추리)	토막짜기 공통그림 찾기 행렬추리 (빠진 곳 찾기)	숫자 순차연결 (산수)	기호쓰기 동형 찾기 (선택)

* (   )는 보충소검사

표 2-3 K-WISC-III 소검사 구성

언어성 검사	동작성 검사
1. 기본지식: 학교 학습 및 문화적 경험 등 축적된 지식 평가 2. 공통성: 언어적 개념형성 능력과 추상화 능력, 논리적 사고 능력 평가 3. 산수: 지속적인 주의집중력, 작업 기억력, 정신적 기민성 등 평가 4. 어휘: 언어적 개념화, 습득된 지식, 장기 기억력 측정 5. 이해: 도덕적, 윤리적 판단 능력, 사회적 지능, 언어적 이해력 및 표현력 평가 6. 숫자: 청각적 주의력과 단기기억. 주의폭, 주의산만성 평가	7. 빠진곳 찾기: 사물의 중요한 부분과 지엽적인 부분 구별, 본질과 비본질 구분 및 핵심을 파악하는 능력, 지각적 예민성, 현실검증력 평가 8. 차례 맞추기: 사회적 상황에 대한 이해, 전체 상황을 이해하고 구성하는 능력 평가 9. 토막짜기: 시각-운동의 협응 능력, 비언어적 개념형성 능력과 지각적 조직화 능력 등 종합능력 평가, 전체에서 부분 10. 모양 맞추기: 시각-운동의 협응 능력, 비언어적 개념형성 능력과 지각적 조직화 능력 등 종합능력 평가, 부분에서 전체 11. 기호쓰기: 주의집중력, 정신-운동 속도, 시각 기억, 성취 동기 등 평가

표 2-4 K-WISC-IV 소검사 내용

소검사	내용
1. 토막짜기	제한시간 이내에 흰색과 빨간색으로 이루어진 토막을 사용하여 제시된 모형이나 그림과 똑같은 모양을 만든다.
2. 공통성	공통적인 사물이나 개념을 나타내는 2개의 단어를 듣고 두 단어의 유사점을 말한다.
3. 공통그림 찾기	각 문항에 대해 아동은 제시된 그림을 보고 공통성으로 묶을 수 있는 그림을 찾아야 한다.
4. 숫자	숫자 바로 따라하기에서는 검사자가 불러준 숫자와 같은 순서대로 아동이 따라한다. 숫자 거꾸로 따라하기에서는 검사자가 불러준 숫자와 반대 방향으로 아동이 따라한다.
5. 기호 쓰기	간단한 기하학적인 모양이나 숫자에 대응하는 기호를 그린다. 기호표를 이용하여 아동은 해당하는 모양이나 빈칸 안에 각각의 기호를 주어진 시간 안에 그린다.
6. 어휘	그림 문항에서 아동은 소책자에 있는 사물의 이름을 말한다. 말하기 문항에서는 아동은 검사자가 읽어주는 단어의 정의를 말한다.
7. 순차연결	검사자가 연속되는 숫자와 글자를 읽어주고 아동은 숫자가 커지는 순서와 한글의 가나다 순서대로 암기하도록 한다.
8. 행렬추리	불완전한 행렬을 보고 5개의 반응 선택지에서 제시된 행렬의 빠진 부분을 찾아낸다.
9. 이해	일반적인 원칙과 사회적 상황에 대한 이해에 기초한 질문에 대답한다.
10. 동형 찾기	반응부분을 훑어보고 반응부분의 모양 중 표적 모양과 일치하는 것이 있는지를 제한 시간 내에 표시한다.
11. (빠진 곳 찾기)	그림을 보고 제한 시간 내에 빠져 있는 중요한 부분을 가리키거나 말한다.
12. (선택)	무선으로 배열된 그림과 일렬로 배열된 그림을 훑어보고 제한 시간 안에 표적 그림에 표시한다.
13. (상식)	일반적인 지식에 대한 광범위한 주제를 다루는 질문에 대답을 한다.
14. (산수)	구두로 주어지는 일련의 산수 문제를 제한시간 내에 암산으로 푼다.
15. (단어 추리)	일련의 문장에서 공통된 개념을 찾아내어 단어로 말한다.

표 2-5 K-WISC-IV 소검사 수정

	새로운 소검사	실시	기록과 채점	새로운 문항
토막짜기		✓	✓	✓
공통성		✓	✓	✓
숫자		✓	✓	✓
공통그림 찾기	✓			
기호 쓰기		✓	✓	
어휘		✓	✓	
순차연결	✓			
행렬추리	✓			
이해		✓	✓	✓
동형 찾기		✓	✓	✓
빠진 곳 찾기		✓	✓	✓
선택	✓			
상식		✓	✓	✓
산수		✓	✓	
단어추리	✓			

출처: 곽금주, 오상우, 김청택(2011), K-WISC-IV 전문가 지침서, 인사이트 심리검사 연구소.

3. K-WISC-IV 개정에서 나타난 제한점

첫째, 언어성 지능과 동작성 지능의 폐기: 언어성 지능과 동작성 지능은 각각 언어이해지표(Verbal Comprehesion Index, VCI)와 지각추론 지표(Perceptual Reasoning Index, PRI)로 대체되었으나, 언어성 지능과 동작성 지능의 유의미한 차이를 통해 분석될 수 있는 측면들이 무시될 수 있다는 제한점이 있다. 예를 들어, 언어성 지능이 동작성 지능보다 유의미하게 높을 경우 우뇌의 기능 이상, 신경증, 강박증, 우울과 같은 정서적인 문제로 인한 우뇌기능의 저하, 고학력 등 학업성취로 인한 언어 발달의 우세, 반대로 동작성 지능이 유의미하게 높을 경우 좌반구 손상, 사이코패스나 소시오패스와 같은 자기애적 성향, 빈약한 학업성취 등을 고려해 볼 수 있다.

둘째, 차례 맞추기와 모양 맞추기 소검사가 제외됨으로써 학령전기 아동들과 초등학교 저학년 아동들의 경우 검사에 대한 흥미가 감소하였다. 또한, 많은 검사자들은 차례 맞추기가 대인관계 상황에서의 사회적 인지를 측정하는 데 임상적인 가치가 있음에도 불구하고 이를 대체할 소검사가 존재하지 않는다는 문제가 있다(김도연, 옥정, 김현미, 2016).

1) 토막짜기

토막짜기(Block Design)는 지각추론지표의 주요 소검사로 총 14문항으로 구성되어 있다. 아동은 아래의 그림과 같이 주어진 자료를 보고 적−백색의 토막으로 제한 시간 내에 같은 모양으로 재현해내야 한다. 시각적 자극을 분석하고 종합하는 능력을 측정하는데, 전체를 부분으로 해체하고 그 부분을 조합하는 능력을 요한다. 이 과제를 통해 비언어적 개념형성, 시지각 및 시각적 조직화, 시각−운동협응 등의 종합적인 능력이 필요하다.

그림 자료

도움이 되는 활동

- 사물의 분해와 재조합: 퍼즐, 블록, 레고, 보드게임(예: 블로커스/젬블로) 등의 과제
- 부분/전체 관계성을 파악하고 모형이나 해답에 따라 맞추기
- 시각적 세부정보를 인식하는 활동하기
- 동기수준 강화하기

---

2) 공통성

공통성(similarities)은 총 23문항으로 이루어져 있다. 공통성 소검사는 검사자가 제시하는 두 단어의 공통점이 무엇인지를 말하도록 하는데, 두 단어의 공통속성을 의미 있는 개념으로 통합하는 능력이 필요하다. 따라서 공통성 소검사는 사건이나 사물을 의미 있는 하나의 범주로 묶을 수 있는 언어적 개념형성능력을 측정한다.

(시범문항) "자동차 바퀴와 공의 공통점은 무엇인가?" (답) "둥글다"

> 도움이 되는 활동
> • 모양, 재질 및 일상 환경자극의 차이점과 유사성을 인식하기
> • 사물/그림 분류 활동 제공하기
> • 언어발달, 동의어, 반대말 연습하기
> • 추상적 단어, 분류/일반화 연습하기

3) 숫자

숫자(Digit span)는 '숫자 바로 따라하기' 8문항, '숫자 거꾸로 따라하기' 8문항으로 이루어져 있다. 단기 청각적 기억력과 주의력을 측정하지만, 숫자 바로 따라하기와 숫자 거꾸로 따라하기 과제의 속성이 상이하므로 구별하여 분석하는 것이 필요하다. 숫자 바로 따라하기는 주로 기계적인 암기를 통한 학습, 단기기억, 순차처리 능력과 관련되는 반면, 숫자 거꾸로 따라하기는 계획 능력, 순차처리 능력과 더불어 심상을 형성하고 청각적 자극으로부터 형성된 내적 시각적 심상을 스캔하는 능력까지 포함하는 더 복잡한 인지적 과정이다. 따라서 숫자 거꾸로 따라하기의 높은 점수는 유연성, 스트레스 인내력 및 집중력을 반영한다(김도연, 옥정, 김현미, 2016).

> 도움이 되는 활동
> • 청각적 주의력 향상시키기: 짧은 이야기 읽고 세부사항 회상하기, 지시 따르기
> • 청각적 기억력 향상시키기: 기억과제 및 기억 게임 활용하기
> • 불안 감소(숫자 소검사는 불안에 취약한 검사이므로 불안을 감소시키는 것은 수행을 향상시킨다)

4) 공통 그림 찾기

공통 그림 찾기(Picture Conpets)는 2−3행의 그림을 보고 하나의 개념을 형성할 수 있는 그림을 각 행에서 하나씩 선택하도록 요구하며 총 28문항으로 이루어져 있다. 이 소검사는 추상화와 범주적 추론 능력을 측정하기 위해 새롭게 고안되었다.

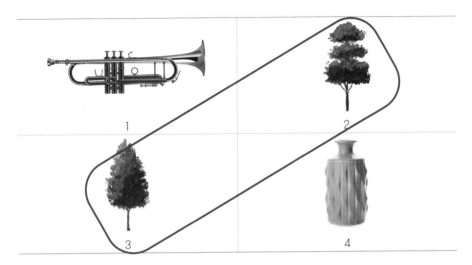

도움이 되는 활동

• 사물의 부분 묘사에 주의 기울이기
• 모양, 재질 및 일상환경 자극의 차이점과 유사점을 인식하기
• 분류와 일반화 연습하기

5) 기호쓰기

기호쓰기(Coding)는 제시된 간단한 모양이나 숫자에 해당하는 기호를 120초 내에 모사하여야 한다. 연령에 따라 A형(6-7세)과 B형(8~16세)으로 나누어 제시되는데, 7세 이하의 아이들의 경우 숫자가 익숙하지 않기 때문이다. 이 과제는 처리속도, 단기기억, 시지각, 시각-운동 협응, 시각적 주사 능력, 인지적 유연성, 주의력, 성취 동기 등을 측정하며 친숙하지 않은 과제에 대한 아동의 학습능력을 평가할 수 있다.

보기

1	2	3	4
▽	V	ㅜ	+

시행

1	3	4	1	4	3	2	3	4	1	2	4
▽	ㅜ	+									

도움이 되는 활동

- 도형과 숫자 연결 짓는 부호 개발하기, 짝지어진 사물 찾기, 추적하기 활동
- 시간압력 하에 작업할 때 야기되는 스트레스 감소시키기
- 주의폭 확장하기
- 동기수준 강화하기

---

6) 어휘

어휘(Vocabulary)는 그림을 보고 사물의 이름을 말하거나(1~4번 문항) 검사자가 읽어 주는 단어의 뜻을 정의하도록 요구받는다(5~36번). 총 36문항으로 구성된다. 이 소검사는 언어지식과 언어적 개념형성을 측정하며, 어휘능력은 아동의 학습 및 정보축적 능력을 반영한다. 그리고 다른 소검사들에 비해 상대적으로 안정적이고 신경학적 결

함이나 심리적 문제에 영향을 덜 받기 때문에 일반 지적 능력의 지표로 활용된다.

> **도움이 되는 활동**
>
> • 경험한 것 토론하기, 질문하기, 사용어휘카드 작성 및 단어 정의 내리기 등의 활동을 격려하기
> • 낱말 퍼즐, 스크래블 게임**4**, 유추게임 등
> • 아동 활동기록 및 일기 쓰기

7) 순차연결

순차연결(Letter-Number Sequencing)은 검사자가 불러주는 숫자와 문자를 커지는 순서대로, 글자는 가나다 순서대로 기억해서 나열하는 과제이며, 각 문항당 3회의 시행이 포함된 10문항으로 구성되어 있다. 7세 이하의 아동은 숫자 3까지 셀 수 있는지, 한글 '다'까지 외울 수 있는지, 검정문항을 거쳐 숫자 및 문자의 순서를 알고 있는지, 확인되었을 때 시행한다. 순차연결 소검사는 주의력, 청각적 단기기억, 정보처리 등과 연관된다.

> **도움이 되는 활동**
>
> • 청각적 기억력 강화시키기: 짧은 이야기 읽고 세부사항 회상하기, 지시 따르기
> • 기억과제 및 기억 게임(예: 시장에 가면~)

8) 행렬추리

행렬추리(Matrix Reasoning)는 총 35개의 문항으로 구성되어 있다. 다음 그림과 같이 빠진 곳에 들어갈 것을 찾는 과제로 유동성 지능의 좋은 측정치이며 일반 지적 능력에 대한 신뢰할 만한 추정치가 된다.

---

4 알파벳 철자를 보드 위에 올려서 단어를 만들고, 이에 따라서 맞는 점수를 얻어서 점수를 많이 모으면 승리하는 보드 게임이다.

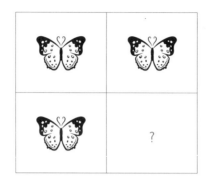

9) 이해

이해(Comprehension)는 "거짓말을 하면 안 되는 이유가 무엇인가?"와 같은 질문에 대해 그 이유를 설명하도록 요구 받는다. 총 21문항으로 구성된다. 이해 소검사는 언어적 추론과 개념 및 이해 뿐 아니라, 아동이 보유한 실용적 정보와 이전 경험을 활용하는 능력, 사회적 관습과 규범에 대한 사전적 지식 등을 측정한다.

10) 동형 찾기

동형찾기는 120초 내에 표적 기호가 반응 영역의 기호들 중에 있는지 찾아, '예/아니오'로 답하는 과제이다. 동형 찾기 소검사는 지각적 변별, 시각적 기민성과 정확성, 시각적 주사, 주의력과 집중력, 단기기억, 인지적 융통성 등을 측정한다. K-WISC-Ⅲ에서는 보충검사였으나, K-WISC-Ⅳ에서는 주요 소검사에 포함되었다.

> 도움이 되는 활동
>
> • 2개 이상의 사물을 보고 동일한지 아닌지 변별하기
> • 시간의 압박하에 작업할 때 가중되는 스트레스 감소시키기
> • 주의 폭 확장하기
> • 동기수준 강화하기

인지상담은 인지적인 능력을 발달시키거나 향상시키는 것이 목적이다. 그러기 위해서는 심리검사를 통해 객관적이고 정확한 자료를 근거로 내담자의 강·단점을 파악하고, DSM 진단체계를 통한 장애 영역을 확인하는 것이 중요하다. 즉, 지적 장애, 주의력 결핍 및 과잉행동장애, 학습장애 등의 여부를 검사를 통해 확인해야 한다.

인지상담의 경우 지능검사를 실시하는 것이 중요한데, 나이가 어리거나 발달 수준이 낮아 지능검사 실시가 어려운 경우에는 '케롤라이나 교육과정'과 같은 체크리스트나 발달(선별)검사, 인지이해력 검사와 같은 검사들을 통해서라도 어느 정도 인지능력을 측정하는 것은 필수적이다.

이를 통해서 내담자의 인지 수준이 평균 수준인지, 평균 이상인지 이하인지에 따라 치료 목표가 달라질 수 있다. 평균 수준 이상이라면 내담자의 적성과 능력에 맞추어 학업적·직업적인 성취를 이루도록 하는 것에 목표를 두어야 하지만, 평균 이하의 수준이라면 일상생활이나 사회적으로 얼마나 잘 적응하면서 살아갈 것인지가 목표가 되어야 한다. 보다 자세한 내용은 지능검사의 이해와 활용에서 상세히 다룰 것이다.

그리고 나서 내담자가 가지고 있는 핵심 문제가 무엇인지를 구체적으로 살펴볼 필요가 있다.

02 | 기초학력검사 및 발달 선별검사

인지저하를 겪고 있는 아동들이 보이는 가장 큰 어려움은 생활인지 및 학교학습상황 등 일상생활과 학업과 관련된 전반적인 영역에서 어려움을 보인다는 것이다. 인간이 생활하는데 인지는 모든 영역에서 중요한 영향을 미친다. 따라서 어려움을 보이는 영역에 대한 조기발견과 조기개입을 통한 향상 지원은 이후 삶을 건강하고 긍정적으로 영위하는 데 매우 큰 영향을 미친다.

다양한 인지영역에 대해 정확하고 세분화된 평가가 이루어질 수 있다면, 조기개입과 예후에 긍정적인 방향을 제시해줄 수 있다. 다음에 소개하는 검사들은 인지기능에 어려움을 보이는 아동들을 조기선별하고 지원하는 데 도움을 줄 수 있는 검사들이다. 또한 제시된 검사들 이 외에도 의·과학과 심리학 분야의 지속적인 발전 속에서 보다 개선된 검사도구들이 계속적으로 개발되고 있으므로 이에 대해 관심을 가지고 추이를 살펴보는 것이 중요하다.

1. 기초학력검사(KISE - BAAT)

1) 기초학력검사(KISE - BAAT) 소개

'국립특수교육원 기초학력검사'(Korea Institute for Special Education - Basic Academic Achievement Tests)는 국립특수교육원(2005)에서 제작된 개인용 기초학습능력검사로 만 5세~만 14세 아동을 대상으로 기초학력수준을 검사하는 도구로 활용되고 있다.

2) 검사의 구성

기초학력검사(KISE - BAAT)는 읽기검사, 쓰기검사, 수학검사, 세 가지 유형의 하위검사로 구성되어 있으며, 동형검사로 제작되어 있다.

검사시간은 읽기, 쓰기, 수학의 세 하위 검사별로 1시간~1시간 30분 정도 소요된다.

기초학력검사(KISE - BAAT)는 범교과적인 접근을 통하여 모든 교과의 학습에 도움이 되는 기초 문항으로 구성되어 있으며, 검사 결과로 학력지수가 산출되어 피검사자의 기초학습능력을 측정할 수 있도록 되어 있다.

각 소검사별로 구성내용을 살펴보면 다음과 같다.

첫째, 읽기검사는 선수기능, 해독능력, 낱말이해, 문장완성, 어휘선택, 문장배열, 독해능력으로 구성되어 있다.

둘째, 쓰기검사는 선수기능, 표기능력, 어휘구사력, 문장구사력, 글 구성력으로 구성되어 있다.

마지막으로 수학 검사는 수, 연산, 도형, 측정, 확률과 통계, 문제해결로 구성되어 있다.

3) 검사의 목적

기초학력검사는 읽기 · 쓰기 · 수학 등 학습과 관련된 중요 분야에서 부진과 곤란을 나타내는 아동들을 선별하고 진단하는 데 도움을 주고자 개발되었다. 또한 선별을 통해 학습에서 어려움을 보이는 이들을 지원하기 위한 목적을 지니고 있다. 또한 선별된 아동들에게는 개인이 보이는 학습의 어려움을 분석하여 지원해주기 위한 개별화 교육계획의 수립과 적용에 필요한 정보를 제공하고자 하는 데에도 검사 실시의 목적을 두고 있다.

4) 대상 연령

기초학력검사는 만 5세 ~ 만 14세 11개월 30일까지(4학년 이상인 아동의 경우 선수기능검사를 생략하고 검사를 실시) 아동들을 대상으로 실시된다.

5) 구성모형과 구성내용

(1) 기초학력검사(KISE - BAAT)의 구성방향

기초학력검사의 구성은 개인용 검사로 구성되어 있으며, 규준참조검사로 구성되어 있다.

읽기영역, 쓰기영역, 수학영역의 기초학력을 측정하는 복수심리검사(battery)인 KISE−BAAT(읽기), KISE−BAAT(쓰기), KISE−BAAT(수학)의 세 가지 유형의 소검사로 구성되어 있고 가형과 나형 2종의 동형검사로 구성되어 있다.

수행검사이며, 범교과적이고 특수아동에 대한 접근성을 고려하여 구성되어 있다.

학력지수와 학년규준을 산출하여 아동의 학습 집단 배치를 지원할 수 있는 도구로 구성되어 있다.

(2) 전체 구성모형과 구성내용

기초학력검사(KISE - BAAT)는 다음의 <표 2−6>과 같이 투입요인으로 아동변인, 교사변인, 가정변인 등 세 가지 변인을 바탕으로 읽기, 쓰기, 수학의 세 하위 영역별 내용수준을 과정요인으로 하며, 학업성취, 학교학습상황 수행, 사회생활적응의 세 가지 산출요인으로 구성되어 있다.

표 2−6　기초학력검사(KISE - BAAT)의 전체 구성모형

(3) 하위영역별 구성내용

기초학력검사(KISE - BAAT)의 하위검사 영역은 읽기, 수학, 쓰기 영역으로 구성되어 있으며 각 영역의 내용은 다음과 같다.

① 읽기영역의 구성내용

읽기영역은 선수기능평가, 음독능력평가, 독해능력평가로 구성되어 있다. 각 영역별 구성내용을 살펴보면 다음과 같다.

첫째, 선수기능검사는 같은 도형 찾기, 같은 낱자 찾기, 같은 낱말 찾기를 통해 도형 변별, 낱자 변별, 낱말 변별력을 평가한다. 즉, 읽기 기능을 수행하는데 필요한 기초적인 능력을 평가한다.

둘째, 음독능력평가는 낱자 읽기, 낱말읽기, 문장읽기 평가로 구성되어 있다. 글자를 보고 글자의 음가를 읽을 수 있는지를 평가한다.

셋째, 독해능력평가는 문장완성, 어휘선택, 어휘배열, 짧은글 이해, 낱말이해의 평가 영역으로 구성되어 있다.

② 수학영역의 구성내용

수학영역은 수, 도형, 연산, 측정, 확률과 통계, 문제해결 평가로 구성되어 있다. 각 영역별 구성내용을 살펴보면 다음과 같다.

첫째, 수 평가는 범자연수, 분수와 소수, 비와 백분율에 대해 이해하고 있는 정도를 평가하는 항목들로 구성되어 있다.

둘째, 도형평가영역에서는 공간 감각과 도형의 모양 및 속성, 평면도형과 입체도형, 좌표와 변환에 대해 이해하는 정도를 평가한다.

셋째, 연산평가는 덧셈, 뺄셈, 곱셈, 나눗셈의 사칙연산에 대한 기본적인 개념이해와 구체물을 활용하여 연산을 할 수 있는 능력과 간단한 암산을 듣고 활용할 수 있는 정도에 대해 평가한다.

넷째, 측정평가는 길이와 각도, 넓이, 무게, 부피와 들이 등에 대한 기초적인 측정, 시간과 화폐에 대한 기초 개념과 시각과 달력, 금액, 물건값, 어림 등에 대한 이해와 활용, 수세기, 측정, 계산 등에 대한 어림하기 능력에 대해 평가를 한다.

다섯째, 확률과 통계평가는 간단한 표와 차트, 그래프, 경우의 수와 확률에 대해 평가한다.

여섯째, 문제해결평가는 간단한 문제해결과 문제의 이해 및 전략, 복잡한 문제해결 등에 대해 평가한다.

③ 쓰기영역의 구성내용

쓰기영역은 선수기능, 표기기능, 어휘구사력, 문장구사력, 글 구성력 평가로 구성되어 있다. 각 영역의 구성내용은 다음과 같다.

첫째, 선수기능평가는 사물, 숫자, 기호, 문자를 변별하기, 줄긋기, 도형 그리기, 글자를 보고 쓰기, 자신의 이름 쓰기 등 쓰기 영역과 관련된 기초기능을 평가하는 문항들로 구성되어 있다. 이 검사를 통해 아동의 쓰기준비도와 현재 수행가능 수준을 평가할 수 있다.

둘째, 표기기능평가는 낱자와 낱말 쓰기, 맞춤법에 맞추어 쓰기, 받아쓰기와 띄어쓰기, 문장 부호의 사용 정도에 대해 평가한다.

셋째, 어휘구사력 평가는 주어진 낱말을 사용하여 짧은 글을 지을 수 있는가, 주어진 두 낱말의 뜻을 구분할 수 있으며 이를 이용하여 짧은 글짓기를 할 수 있는가, 주어진 낱말을 보고 연상되는 낱말을 쓸 수 있는가 등에 대해 평가한다.

넷째, 문장구사력 평가는 주어진 문장을 이해하고 문장 속에 알맞은 낱말을 쓸 수 있는가, 그림을 보고 다른 형태의 문장들을 만들 수 있는가, 문장구성을 보고 잘못된 것을 고칠 수 있는가 등에 대해 평가한다.

다섯째, 글 구성력 평가는 그림을 순서대로 나열하여 이야기를 만들 수 있는가, 들려주는 글의 내용을 한 문장으로 요약하여 쓸 수 있는가, 그림을 보거나 들려주는 글을 듣고 인과관계나 닮은 점, 추론한 것 등을 쓸 수 있는가 등에 대해 평가한다.

6) 기초학력검사(KISE - BAAT)의 실시

기초학력검사는 다음과 같은 사항을 고려해 실시된다.

① 표준절차

기초학력검사(KISE - BAAT)는 표준화 과정을 거쳐 개발된 검사로 검사자는 검사요강에 제시된 검사방법, 절차 및 채점기준을 준수하여 검사를 실시하고 규준에 따라 채점을 해야 한다.

② 시행시간

검사에 소요되는 시간은 피검사자의 개인차나 검사자에 따라 차이를 보이지만 대략 60분~90분 정도가 소요된다.

③ 신뢰감의 형성과 유지

검사자는 검사가 진행되는 동안 피검사자가 편안하게 검사를 시행할 수 있도록 부드럽고 자연스러운 태도로 대해야 한다.

④ 어린 아동 및 특수 아동의 검사

유아를 대상으로 검사를 실시할 때는 피검사자가 긴장하거나 두려워하지 않도록 충분히 배려하고 검사가 실시되는 과정에서도 세심히 배려해야 한다.

7) 결과 처리 및 해석

① 규준 해석

㉠ 백분위 점수

백분위 점수는 한 집단의 점수분포 상에서 특정 피검사자의 점수 미만에 놓여있는 사례의 전체 사례에 대한 백분율을 나타내는 값이다. 백분위 점수는 피검사자가 표준집단에서 어느 정도에 위치해 있는지에 대한 상대적인 파악은 할 수 있지만 피검사자의 내적 정보를 파악할 수는 없다.

㉡ 학력지수

학력지수는 평균을 100으로 보고 표준편차가 15인 표준점수로 전환한 편파지수이다. 즉, 학력지수 100은 학년집단의 평균에 해당한다는 의미로 해석할 수 있다.

㉢ 학년규준

학년규준은 피검사자의 학력이 현재 학년수준에 비해 어느 정도 향상 또는 지체되어 있는지를 쉽게 알 수 있는 자료가 된다.

② 검사영역 간 비교

㉠ 백분위점수 프로파일을 작성하여 비교해 볼 수 있다. 검사영역별 원점수를 이용하여 작성한 프로파일을 통해 특정 피검사자가 검사영역별로 집단 내에서 어느 위치에 있는지를 쉽게 파악할 수 있다.

㉡ 검사영역별 환산점수를 이용하여 작성한 프로파일을 통해 비교해 볼 수 있다.

③ 진점수 추정

검사를 통해 산출되어진 측정의 표준오차를 이용하여 그 피검사자의 진점수를 추정할 수 있다. 또한 진점수를 통해 피검사자가 어떤 범위 내에 분포하는지를 추정할 수 있다.

2. 기초학습능력검사(NISE - B · ACT)

1) 기초학습능력검사(NISE - B·ACT)의 소개

앞서 살펴본 '국립특수교육원 기초학력검사'(Korea Institute for Special Education - Basic Academic Achievement Tests; KISE - BAAT)는 표준화된 지 10년이 지나 최근 학생들의 학업 수행수준을 적절하게 반영하지 못하고 있다고 평가된다. 따라서 사회 · 문화적 변화를 반영한 새로운 문항 개발이 필요하다는 현장의 요구가 있어 왔고, 이러한 요구에 따라 2015년부터 2016년까지 '국립특수교육원 기초학습능력검사 개발 연구'가 실시되어 2017년에 새로운 '국립특수교육원 기초학습능력검사(NISE - B · ACT)가 개발되었다.

기초학습능력검사(NISE - B·ACT)는 읽기, 쓰기, 수학의 3개 소검사로 구성되어 있으며, 학년규준과 백분위수, 환산점수 등을 활용하여 피검사자의 기초학습능력 진전도를 알아볼 수 있는 선별 검사와 진단 검사로 활용될 수 있도록 되어 있다. 기초학습능력검사(NISE - B·ACT)를 통해 특수교육대상 아동이나 장애발생의 위험성이 높은 아동들의 특성을 파악하고, 그들을 위한 교수학습계획을 수립하는 데 필요한 정보를 제공할 수 있다. 특히 특수교육 현장에서 학년규준에 의한 특수교육대상 학생 선별 및 진단에 대한 요구를 반영하여 유치원부터 중학교 3학년까지 10학년의 학년규준을 제공함으로써 특수교육대상 학생 선별 및 진단에 활용되고 있는 검사도구이다.

2) 검사의 구성

일반적으로 기초학습능력이라 함은 사람이 일상생활을 영위함에 있어 반드시 필요로 하는 최소한의 능력일 뿐만 아니라 사회생활을 영위함에 있어 필요로 하는 기본적인 능력을 의미한다(김명숙, 2002). 그러나 최근에는 사회의 발전과 이에 부응하기 위한 사회 구성원 수요의 확대로 인하여 기초학습능력에 대한 개념적 확대가 이루어지고 있다.

기초학습능력검사를 개발하기 위해서는 기초학습능력에 대한 개념적 합의가 선행되어야 한다. 기초학습능력 수준을 결정하는 관점으로 다음의 세 가지를 들 수 있다(남명호, 2008).

첫째, 교과의 내적 위계를 중심으로 기초학습능

력의 수준을 결정하는 관점이다.

둘째, 기초학습능력의 수준을 결정할 때 교과 간의 관계를 중심으로 하는 관점이 있다.

셋째, 기초학력의 수준을 결정할 때 사회적, 문화적 의사소통을 중심으로 하는 관점이다.

각각의 관점에 대해 살펴보면 다음과 같다.

첫째, 기초학습능력의 수준을 결정하는 관점이다.

교과의 내적 위계를 중심으로 기초학습능력의 수준을 결정하는 관점이다. 이 관점에서는 학습능력을 '상', '중', '하' 또는 '초', '중', '고'의 수준으로 구분하고, '하' 수준이나 초급 수준을 갖추고 있는 것을 기초학습능력으로 간주한다. 그러므로 기초학습능력이란 교과의 교육내용에 대한 성취 정도를 중심으로 접근하는 방법이다.

이러한 관점에서 기초학습능력을 절대적 개념과 상대적 개념으로 설명한다. 절대적 개념은 하 수준이나 초급 수준을 갖추는 정도에 도달한 것을 기초학습능력을 갖춘 것으로 보는 것이고, 상대적 개념은 초급 수준이 중급 수준의 기초가 되고 중급 수준은 고급 수준의 기초가 된다고 보는 관점이다.

둘째, 교과 간의 관계를 중심으로 하는 관점이다.

기초학습능력의 수준을 결정할 때 교과 간의 관계를 중심으로 하는 관점이다. 이 관점에서는 읽기, 쓰기, 수학 등의 내용 중 교과의 도구적 학습 요소를 성취하는 것을 기초학습능력에 도달한 것으로 간주한다. 즉 읽기, 쓰기, 수학 등은 도구적 기초학습능력이고, 이런 능력은 어떤 교과를 학습할 때 선행되어야 한다고 보는 관점이다.

셋째, 사회적, 문화적 의사소통을 중심으로 하는 관점이다.

기초학력의 수준을 결정할 때 사회적, 문화적 의사소통을 중심으로 하는 관점이다. 이 관점에서는 사회적, 문화적 의사소통을 할 수 있는 능력을 기초학습능력이라고 개념화한다. 기초학습능력이란 사회활동에 필요한 기억력, 사고력, 의사소통 능력, 표현력, 계산력 등을 중요하게 고려한다.

3) 검사의 목적

기초학습능력검사(NISE - B·ACT)는 아동의 기초학습 능력을 평가하기 위하여 표준화

검사로 개발한 기초학습능력 검사이다. 검사를 통해 평가하고자 하는 기초학습능력은 아동이 학습을 함에 있어 가장 기초적이고 기본적으로 활용될 수 있는 학습능력으로, 사회구성원으로서 살아가는 데 필요한 목적적 능력일 뿐만 아니라 심화된 학습을 위한 기본 학습능력이자, 다른 교과를 수행함에 있어 도구적 기능을 수행하는 학습능력으로 정의된다. 따라서 기초학습능력검사(NISE - B·ACT)는 학습을 하는데 가장 필요한 기초 능력이자 사회의 구성원으로서 살아가는 데 가장 기본이 되는 읽기와 쓰기, 그리고 수학이라는 세 부분을 기초학습능력으로 제한하여 검사하고자 하였다.

4) 대상연령

기초학습능력검사(NISE - B·ACT)는 만 5세~14세 아동의 기초학습능력을 측정하고, 특수교육대상 학생과 장애발생의 위험성이 높은 아동의 선별과 진단 및 교육정보를 제공하기 위해 개발되었다.

5) 구성 내용

① 기초학습능력검사(NISE－B·ACT)의 구성방향

기초학습능력검사(NISE - B·ACT)는 읽기와 쓰기, 그리고 수학이라는 세 부분이 기초학습능력으로 구성되어 있다.

첫째, 읽기검사영역은 대표적인 수용언어로서 글을 읽고 이해하는 능력들을 검사하는 문항들로 구성되어 있다. 읽기는 학습을 하는데 필요한 다양한 정보를 습득하는 수단일 뿐만 아니라 목적적 기능을 수행한다. 읽기를 잘 하지 못하는 학생은 심각한 학습지체나 정체 현상을 보인다.

둘째, 쓰기검사영역은 자신의 생각과 감정 등을 표현하는 중요한 능력으로 여겨진다. 실제로 언어학습의 듣기, 말하기, 읽기, 쓰기 중에 가장 복잡하고 높은 능력이 요구되는 기초학습능력이 쓰기이다. 쓰기는 대표적인 문자 언어이며 표현 언어로서, 음성적 정보를 문자적 정보로 전환하여 자신의 생각을 표현하는 핵심적인 언어능력으로, 쓰기검사 영역에서는 이러한 쓰기기능의 정도를 검사하고자 하는 문항들로 구성되어 있다.

셋째, 수학검사영역은 연산과 문제해결이라는 핵심적인 기능으로 구성되어 있다. 따라서 수학검사영역에서는 아동들이 일상생활과 교과학습을 수행함에 있어 가장 기본적 기능으로 활용될 수 있는 핵심 능력으로 여겨지는 수학과 관련한 기능들을 검사한다. 수학은 사고력과 논리력, 추론적 능력을 발달시킬 수 있는 중요한 능력이며, 수학이라는 자체가 고유한 학습영역을 구성할 뿐만 아니라 다른 교과를 학습하는 데 필요한 도구적 기능을 가지고 있다.

② 전체 구성내용

기초학습능력검사(NISE - B·ACT)는 아동의 기초학습능력을 읽기, 쓰기, 수학이라는 세 영역으로 한정하여 검사를 실시하고 있으며, 읽기, 쓰기, 수학 영역의 최근 이론적 동향과 교육과정적 특성을 고려하여 개발되었다.

기초학습능력검사(NISE - B·ACT)는 전반적으로 각 영역의 기능적 구성요소를 고려하여 하위 검사영역의 구성요인을 구축하고 있다. 이러한 기초학습능력은 국어와 수학이라는 교과적 특성과 다른 교과를 학습하는 데 필요한 도구적 기능이라는 측면을 반영한 것이다.

표 2-7 기초학습능력검사(NISE - B·ACT)의 하위검사 및 측정요소

하위 검사	내용
정보 처리	정보에 대한 학습자의 지각과정, 자극에 반응하는 시각-운동과정, 시각적 기억과 양, 길이, 무게 및 크기에 대한 관찰능력과 묶기, 분류하기, 공간적 특성과 시간에 따라 순서 짓기 등의 조직 능력, 학습자의 추론 및 적용 능력, 유추, 부조화된 관계알기 등의 관계 능력 측정
셈하기	숫자변별, 수 읽기 등 셈하기의 기초 개념부터 간단한 가, 감, 승, 제 십진 기수법, 분수, 기하, 측정 영역의 계산 및 응용문제 등 실생활에 필요한 기초적인 수학적 지식과 개념 측정
읽기 I (문자/낱말재인)	문자(낱자와 낱자군)를 변별하고 낱말을 다른 사람들이 이해할 수 있는 언어 음으로 읽는 문항들로 구성되어 있으며, 읽기 능력 측정
읽기 II (독해력)	하나의 문장을 제시하고, 문장의 의미를 이해하는지 측정 문장에 나타난 간단한 사실과 정보를 기억하고 재생하는 능력 평가
쓰기	아동들이 얼마나 낱말의 철자를 잘 알고 있는가를 측정하는 검사로서, 사물, 숫자, 기호 및 문자를 변별하는 능력, 낱자의 정확한 철자를 아는 능력, 낱말의 정확한 철자를 아는 능력 평가

③ 하위영역별 구성내용

㉠ 읽기영역의 구성내용

읽기검사 영역은 독해(decoding)와 이해(comprehension) 부분으로 구성된다. 이러한 측면에서 읽기검사는 음운처리 능력과 단어인지 능력, 읽기 유창성, 어휘, 읽기 이해를 포함할 수 있는 문항들을 포함하고 있다.

첫째, 음운처리검사에서는 음소인식과 빠른 자동 이름하기(RAN), 그리고 음절인식에 관한 문항을 중심으로 구성되어 있으며, 검사 문항에 한글은 표음문자이며 음절어의 속성을 가지고 있다는 특성을 반영하고 있다.

둘째, 글자 · 단어인지검사는 단어를 소리 내어 읽고, 단어의 의미를 파악할 수 있는 능력을 평가한다. 따라서 단어를 읽고 이해할 수 있는지 파악하는 문항과 규칙 단어와 불규칙 단어를 읽을 수 있는지를 확인하는 문항으로 구성되어 있다.

셋째, 어휘검사는 단어의 집합적 속성을 띠고 있으며, 맥락적인 상황 속에서의 단어의 의미를 파악하는 것을 매우 중요하게 여기는 검사영역이다. 따라서 단어의 개념을 확인하는 문항과 반대말, 비슷한 말, 유추, 빈칸 채우기 등의 문항으로 어휘 영역이 구성되어 있다.

넷째, 읽기 유창성은 빠르고 정확하게 읽을 수 있는지를 평가하는 항목이다. 읽기 유창성은 읽기과정에서 단어인지능력과 읽기이해능력을 연결시켜주는 교량 역할을 한다. 최근 읽기 유창성의 중요성이 강조되면서 BASA – Reading과 같은 검사 도구가 개발되어 활용되고 있다.

다섯째, 읽기이해는 문장에 대한 이해와 짧은 글에 대한 이해 정도를 파악하는 영역이다. 읽기이해는 기초학습기능검사에서 빠지지 않고 항상 포함되는 평가영역으로써, 지문을 이용한 질문을 제시하는 문항이 제시되어 있다.

㉡ 쓰기영역의 구성내용

쓰기검사는 글씨쓰기, 철자, 글쓰기(작문)로 구성되어 있다.

첫째, 글씨쓰기는 손으로 글자를 쓸 수 있는 능력을 의미한다. 이 검사를 통해 아동들의 쓰기준비도 및 글씨의 질 등을 알아본다. 구성내용은 연필 잡는 자세, 선 따라 그리기, 도형 그리기나 같은 글자 찾기, 글자 및 낱말을 조성하는 능력, 글자모양과 이름을 아는 능력들을 평가하는 7문항과 줄 · 칸에 대한 인식, 글자의 모양, 쓰기속도에 대한 5가지 문항 등 12문항을 통해 평가한다.

기본선 긋기의 발달 순서

1. 위에서 아래로 선 긋기
2. 왼쪽에서 오른쪽으로 선 긋기
3. 왼쪽으로 동그라미 그리기
4. 오른쪽으로 동그라미 그리기
5. 사선 그리기(오른쪽에서 왼쪽 → 왼쪽에서 오른쪽으로 사선 긋기)

둘째, 철자(spelling)는 단어를 맞춤법에 맞게 쓰는 것을 의미한다. 철자하기 검사에서는 받아쓰기, 옳은 철자 쓰기, 기억해서 쓰기의 세 개의 구인의 총 28개 문항을 통해 검사를 실시한다.

셋째, 글쓰기(composition)는 글쓴이가 쓰고자 하는 바를 글로 표현하는 것을 의미한다.

기초학습능력검사(NISE - B·ACT)의 글쓰기 영역은 어휘 구사력과 문장 구사력을 평가하는 문항을 중심으로 구성되었다. 문장 완성하기, 문법지식, 짧은 글짓기·이야기 구성하기, 쓰기 유창성과 관련된 총 28개의 문항을 통해 검사를 실시한다.

ⓒ 수학영역의 구성내용

최근 수학 교육의 학문적 동향은 문제해결과 추론, 표상, 수학적 의사소통 능력의 향상이 강조되고 있다. 그러므로 일상생활 속에서 접하게 되는 다양한 문제를 수학적 사고와 추론에 의해 해결하고자 하는 데 목적을 둔다. 이러한 목적을 달성하기 위하여 수와 연산, 도형, 측정, 규칙성, 자료와 가능성의 내용으로 구성되어 있다. 또한 최근 수학 평가 도구들은 수학의 내용적 측면과 활동적 측면을 모두 고려하고 있다. 내용학적 측면에서는 수, 연산, 도형, 측정, 규칙성, 자료와 가능성에 관한 사항을 하위영역으로 포함하고 있다.

따라서 기초학습능력검사(NISE - B·ACT)의 수학검사영역은 이러한 다면적인 수학적 능력에 대한 평가가 이루어질 수 있도록 수와 연산, 도형, 측정, 규칙성, 자료와 가능성의 다섯 영역의 검사들로 구성되어 있다. 또한 연령별, 수준별 평가를 위해 7세, 1~2학년군, 3~4학년군, 5~6학년군의 세 수준으로 구분하여 평가항목을 구성하고 있다.

수와 연산, 도형, 측정, 규칙성, 자료와 가능성의 다섯 영역별 문항구성들에 대해 살펴보면 다음과 같다.

첫째, 수와 연산 평가영역은 산술과 유창성에 대해 평가를 실시한다. 먼저 산술평가는 기본, 중간, 상위의 3개 수준별 차이를 두고 수와 연산의 기능에 대한 53개 항목을 통해 검사를 실시한다. 유창성 평가는 유창성1 덧셈과 뺄셈, 유창성2 나눗셈에 대하여 각 30개와 22개의 문항을 통해 검사를 실시한다.

둘째, 도형평가영역은 기본, 중간, 상위의 3개 수준별 차이를 두고 입체도형과 평면도형의 모양과 구성요소, 합동과 대칭, 직육면체, 정육면체, 각기둥, 각뿔, 원기둥, 원뿔 등 입체도형에 대한 다양한 개념을 16개 문항을 통해 평가한다.

셋째, 측정평가영역은 기본, 중간, 상위의 3개 수준별 차이를 두고 양, 시각과 시간, 길이, 들이, 무게, 어림하기, 수의 범위 등과 평면도형의 둘레와 넓이, 무게와 넓이의 여러 가지 단위, 원주율, 원의 넓이, 겉넓이와 부피 등에 대해 20개의 문항을 통해 평가한다.

넷째, 규칙성평가영역도 기본, 중간, 상위의 3개 수준별 차이를 두고 규칙 찾기, 규칙과 대응, 비와 비율, 비례식과 비례배분, 정비례 반비례, 일차방정식 등 15개의 문항을 통해 평가한다.

다섯째, 자료와 가능성 평가영역도 기본, 중간, 상위의 3개 수준별 차이를 두고 분류, 표 만들기, 그래프 그리기, 자료의 정리, 가능성과 평균, 비율그래프, 자료의 정리와 해석 등에 관한 14개의 문항을 통해 평가한다.

3. 기초학습기능검사(KEDI-Individual Basic Learning Skills Test)

1) 기초학습기능검사의 소개

기초학습기능검사(KEDI-Individual Basic Learning skills test)는 한국교육개발원(1987)에서 개발된 검사도구로서, 유아와 아동의 학습 능력과 수행 정도를 평가하는 검사들 중 대표적인 검사도구이다.

기초학습기능검사는 유치원부터 초등학교 6학년 아동까지 실시가 가능한 검사로 학생의 학습수준이 정상과 어느 정도 떨어지는가를 알아보거나 학습 진단 배치에서 어느 정도 수준의 아동 집단에 들어가야 하는가를 결정하는 데 도움을 주는 도구이다. 특히 학생들의 선수 학습 능력이나 학습 결손 상황의 파악, 학생들이 부딪치고 있는 학습장애의 현상이나 요인들을 밝혀내고 개별화교육프로그램(IEP)을 작성하는 데 도움이 된다. 또한 조기취학 가능 여부 판별, 미취학 아동의 현재 수준 파악, 선수학습 능력과 학습의 결손 상황파악, 학습장애 요인 분석, 아동의 학습수준이 정상에 비해 어느 정도 이탈되어 있는가에 대한 판정, 각 학년별, 연령별 규준을 설정하여 아동의 학력 성취도를 쉽게 알 수 있도록 되어 있다.

2) 검사의 구성

기초학습기능검사는 정보처리기능과 언어기능 및 수 기능을 측정하도록 구성되었다. 정보처리기능은 모든 학습에 일반적으로 적용되는 기능이며, 언어 기능과 수 기능은 초기의 학교학습(초등학교과정)에서 획득되는 최소한의 교육적 성취를 나타낸다. 본 검사에서 다루는 세 가지 기능은 모두 학교학습에 기초가 되는 기능이며, 학생이 얻은 점수는 유치원 및 초등학교 과정의 학년 수준을 측정할 수 있는 준거가 된다.

3) 검사의 목적

기초학습기능검사는 학생들의 선수학습 능력이나 학습 결손상황의 파악, 학생들이 부딪치고 있는 학습장애의 현상이나 요인들을 밝혀내고 개별화 교육프로그램(IEP)을 작성하여 학습에 어려움을 갖는 아동들에게 도움을 주는 데 있다.

4) 대상연령

기초학습기능검사의 검사 대상아동은 유치원부터 초등학교 6학년까지의 학생이며, 능력이 부족한 장애아동을 대상으로 기초 능력을 평가하는 데 사용된다.

5) 구성내용

(1) 기초학습기능검사의 구성방향

① 기초학습기능검사는 개인용 표준화 검사로서 아동의 학습수준이 정상과 어느 정도 떨어지는가를 알아보거나 학습 집단 배치에서 어느 정도 수준의 아동 집단에 들어가야 하는가를 결정하는 내용으로 구성되어 있다. 이러한 검사결과

를 통해 아동 지원을 위한 구체적인 개별화 교수안을 짜는 데 도움을 준다.

② 기초학습기능검사의 구성은 언어기능, 수기능 및 정보처리기능이 복합된 일종의 배터리 형식을 취하고 있다. 이러한 배터리 형식의 검사는 단일검사가 지니는 약점을 보완할 수 있다. 단일검사는 목적이 비교적 뚜렷하고 시간, 비용, 노력의 절약이란 점에서 이점이 있으나 한 가지 종류의 검사가 지니고 있는 약점이 증폭될 가능성도 있고 때로는 일시적인 변이에 의해서 점수가 제값으로 표시되지 못했을 때 초래되는 위험성을 막을 수 없는 약점이 있다.

③ 기초학습능력검사는 능력이 부족한 장애아동 뿐 아니라 유치원이나 초등학교 수준의 일반 정상아동들의 학습기능 또는 기초 능력을 평가하는 데 사용할 수 있다.

④ 기초학습기능검사는 학생들의 선수학습 능력이나 학습 결손상황의 파악, 학생들이 부딪치고 있는 학습장애의 현상이나 요인들을 밝혀내고 개별화 교육프로그램(IEP)을 작성하여 학습에 어려움을 갖는 아동들에게 도움을 주는 데 있다.

기초학습기능검사는 세 개의 기능영역에서 9개의 측정요소와 5개의 하위검사로 구성되었으며 그 내용은 다음 <표 2-8>과 같다.

표 2-8 기초학습기능검사의 구성

기능	측정요소	하위검사명
정보처리	관찰 조작 관계짓기	정보처리
언어	문자와 낱말의 재인 철자의 재인 독해력	읽기 I 쓰기 읽기 II
수	기초개념의 이해 계산능력 문제해결력	셈하기

(2) 구성내용

기초학습기능검사는 아동의 기초학습기능을 정보처리, 언어, 수라는 세 가지 기능 영역으로 정하고, 해당 영역에 대한 측정요소와 하위검사들을 실시하고 있다. 각 하위검사영역별 구성내용은 <표 2-9>와 같다.

표 2-9 기초학습기능검사의 하위검사 및 측정요소

하위 검사	내용
정보 처리	정보에 대한 학습자의 지각과정, 자극에 반응하는 시각-운동과정, 시각적 기억과 양, 길이, 무게 및 크기에 대한 관찰능력과 묶기, 분류하기, 공간적 특성과 시간에 따라 순서 짓기 등의 조직 능력, 학습자의 추론 및 적용 능력, 유추, 부조화된 관계알기 등의 관계 능력 측정
셈하기	숫자변별, 수 읽기 등 셈하기의 기초 개념부터 간단한 가, 감, 승, 제 십진 기수법, 분수, 기하, 측정 영역의 계산 및 응용문제 등 실생활에 필요한 기초적인 수학적 지식과 개념 측정
읽기 I (문자/낱말재인)	문자(낱자와 낱자군)를 변별하고 낱말을 다른 사람들이 이해할 수 있는 언어음으로 읽는 문항들로 구성되어 있으며, 읽기 능력 측정
읽기 II (독해력)	하나의 문장을 제시하고, 문장의 의미를 이해하는지 측정 문장에 나타난 간단한 사실과 정보를 기억하고 재생하는 능력 평가
쓰기	아동들이 얼마나 낱말의 철자를 잘 알고 있는가를 측정하는 검사로서, 사물, 숫자, 기호 및 문자를 변별하는 능력, 낱자의 정확한 철자를 아는 능력, 낱말의 정확한 철자를 아는 능력 평가

(3) 하위영역별 구성내용

① 정보처리

정보처리 검사는 모든 학습의 기초가 되는 다음의 세 가지 기능을 측정한다.

첫째, 정보에 대한 학습자의 지각과정, 자극에 반응하는 시각-운동과정, 시각적 기억과 양, 길이, 무게 및 크기에 대한 관찰능력을 측정한다.

둘째, 묶기, 분류하기, 공간적 특성과 시간에 따라 순서짓기 등의 조직능력을 측정한다.

셋째, 학습자의 추론 및 적용, 유추, 부조화된 관계알기 등의 관계능력을 측정한다.

② 셈하기

셈하기 검사는 숫자변별, 수 읽기 등 셈하기의 기초개념부터 간단한 가, 감, 승, 제, 십진, 기수법, 분수, 기하, 측정영역의 계산 및 응용문제 등 실생활에 필요한 기초적인 수학적 지식과 개념을 측정하는 문항들로 구성되어 있다.

③ 읽기 I (낱말과 문자의 재인)

읽기 I 검사는 문자(낱말과 낱말군)를 변별하고 낱말을 다른 사람들이 이해할 수 있는 언어음으로 읽는(발음) 문항들로 구성되어 있으며, 읽기능력을 측정하는 검사이다.

④ 읽기 II (독해력)

읽기 II 검사는 피험자에게 하나의 문장을 제시하고 조용히 묵독하게 한 다음 그 문장의 의미, 즉 문장에 나타난 간단한 사실과 정보를 기억하고 재생하여 그 문장의 의미를 가장 잘 나타내는 그림 예시문을 고르도록 하는 문항들로 구성되어 있다.

⑤ 쓰기(철자의 재인)

쓰기검사는 아동들이 얼마나 낱말의 철자를 잘 알고 있는가를 측정하는 검사로 다음의 세 가지 내용으로 구성되어 있다.

첫째, 사물, 숫자, 기호 및 문자를 변별하는 내용으로서 아동이 4개의 답지에서 3개의 답지와 같지 않은 답을 찾아야 하는 문항들로 구성되어 있다.

둘째, 낱자의 정확한 철자를 아는 능력, 즉 낱소리를 낱자와 연결하는 문항들로 구성되어 있다. 이 문항들은 검사자가 먼저 낱자의 명칭을 말해준 다음, 불러준 명칭과 같은 낱자를 답지에서 찾도록 되어 있다.

셋째는 낱말의 정확한 철자를 아는 능력, 즉 낱말의 소리를 낱말과 연결하는 능력을 알아보는 문항으로 구성되어 있다.

6) 기초학습기능검사 실시

(1) 검사의 실시순서

검사는 다음과 같은 순서로 실시한다.

① 정보처리 → ② 셈하기 → ③ 읽기 I(문자와 낱말의 재인) → ④ 읽기 II(독해력) → ⑤ 쓰기(철자의 재인)

(2) 검사 실시를 위한 지침

① 검사자는 검사를 실시하기 전 각 소검사의 실시와 채점에 대한 지시사항을 충분히 파악한 후 검사를 실시한다.

② 검사를 실시하기 전 가장 우선되어야 하는 것은 검사자와 피검사자 간의 라포형성이다. 검사자는 피검사자를 편안하게 해주고 검사에 흥미를 가지고 최선을 다할 수 있도록 격려해 줌으로써 자연스럽게 친밀감을 형성해야 한다.

③ 검사를 실시하는 도중에는 피검사자가 최선을 다하도록 격려해 준다. 예를 들어, 대답을 잘 했을 때 "아주 잘했어요!", "참 잘하는군요!"라는 등의 칭찬을 많이 해준다.

④ 만일 피검사자가 대답이 맞았는지 틀렸는지에 대해 물으면 "좋은 대답입니다"와 같이 모호하게 대답해주거나 자연스럽게 다음 문항으로 넘어간다. 이때 피검사자가 검사자의 눈빛 또는 표정을 보고 대답이 맞았는지 틀렸는지 알지 못하도록 주의해야 한다. 고학년 아동들의 경우에는 검사를 끝마칠 때까지 대답을 할 수 없다는 것을 말해주는 것도 좋다.

⑤ 채점을 하고 난 후 피검사자가 스스로 틀린 답을 맞게 고치는 경우가 있는데 이때에는 맞춘 것으로 간주하고 점수를 준다. 그러나 정답을 말해놓고도 다시 잘못된 답으로 고치면 그 문항은 틀린 답으로 채점해야 한다.

⑥ 각 소검사의 지시와 문항을 기억해서 말해 주는 것보다는, 적혀있는 대로 정확하게 읽어주되, 말하듯이 읽어주는 것이 좋다.

⑦ 피검사자가 문항이나 문항에 대한 지시사항, 각 소검사별 지시사항에 대해 다시 묻거나 분명하게 이해하지 못한 것으로 판단되면 다시 말해 줄 수 있다. 그러나 다시 말해줄 때에도 설명문항을 있는 그대로 읽어주며 그 밖에 다른 도움을 주어서는 안 된다.

⑧ 검사자는 피검사자의 대답이 채점하기에 불분명하거나 상세하지 않은 경우 좀 더 명확하고 상세하게 답을 하도록 요구할 수 있다.

⑨ 피검사자가 문항에 대해 충분히 생각하지 않고 너무 빨리 대답을 하는 경우 피검사자에게 대답하기 전에 주의 깊게 문항을 읽고 잘 생각해서 천천히 대답을 해 달라고 요구할 수 있다.

⑩ 글자를 쓰거나 그림을 그리는 등 피검사자가 직접 시범을 보여야 하는 문항을

제외한 나머지 문항에 대해서는 피검사자에게 손가락으로 문항번호를 짚게 하거나 말로 대답하도록 한다.

⑪ 검사자는 검사를 실시하기 전 먼저 기록용지에 피검사자의 인적사항을 기록한 다음 검사를 시작한다.

⑫ 피검사자가 검사 도중 물을 마시고 싶어 하거나 화장실에 다녀오고 싶어 할 경우 실시하고 있는 소검사를 마친 후 허용해 주는 것이 좋으나, 급한 용무인 경우에는 실시중인 검사를 멈추고 허용해 줄 수 있다.

(3) 검사소요시간

기초학습기능검사는 시간제한을 둔 속도검사가 아니고 피검사자의 수행 정도를 파악하는 역량검사이므로 피검사자가 지나치게 서두르지 말고 충분히 생각해 답을 할 수 있도록 안내한다. 답하는 시간은 대략 셈하기 검사의 경우 약 30초 정도, 다른 소검사들은 대략 15~20초 정도 주는 것이 적당하다.

(4) 기초학습기능검사의 결과 해석

검사를 실시, 채점하고 나면 각 소검사별로 점수를 얻게 된다. 이와 같이 검사로부터 직접 얻어진 점수를 원점수라고 한다. 얻어진 원점수를 어떤 준거에 비추어 해석을 해 점수가 지니는 상대적 의미를 분명하게 해야 한다. 따라서 기초학습기능검사의 결과해석에서는 검사과정에서 얻어진 원점수를 의미 있게 해석하기 위해 학년규준, 연령규준과 학년 및 연령별 검사의 백분위를 활용해 세 가지 유형의 유도점수를 산출하도록 하고 있다.

① 백분위 점수의 산출 및 해석

백분위란 같은 학년 또는 같은 연령 집단 내에서 한 개인의 위치를 알고자 할 때 사용되는 점수를 말한다. 한 점수의 백분위란 규준집단에 있어서 그 점수보다 낮은 점수를 받은 사람들의 전체에 대한 백분율을 말한다. 이와 같이 백분위는 한 개인의 능력 또는 집단에서의 상대적 위치를 알고자 할 때 유용하다. 즉, 백분위가 50%라면 중간, 75%라면 중간 능력보다 위이며, 98%라면 최상의 수준을 보인다고 해석할 수 있다.

② 학년(연령) 점수의 해석

학년 점수란 한 개인의 검사 결과를 여러 학년 집단의 검사 결과와 비교하는 것이 아니라 각 연령(학년) 학생들이 받은 원점수의 중앙치와 비교하여 학년 수준으로 표시하는 점수를 말한다. 연령 점수도 학년 점수와 비슷하다. 다만 피검사자의 생활연령을 이용한다는 점만 다르다. 즉, 한 검사의 원점수의 연령점수는 학생들이 받은 원점수의 중앙치와 비교하여 연령 수준으로 표시되는 점수를 뜻한다.

③ 조정된 정신연령의 산출

조정된 정신연령은 다음 공식을 이용하여 산출한다.

정신연령 = 지능지수 / 100 × 생활연령(개월수로 표시)
→ 90 / 100 × 110개월 = 99개월 = 약 8년 3개월

④ 프로파일 작성

기초학습기능검사는 학년 규준점수, 학년 규준에 대한 백분위 점수, 연령 규준점수, 연령 규준에 대한 백분위 점수 등 4종류의 프로파일을 작성한다. 이렇게 작성된 프로파일을 통해 각 소검사 간의 차이를 알 수 있고, 생활연령, 정신연령, 정신지수 및 기초학습기능(학력) 간의 차이를 비교해 볼 수 있다.

(5) 기초학습기능검사 채점의 실제

① **정보처리**: 정보처리 채점, 규준점수, 백분위 점수 전환
② **셈하기**: 셈하기 채점, 규준점수, 백분위 점수 전환
③ **읽기Ⅰ**: 읽기Ⅰ 채점, 규준점수, 백분위 점수 전환
④ **읽기Ⅱ**: 읽기Ⅱ 채점, 규준점수, 백분위 점수 전환
⑤ 합계, 규준점수 백분위 점수 전환
⑥ 프로파일 작성
⑦ 프로파일 해석

4. 읽기 성취 및 읽기 인지처리능력 검사(Reading Achievement & Reading Cognitive Processes Ability: RA - RCP)

1) 읽기 성취 및 읽기 인지처리능력 검사(RA - RCP)의 소개

읽기 성취 및 읽기 인지처리능력 검사(RA - RCP)를 통해 전반적인 읽기 성취와 읽기 인지처리능력의 종합적인 평가가 가능하고, 각 소검사별(단어인지/읽기 유창성/읽기이해) 성취 수준을 상세하게 파악할 수 있어 읽기에서의 강점은 부각시키고 약점은 보완할 수 있다. 또한 읽기 성취 영역과 읽기 인지처리능력의 점수를 확인함으로써 읽기장애학생을 진단하는 데 유용하며, 특히 단어인지 읽기장애, 읽기 유창성 읽기장애, 읽기이해 읽기장애, 중복읽기장애와 같이 세분화된 진단이 가능하다. 읽기 성취 및 읽기 인지처리능력 검사는 전반적인 읽기 성취 및 읽기 인지처리능력에 대한 정보를 제공해줌으로써 대상 학생의 읽기 특성에 알맞은 교육적 지원을 계획하는 데 필요한 정보를 제공할 수 있다.

2) 검사의 목적

읽기 성취 및 읽기 인지처리능력 검사(RA - RCP)는 초등학교 1~6학년 학생의 읽기 성취 및 읽기와 관련된 인지처리능력을 측정하는 것이 목적이다. 이 검사는 대상학생의 읽기 성취가 평균을 기준으로 어느 범위에 속하는지를 파악하고, 읽기와 관련된 인지처리능력이 평균을 기준으로 어느 범위에 속하는지를 파악할 수 있으며, 읽기장애학생의 진단과정에서 활용할 수 있다.

3) 검사의 구성

읽기 성취 및 읽기 인지처리능력 검사(RA - RCP)는 읽기 성취검사와 읽기 인지처리능력 검사로 나뉜다. 읽기 성취검사에는 단어인지 검사, 읽기 유창성 검사, 읽기이해의 소검사가 포함되어 있으며, 읽기 인지처리능력 검사에는 자모지식, 빠른 자동 이름대기, 음운기억, 문장 따라 말하기, 듣기이해, 어휘의 6개 소검사가 포함되어 있다.

읽기 성취 및 읽기 인지처리능력 검사의 소검사 항목과 하위검사들의 설명은 <표 2-10>에 제시한 바와 같다.

표 2-10 읽기 성취 및 읽기 인지처리능력 검사의 측정요소

소검사	하위검사		설명
읽기성취 검사	단어 인지	① 고빈도 음운변동 의미단어 ② 저빈도 규칙 의미단어 ③ 저빈도 음운변동 의미단어 ④ 규칙 무의미단어 ⑤ 음운변동 무의미 단어	- 개별 단어를 얼마나 정확하게 읽는지 측정한다. - 단어의 빈도(고빈도, 저빈도), 음운변동 유무(규칙 단어, 음운변동 단어), 의미 및 무의미 단어(의미 단어, 무의미 단어)를 반영하여 5개 하위검사로 구성하였다.
	읽기 유창성	① 이야기 글 ② 설명글	- 글을 얼마나 빠르고 정확하게 읽는지 측정한다. - 글의 유형은 이야기 글과 설명글로 나누어 하위검사를 구성하였다.
	읽기 이해	① 이야기 글 ② 설명글	- 글을 읽고 얼마나 이해하는지를 측정한다. - 이해질문은 내용 기억, 내용 이해, 추론을 포함하며, 글의 유형은 이야기 글과 설명글로 구성됨.
읽기 인지처리 능력 검사	자모 지식	① 자음이름 ② 모음이름 ③ 초성소리 ④ 종성소리	- 자모의 이름과 소리를 정확하게 말하는지 측정 - 한글의 자음과 모음 이름, 그리고 초성과 종성소리를 나누어 하위검사로 구성하였다.
	RAN	글자	- 장기기억에 저장된 음운정보를 얼마나 빠르고 정확하게 인출하는지를 측정한다.
	음운 기억	① 숫자 바로 따라하기 ② 숫자 거꾸로 따라하기	- 음운정보를 단기기억에 얼마나 정확하게 저장하는지와 음운정보의 저장뿐 아니라 음운정보의 처리를 얼마나 정확하게 하는지를 측정한다. - 숫자 바로 따라하기와 숫자 거꾸로 따라하기로 나누어 하위검사로 구성하였다.
	문장 따라 말하기	문장	- 의미나 통사처리(문법능력)와 같은 언어능력과 음운정보의 저장 및 처리를 얼마나 정확하게 하는지를 측정한다.
	듣기 이해	이야기 글	- 글을 듣고 얼마나 이해하는지를 측정한다. - 이해 질문은 내용 기억, 내용 이해, 추론적 이해 등을 포함한다.
	어휘	① 반대말 ② 비슷한 말	- 어휘를 얼마나 많이 그리고 얼마나 깊이 이해하는지를 측정한다.

5. 기초학습기능 수행평가체제(Basic Academic Skills Assessment, BASA)

1) 기초학습기능 수행평가체제(BASA) 검사의 소개

기초학습기능 수행평가체제(BASA)는 읽기, 쓰기, 초기 문해, 수학, 초기수학의 검사로 이루어져 있다. 각 검사는 각기 독립적인 검사 도구로서 개발되었으나, 학생의 기초학습 기능을 측정하는 과정에서 종합적으로 활용할 수 있다.

2) 검사의 구성

① 읽기(BASA – Reading)

기초학습기능 수행평가체제(BASA) 읽기검사는 교육과정중심측정의 원리에 근거하여 초등학교 1~3학년 학생들의 읽기 유창성을 측정할 수 있는 검사 도구이다. 이 검사 도구는 반복적인 검사가 가능하도록 20개의 형성평가 검사 도구가 포함되어 있으며, 총 5단계의 읽기 수준으로 구분되어 있다. 또한 반복측정을 통한 피검사자의 읽기 유창성 수준의 변화를 파악할 수 있다.

② 초기 문해(BASA – Early Literacy)

학생의 초기 문해 수행수준과 읽기장애를 조기에 평가·판별하여 추후 발생할 수 있는 학업문제를 예방하고, 아동의 성장과 진전도를 측정하기 위한 검사이다. 초기 문해 검사는 음운처리과정을 평가하는 소검사 3개와 초기 읽기능력을 평가하는 2개의 소검사로 이루어져 있다.

③ 쓰기(BASA – writing)

쓰기검사는 교육과정중심측정의 원리에 근거하여 개발된 검사 도구로써, 초등학교 학생들의 쓰기능력을 측정할 수 있는 검사 도구이다. 쓰기검사는 이야기 서두제시 검사의 방법을 활용하여 제작되었고, 짧은 검사시간(총 4분)에 검사를 실시할 수 있다.

기초학습기능 수행평가체제(BASA) 쓰기검사의 특이사항은 정량적 평가로서 쓰기 유창성을 평가할 수 있으며, 정성적 평가로서 글의 형식, 글의 조직, 글의 문체, 글의 표현, 글의 내용, 글의 주제를 평가할 수 있다는 점을 들 수 있다.

④ 수학(BASA – math)

기초학습기능 수행평가체제(BASA) 수학검사는 학생들의 연산 수행능력을 측정하기 위하여 초등학교 교육과정 연산에 근거하여 개발된 검사이다. 이 검사는 교육과정중심측정의 원리를 반영한 한국형 연산유창성 검사 도구로서, 동형검사로 구성되어 있어 반복측정과 진전도 분석이 가능하다. 검사는 2분 동안 이루어지며, 채점은 풀이과정에 부분점수를 부여하는 CD(correct digits) 방식으로 이루어지는 특성이 있다. 또한 동형검사로 구성되어 있어 반복측정과 진전도 평가를 실시할 수 있다.

기초학습기능 수행평가체제(BASA) 수학검사의 하위검사 구성은 초등학교 1~3학년 교육과정을 분석하여 학년 수준 검사(1수준 - 1학년용, 2수준 - 2학년용, 3수준 - 3학년용)로 구성되어 있다. 초등학교 1학년 학생에게는 Ⅰ단계 문제와 통합단계 검사를 실시하고, 2학년 학생에게는 Ⅱ단계와 통합단계 검사를 실시하며, 3학년 학생에게는 Ⅲ단계와 통합단계 검사를 실시한다.

⑤ 초기수학(BASA - early numeracy)

기초학습기능 수행평가체제(BASA) 초기수학검사는 아동의 수감각 능력 발달 정도를 반복적으로 평가하고 진전도를 측정할 수 있는 평가 도구이다. 초기 수학 능력을 구성하는 수 인식, 빠진 수 찾기, 수량변별, 추정이라는 네 영역에서 평가가 수행된다.

6. K-DTVP-3 한국판 아동 시지각발달검사

1) K-DTVP-3 한국판 아동 시지각발달검사의 소개

시지각발달검사(DTVP)는 유아, 유치원 아동, 초등학교 1학년 아동의 문자학습 준비기능의 유무를 선별하는 도구로 사용될 수 있고, 또한 학습에 곤란을 가지고 있는 나이가 많은 아동들에게도 임상적인 평가도구로 활용될 수 있다. 뿐만 아니라 뇌졸중이나 뇌손상을 당한 성인 환자의 시지각 능력을 평가하는 데 효과적인 도구이다.

특히 장애아동의 문자학습을 위한 준비기능의 상태를 진단하는 데 매우 유익한 도구로서, 지적장애아, 청각장애아, 난청아, 뇌성마비아, 학습장애아, 지체장애아, 자폐증아, 정서장애 및 행동장애아 등에게 폭넓게 적용될 수 있는 도구이다. 또한 이 검사는 검사문항 자체가 지각적 내용으로 구성되어 있어서 언어적, 문화적인 요소가 배제되어 있는 탈문화적인 검사의 성격을 지니고 있어 사용하기에 그렇게 큰 제한성을 가지고 있지 않다는 장점이 있다.

2) 검사의 구성

시지각발달검사(DTVP)는 지각운동발달검사 지각 − 운동발달 진단검사(Perceptual-Motor Development Test: PMDT)지각 − 운동발달 진단검사는 지각검사, 운동검사, 시각 − 운동통합검사(VMI)의 세 가지 하위검사로 구성되어 있다. 또한 각각의 검사용지와 검사지침서는 지각검사와 운동검사와 VMI로 나누어져 있다.

3) 검사대상

학습에 곤란을 겪는 특수교육대상 아동, 유아, 유치원 아동, 초등학교 1학년을 대상으로 한다.

7. 발달선별검사

1) 발달선별검사의 필요성

영유아시기부터 건강한 성인으로 성장하기까지 발달을 지원할 수 있는 발달선별검사의 필요성이 대두되고 있다. 생의 초기인 영유아 시기부터 발달선별검사를 통해 발달에 어려움을 겪는 영유아를 조기에 발견해 이들을 위한 지원을 강화함으로써 건강한 성장발달을 돕는다는 측면에서 발달선별검사는 매우 중요한 필요성을 지닌다.

발달선별검사를 통해 발달지체용유아, 장애위험영유아, 그리고 장애를 보이는 영유아들을 조기에 판별하고 이들을 지원하기 위한 집중적인 관리가 필요하다.

2) 영유아 발달선별검사 유형

발달선별검사는 검사 목적, 시기, 검사내용, 문항형식, 실시방법, 측정양식 등 여러 가지 준거에 따라 다양한 유형으로 구분할 수 있다. 이에 대해 좀 더 자세히 살펴보면 다음과 같다.

① 검사 목적별 유형

발달선별검사를 실시하는 목적에 따라 유형을 분류할 수 있다. 이에 따라 검사를 실시하는 목적이 단순히 아동의 초기 장애 유·무의 발견을 목적으로 하는 검사인지,

세부 장애 유형별 분류를 목적으로 하는 검사인지 등으로 나누어 볼 수 있다.

먼저 장애 초기의 발견을 목적으로 실시되는 검사들은 검사를 통해 장애 유무를 판단하고 조기개입을 통해 확장을 막고자 하는 것을 검사 목적으로 한다. 둘째, 특정 장애영역에 대한 구체적인 평가를 통해 장애유형을 선별하고자 하는 검사들은 아동이 지체를 보이는 영역을 조기에 파악해 해당 영역의 발달을 촉진시킬 수 있는 지원방안을 중점적으로 제공하여 이후 발생할 수 있는 장애의 범위를 최소화시키고자 하는 것에 목적을 둔다.

이와 같은 관점들에서 실시되는 대표적인 발달선별검사들을 <표 2-11>에 제시하였다. 또한 의과학의 발달과 더불어 계속적으로 새롭게 향상된 검사도구들이 개발되고 있으므로 이에 대해 지속적으로 관심을 가지는 것도 필요하다.

② 영유아 발달검사의 분류

영유아발달검사는 검사내용, 문항형식, 실시방법, 측정양식 등에 따라 다양하게 분류될 수 있다. 이에 대해 살펴보면 다음과 같다.

㉠ 검사 내용에 따른 분류

영유아발달검사는 검사내용에 따라 인지적 검사와 정의적 검사로 분류할 수 있다.

인지적 검사는 영유아의 인지적인 기능을 알아보고자 실시되는 검사로서 지능검사, 적성검사, 성취검사, 창의성검사, 각종 진단검사 등이 이에 속한다. 정의적 검사는 아동의 심리·정서적인 부분에 대한 평가를 목적으로 실시되는 검사들로 성격검사, 자아개념검사, 투사법, 태도검사 등이 이에 속한다. 검사내용에 따른 영유아 발달검사 중 대표적인 검사들을 <그림 2-1>에 제시하였다.

표 2-11 발달검사 도구

순	검사 도구
1	덴버 발달선별검사 I (Denver Developmental Screening Test: DDST)
2	덴버 발달선별검사 II (DENVER II)
3	한국판 덴버 발달선별검사(Korean Denver Developmental Screening Test: KDDST)
4	Bayley 영아 발달검사(Bayley Scale of Infant Development: BSID II)
5	Gesell 발달검사(Gesell Development Schedules: GDS)
6	Cattell 영아척도(Cattell Infant Intelligence Scale: CIS)
7	Neonatal 행동평가척도(Neonatal Bhavioral Assessment Scale: NBAS)
8	Preterm 영아행동 평가(Assessment of the Preterm Infant's Behavior: APIB)
9	Milani-Comparetti 운동발달선별검사(Milani-Comparetti Motor Development Screening Test: MCMDST)
10	신생아용 신경학적 검사(Neurological Assessment of Preterm and Full-Term Newborn Infant)
11	수유양육평가 척도(The Nursuring Child Assessment of Feeding Scale: NCAFS)
12	Apgar 척도
13	Battelle 발달검사(Battelle Developmental Iventory: BDI)
14	Differential Ability Scales: DAS
15	McCarthy 아동능력검사(McCarthy Scales of Children's Abilities: MSCA)
16	Miller 유아용 평가검사(Miller Assessment for Preschoolers: MAP)
17	FirstSTEP 유아용 선별검사(Screening Test for Evaluation Preschoolers: FirstSTEP)
18	유아선별검사(Early Screening Inventory: ESI)
19	영아와 유아 및 아동을 위한 가정환경 평가(Home Observation for Measurement of the Environment for Infant and Toddler: HOME)
20	유치원/1학년용 선별검사(Brigance K and 1 Screen for Kindergarten and First Grade)
21	학습평가를 위한 발달검사(Developmental Indicators for the Assessment of Learning-Revised: DIAL-R)
22	초기 선별검사(Early Screening Profile: ESP)
23	MaCarthy 선별검사(MaCarthy Screening Test: MST)
24	취학전 아동발달척도(Preschool Development Inventory: PDI)
25	부모작성형 아동 모니터링 시스템(Ages & Stages Questionnaires: ASQ)

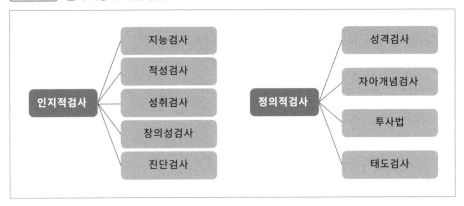

그림 2-1 검사내용에 따른 분류

ⓒ 검사문항에 따른 분류

검사를 어떠한 문항 형식으로 실시하는가에 따라 언어검사, 비언어검사, 동작검사 등으로 분류할 수 있다.

첫째, 언어검사는 검사문항이 언어를 매개로 하여 질문하고 응답이 이루어지는 검사이다.

둘째, 비언어검사는 검사문항에 숫자, 부호, 도형 등의 비언어적 매개체가 사용되는 형태의 검사이다.

셋째, 동작검사는 피검사자가 문항에 대해 동작으로 반응하도록 설계된 형태이다.

ⓒ 검사 실시방법에 따른 분류

검사를 어떠한 형태로 실시하느냐에 따라 한 명의 피검사자를 대상으로 검사를 실시하도록 만들어진 개인검사와 여러 사람이 한 번에 실시하도록 만들어진 집단검사로 분류할 수 있다.

첫째, 개인검사는 한 명의 피검사자를 대상으로 이루어지므로 다른 사람의 방해를 받지 않고 검사자와 1:1 상호작용을 하며 검사가 이루어진다는 장점을 지닌다. 때문에 영유아를 대상으로 하는 검사들은 대부분 이러한 개인검사의 형태를 취한다.

둘째, 집단검사는 한 번에 여러 사람에게 시행할 수 있도록 제작된 검사로 시간, 비용의 절약을 기대할 수 있고, 개인 내 비교와 더불어 개인 간 비교의 자료로 활용할 수 있다는 장점을 지닌다. 때문에 성취정도, 성격, 적성 등을 조사할 때 많이 사용되며 초등학교 이상의 학교나 단체의 검사에서 많이 활용된다.

ㄹ 검사 사용 시 유의점

영유아들을 대상으로 발달검사를 실시할 때는 다음과 같은 사항들을 유의하며 실시되어야 한다.

① 모든 검사는 신뢰롭고 타당하여야 한다.

② 치료 혹은 장애선별을 위해 실시하는 검사는 하나의 검사만을 사용해 쉽게 결정해서는 안 된다.

③ 검사는 원래 의도하였던 바, 즉 타당도가 증명된 범위 내에서만 사용하여야 한다.

④ 검사결과 해석은 정확하면서 조심스럽게 부모, 학교 관계자 및 외부에 제공되어야 한다.

⑤ 검사의 선택은 특정 프로그램의 해당 이론, 철학, 목적과 부합되어야 한다.

인지상담 관련 장애

인지상담 관련 장애

심리검사만큼이나 중요한 것은 정신병리에 대한 이해이다. 검사를 통해 내담자에 대한 객관적이고 정확한 정보를 얻었다 한들 병리에 대한 이해가 없다면 적절한 치료적 개입에 착수할 수 없다. 가령 주의산만하고 여러 문제 행동들을 보이는 아이가 있다고 하자. 증상을 보면 얼핏 ADHD라고 생각할 수 있다. 그러나 검사를 통해 아동의 문제는 틱장애로 판명이 되었다면 틱장애에 대한 이해가 있어야 한다. 어떤 경우는 지능이 낮거나 자폐로 인해 이와 같은 행동을 보일 수 있다. 각각의 장애의 특성을 이해해야 그에 맞는 치료계획을 수립할 수 있다. 읽기를 학습시킨다면 자폐는 쉬운 단어보다는 복잡한 단어를 먼저 가르치는 것이 효과적일 수 있다. 그러나 이런 것들을 무시하고 똑같은 방식으로 치료를 진행한다는 것은 옷에 사람을 맞추는 것과 같은 경우라 할 수 있다. 먼저 정신병리의 정의부터 살펴보자.

01 | 정신병리(이상심리)의 이해

4D, 즉 ① 일탈(deviance), ② 괴로움(distress), ③ 기능장애(dysfunction), ④ 위험(danger)의 네 가지 측면에서 볼 때, 정신병리는 극단적이고 기이한 측면에서 일탈되어 있고,

행동적, 심리적, 직업적, 학업적인 측면에서 역기능적이며, 주관적으로 불쾌하고 자신과 타인에게 위험할 수 있느냐의 여부에 따라 정의될 수 있다(오경자 외 공역, 2014). 즉, 크게 네 가지 범주에서 간략하게 정신병리를 설명할 수 있지만, 이것만으로 부족하다. 보다 체계적이고 상세한 체계가 필요하다. 먼저 정신의학적 진단체계를 살펴보자.

1. 정신의학적 진단체계(3차원)

이런 정신장애는 정신질환과 정신지체로 구분할 수 있고, 이 정신질환은 신경증과 정신병으로, 정신병은 기질적, 기능적으로 나눌 수 있다.

1) 정신장애 - 정신 질환(mental illness) vs. 정신지체(mental retardation)

정신지체는 출생 시부터, 정신질환은 과거에는 건강하였다가 나중에 증상이 나타나는 것이다.

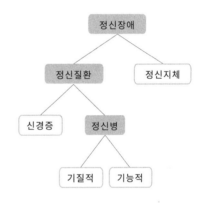

2) 정신질환 - 신경증(psychoneurosis) vs. 정신병(psychosis)

신경증은 불안이나 우울 등 기질적인 원인 없이 외적, 심인성 원인으로 인해 일상생활에 비효율적인 상태가 나타난 것이다. 정신병은 망상이나 환각, 비합리적인 현실왜곡 및 괴상한 행동 등 사회적 기능과 자아기능의 손상으로 가정 및 직장 생활 등이 불가한 것이다.

3) 정신병 - 기질적 정신병 vs. 기능적 정신병

기질적 정신병은 뇌 외상, 감염, 독성, 혈관성 등으로 인해 발생한다. 기능적 정신병은 기능의 손상은 있으나 아무런 기질적 병리를 증명해낼 수 없는 경우이다(최정윤, 박경, 서혜의, 2013).

2. 정신의학적 진단체계

정신의학적 진단체계에는 국제질병분류(ICD)와 정신장애 진단 및 통계편람(DSM)이 있는데, 본서에서는 DSM을 다루기로 한다.

1) 국제질병분류(ICD)

세계 보건기구에서 제정하여 국제적으로 통용되고 있는 국제질병분류(International Classification of Diseases Health Problems)이다.

2) 정신장애 진단 및 통계 편람(DSM)

미국의 정신의학계에 의해 만들어진 정신장애의 진단 및 통계 편람이다.

02 | DSM 진단체계

임상장면에서 정신과 환자들의 진단을 위해 사용되고 있는 공식적인 진단 편람으로 DSM(Diagnostic and Statistical Manual of Mental Disorders, American Psychiatric Association)이 있다. 현재 DSM – 5가 가장 최신으로 정신장애 분류체계로 사용되고 있고, DSM 체계의 특성은 장애의 원인보다

DSM-Ⅳ vs. DSM-5

주로 장애의 양상이나 특성에 대한 기술을 하고 있으며 장애별 진단 기준이 구체적이고 명료하며 체계적으로 진단적 특징, 연령, 문화, 성별 특성 등을 기술하고 있다.

본서에서는 신경발달장애만을 살펴볼 것이고 DSM – Ⅳ와 DSM – 5를 비교하고 변화된 내용들을 함께 다룰 것이다.

표 3-1 DSM-IV와 DSM-5의 분류

DSM-IV	DSM-5
유아, 소아, 청소년기에 처음으로 진단되는 장애	신경발달장애
정신 분열증과 기타 정신증적 장애	조현병 스팩트럼 및 관련 장애
기분장애	양극성 관련 장애 우울장애
불안장애	불안장애 강박장애 외상 및 스트레스 관련장애
해리성 장애	해리 장애
신체형 장애	신체 증상 장애
섭식 장애	급식 및 섭식장애
유아, 소아, 청소년기에 처음 진단되는 장애	배설장애
수면 장애	수면-각성장애
성적 장애 및 정체감 장애	성적 역기능 성적 불쾌감, 변태성욕장애
다른 곳에 분류되지 않는 충동 조절 장애	파괴적, 충동-조절, 품행장애
물질관련 장애	물질관련 장애 ('도박'이 행위중독으로 포함)
섬망, 치매, 기억 상실 장애 및 기타 인지 장애	신경인지장애
인격장애	(인격장애)
허위성 장애	신체증상 장애('인위성' 장애로 변경되어 포함)
적응 장애	외상관련 장애

신경발달장애(Neurodevelopmental Disorders*)

- 지적 장애(지적 발달장애)/전반적 발달 지연
- 언어장애[말소리장애/아동기발병 창성 장애(말더듬)/사회적(실용적) 의사소통 장애(new)]
- 자폐스펙트럼장애
- 주의력결핍행동장애
- 특정학습장애
- 운동장애/틱장애

조현병 스펙트럼 장애(Schizophrenia Spectrum and Other Psychotic Disorders)

- 조현형 성격장애(성격장애편 참조)
- 망상장애
- 단기정신병적 장애
- 조현양상장애
- 조현병
- 조현정동장애

양극성 장애(Bipolar and Related Disorders)

- 제Ⅰ형 양극성장애
- 제Ⅱ형 양극성장애
- 순환성장애

우울장애(Depressive Disorders)

- 파괴적 기분조절 부전장애(new)
- 주요우울장애
- 지속성 우울장애(기분저하증)
- 월경전불쾌감 장애(부록B)

해리장애(Dissociative Disorders)

- 해리성 정체성 장애
- 해리성 기억상실(해리성 둔주 동반 여부)
- 이인성/비현실감 장애

신체증상장애(Somatic Symptom and Related Disorders)

- 신체증상장애
- 질병불안장애
- 전환장애
- 인위성 장애(스스로에게 부여된 인위성 장애와 타인에게 부여된 인위성 장애 포함)

급식 및 섭식장애(Feeding and Eating Disorders(급식 및 섭식장애))

- 이식증
- 되새김장애
- 회피적/제한적 음식섭취장애
- 신경성 식욕부진증
- 신경성 폭식증
- 폭식장애(new)

배설장애(Elimination Disorders)

- 유뇨증
- 유분증

파괴적, 충동-조절, 품행장애(Disruptive, Impulse-control, and Conduct Disorders)

- 적대적 반항장애
- 간헐적 폭발장애
- 품행장애
- 반사회성 성격장애(성격장애편 참조)
- 병적 방화
- 병적 도벽

불안장애(Anxiety Disorders)

- 분리 불안장애
- 선택적 함구증
- 특정 공포증
- 사회불안장애
- 공황장애
- 광장공포증
- 범불안장애

강박장애(Obsessive-Compulsive and Related Disorders)

- 강박장애
- 신체이형장애
- 저장강박증(new)
- 발모광(털뽑기장애)
- 피부뜯기장애

외상관련장애(Trauma-and Stressor-Related Disorders)

- 반응성 애착장애
- 탈억제성 사회적 유대감장애(new)*
- 외상후 스트레스 장애(6세 이하 아동의 외상후 스트레스 장애 포함)
- 급성 스트레스 장애
- 적응장애

신경인지장애(Neurocognitve Disorders) (섬망, 치매, 기억상실장애)

인격장애(Personality Disorders)

- 편집성/조현성/조현형
- 반사회성/경계성/연극성/자기애성
- 회피성/의존성/강박성

변태성욕장애(Paraphilic Disorders)

- 관음장애
- 노출장애
- 마찰도착장애
- 성적피학장애
- 성적가학장애
- 소아성애장애
- 물품음란장애
- 복장도착장애

밑줄 그어진 장애는 DSM-Ⅳ에서 소아·아동·청소년기에 처음 진단과 장애에 포함되었다가 DSM-5에서 다른 장애군으로 포함된 장애명들임.
*표는 새로 추가된 장애임.

03 | 신경발달장애(Neurodevelopmental disorder)

　신경발달장애는 발달기에 시작되는 장애들의 집합이다. 이 장애는 전형적으로 초기 발달단계인 학령전기에 발현되기 시작하여 개인적, 사회적, 학업적 또는 직업적 기능에 손상을 야기하는 발달 결함이 특징이다. 발달 결함의 범위는 학습 또는 집행 기능 조절과 같이 매우 제한적인 손상부터 사회기술 또는 지능처럼 전반적인 손상에 이르기까지 다양하다. 신경발달장애는 흔히 동반이환된다. 예를 들어, 자폐스펙트럼장애가 있는 사람은 흔히 지적 장애가 있고 주의력결핍과잉행동장애가 있는 많은 아이들은 특정학습장애가 있다(강진령 역, 2017). 본서에서는 신경발달 장애를 중심으로 살펴보고자 한다. 신경발달장애는 DSM−Ⅳ '유아소아청소년기에 처음 진단되는 장애'에서 DSM−5에서는 명칭이 변경되면서 반응성 애착장애, 분리불안장애, 품행장애 등이 다른 장애군으로 분류되고 지적장애, 의사소통장애, 자폐스펙트럼 장애, 주의력결핍과잉행동장애, 특정학습장애, 운동장애만이 신경발달장애에 포함되었다.

　DSM−5에서 변화된 주된 내용은 다음과 같다.

- 지적 장애: DSM−Ⅳ에서는 '정신지체'라는 용어로 사용되었으나 '지적 장애(지적발달장애)'라는 용어가 지난 20여 년간 일반적으로 사용되어 왔다. 진단기준은 인지능력(IQ)과 적응 기능 전체 평가를 하며, 심각도는 IQ 점수보다는 적응 기능[5]에 따라 결정된다.

- 의사소통 장애는 언어장애(과거, 표현성 언어장애, 혼재수용-표현성 언어장애 결합)와 말소리장애(과거, 음성학적 장애), 아동기 발병 유창성 장애(말더듬기)가 포함되고 '사회적(실용적) 의사소통장애'라는 질환이 새로 포함되었다.

- DSM−Ⅳ에서 자폐성 장애(자폐증), 아스퍼거 장애, 소아기 붕괴성 장애, 레트 장애, 달리 분류되지 않는 광범위성 발달장애를 모두 포함하여 자폐스펙트럼장애

---

5 적응기능이란 개인이 공동생활의 요구에 얼마나 효율적으로 대처할 수 있고, 개인이 속한 연령 집단이나 사회문화적 배경에 따라 일반적으로 기대되는 표준적인 개인적 독립성을 얼마나 잘 충족시킬 수 있는가를 말한다.
DSM-5에서는 이를 크게 개념적 영역, 사회적 영역, 실행적 영역으로 나누어 기술하고 있는데, 기술적 영역은 언어, 읽기, 쓰기, 수학적 추론, 문제해결, 새로운 상황에서의 판단력, 사회적 영역은 타인의 생각, 감정, 경험을 인식하는 능력, 공감능력, 의사소통 기술, 친교 능력, 사회적 판단력, 실행적 영역 학습과 개인적 관리, 오락, 자기 행동, 직업적 책임 의식, 행동관리, 업무 관리 등이 있다(이우경, 2017).

로 통합되었다. 자폐장애는 사회적 상호작용, 의사소통장애, 상동증적 행동을 특징으로 묶이는데 스펙트럼6이란 단어가 의미하듯이 같은 칼라로 묶인다 하더라도 그 안에 들어가는 색군은 모두 동일하지는 않고 매우 복잡하고 광범위하다.

• 주의력 결핍 및 과잉행동장애(ADHD)는 발병 연령 기준에서 증상이 7세 이전에 존재에서 12세 이전에 존재로 변경되었고 자폐스펙트럼장애와 동반이환 진단도 인정되었다. 그리고 성인 ADHD 증상 역치가 반영(주의력결핍과 과잉행동 및 충동성 모두 5가지 증상을 만족할 경우)되었다.

• 특정학습장애는 이전 진단의 읽기장애, 산술장애, 쓰기 장애, 달리 분류되지 않는 학습장애를 포함하면서 읽기, 쓰기, 수학 분야의 학습 결함은 개별 명시자로 부호화 되었다. 즉, 특정학습장애로 진단하고 읽기, 쓰기 혹은 산술의 문제가 있는지를 개별적으로 명시하도록 되어 있다.

먼저 지적장애(이전 정신지체) 진단기준부터 살펴보자.

DSM-Ⅳ에서는 정신지체라고 명명되었던 것이 DSM-5에서는 지적장애로 변경되었는데, 지적장애는 평균수준이하 통상 지능지수 70 이하의 지적 능력을 가진 사람들로 다양한 원인에 의해 발달시기 이전부터 증상이 발생한다. 지능은 환경에 얼마나 잘 적응하며 수행을 잘 할지를 가늠하게 해준다. 즉, 신변처리, 일상생활, 학업적, 직업적, 사회적 영역에서 무리없이 적응하면서 살아가기 위해서 평균 정도(90~109의 지능지수)의 지능이 필요하다. 그런데 70 이하의 지적 능력을 가진 사람들은 이런 기본적인 능력을 충분히 갖추지 못했기 때문에 학업적, 직업적, 사회적 영역 등에서 적절한 성취나 수행을 기대하기 어렵다. 따라서 이들의 능력을 고려한 치료적 개입이 필요하다.

> 정신지체(Mental Retardation)(DSM-Ⅳ 기준)
>
> a. **심하게 평균 수준 이하인 지적 기능**: 70 이하의 지능지수(유아의 경우 지적 기능이 유의하게 평균 이하라는 임상적 판단)
> b. 의사소통, 자기-돌봄, 가정 생활, 사회적 기술과 대인관계적 기술, 지역 사회의 자원 활용, 자기-관리, 기능적 학업 기술, 직업, 여가, 건강 및 안전 등 항목 중 적어도 두 가지 이상 적응기능의 결함이나 장해 동반
> c. 18세 이전에 발병

---

6 spectrum ① 【光】 스펙트럼, 분광; (눈의) 잔상(殘像) ② (변동이 있는 것의) 범위, 연속체. a broad ~ of 광범위한, 가지각색의.

정신지체의 분류

• **경도 정신지체**: IQ 70에서 IQ 50~55까지

  교육가능 범주, 초등 6학년까지 학업 기술 습득, 지역 사회에서 독립적으로 살아갈 수 있다.

• **중등도 정신지체**: IQ 50~55에서 IQ 35~40까지

  훈련가능범주, 2학년 수준을 넘기기 어려움, 지역사회에서 적응 가능하다.

• **중증 정신지체**: IQ 35~40에서 IQ 20~25까지

  자기－돌봄의 기술 훈련 가능, 알파벳, 셈 정도의 기술 습득 가능, 지역사회, 가족 내에서 생활 적응 가능하다.

• **최중증 정신지체**: IQ 20~25 이하

  정신지체의 원인으로 설명되는 확인된 신경학적 조건을 가지고 있다. 초기 소아기 동안 감각운동기능에 상당한 장애를 나타내며, 단순한 과제 수행이 가능하다.

1. 지적 장애(지적 발달장애)(Intellectual Disability)(Intellectual Developmental Disorder), (DSM-5 기준)

추론, 문제 해결, 계획, 추상적 사고, 판단, 학업, 경험으로부터의 학습과 같은 전반적인 정신 기능에 결함이 나타나는 것이다.

DSM－5에서는 '정신지체'를 '지적 장애'로 표현하고 있으며 진단기준을 살펴보면 다음과 같다.

① **지적 기능에서의 결손**: 논리, 문제해결, 계획, 추상적 사고, 학교 학습, 경험을 통한 학습에서의 결손이다. 임상적 평가나 개인적인 표준화 검사에 의해 확인할 수 있다.

② 적응기능의 결손이다.

③ 발달기간 동안 발생(developmental period)한다.

지적장애의 분류는 IQ 점수가 아닌 개념적, 사회적, 실용적인 영역으로 나누고 그 기준의 정도를(Mild, Moderate, Severe, Profound) 세분화한다.

지적 장애 사례 _____

1. 인적사항

초등 6학년 남아(1년 유예)

2. 의뢰사유

평소 겁이 많고 일상생활에 어려움이 많아 집중력이 떨어지는 등의 문제를 보여 아동의 지적 능력과 정서상태를 명확하게 파악하기 위해 심리평가가 의뢰되었다.

3. 수검 태도 및 인상

- 또래와 비슷한 키에 보통 체구로 위생상태 양호. 귀여운 인상으로 잘 웃는 등 눈맞춤이 잘되고 지시에도 잘 따르고 대체로 순응적인 태도이다.
- 그러나 검사 도중 다른 곳을 멍하니 응시하거나 검사에 집중하지 못했고 같은 질문을 반복한다.

4. 검사 결과

- 전체 지능 45로 중증도의 지적장애. 언어성과 동작성의 차이가 20 이상으로 유의미하고 소검사 간 편차가 매우 커 인지적으로 불균형이 극심하다.

- 공통성을 제외한 나머지 소검사들이 모두 5~6점 이하로 나왔고 <토막짜기>에서는 1점을 획득했다.
- 오른쪽은 지적 장애 아동이 그린 그림이다.

5. 치료적 제안

중증도의 지적 잠재력을 가지고 있어 어느 정도 훈련 가능한 범주이나 초등학교 2학년 수준을 넘기기 어렵고 지역사회에서 적응 가능한 수준이다.

공통성을 제외한 대부분의 소검사에서 저조한 수행을 보여, 학교 학습에서 어려움이 예상되고 다양한 문제 상황에 적절한 대처 방법을 강구하기 어려울 것으로 보인다. 따라서 기초학습능력을 향상하기 위한 인지상담과 사회성 향상 또는 적응 훈련 등이 필요할 것으로 보인다.

지적 장애는 치료가 불가능하지만7 조기개입이 매우 중요한데, 조기에 발견하여 특수 교육이나 통합교육을 받게 한다면 최소한의 기능 수준을 유지할 수 있다. 특수 교육은 지적발달장애 아동을 위해 특별하게 설계된 교육 프로그램이며, 통합교육은 정상적인 아동과 정규교실에서 함께 생활하는 것이다. 이들에게는 일상생활에 필요한 적응 기술을 학습시키고 재활프로그램을 적용할 필요가 있다. 지적장애인도 정서 및 행동문제를 경험하며 지적장애 외에 다른 심리장애를 가질 수 있다. 경도의 지적 장애일 경우 직업훈련을 통해 보호작업장에서 일할 수 있으며 이들은 적절한 훈련과 연습을 통해 사회성, 성, 결혼에 대한 지식을 습득하여 제한적인 범위의 삶을 영위할 수 있다(이수경, 2017). 어떤 사람들은 지적 장애는 어차피 치료되지 않는데 굳이 시간과 비용을 들일 필요가 있냐며 회의적인 시선을 보내기도 한다. 그러나 이들에게 적절한 치료적 개입이 들어가지 않는다면 이들의 지적 기능과 적응 능력은 더욱 열악해진다. 지능을 높일 수는 없지만 꾸준한 치료적 개입을 통해 그들의 기능을 향상시킴으로써 그들이 지역사회의 구성원으로 적응하도록 돕거나, 심한 지적 장애의 경우라도 자조기술 등을 향상시킴으로써 최소한의 자립을 돕도록 하는 것이 중요하다.

2. 의사소통장애(Communication Disorders)

의사소통장애에는 언어, 말하기, 의사소통 결함을 포함하는데 말하기(speech)는 의미 있는 소리로 표현되는 것으로 조음, 유창성, 목소리, 공명의 질 등이 포함된다. 언어(language)는 형태, 기능 및 의사소통 규칙 중심의 관용적 방식으로 기호를 사용하는 것으로, 구어, 수화, 문어, 그림 등이 모두 포함된다. 의사소통(communication)에는 행동, 사고, 다른 사람의 태도에 영향을 미치는 언어/비언어적 행동이 포함된다.

의사소통의 진단범주는 언어 장애, 말소리 장애, 아동기 발병 유창성 장애(말더듬), 사회적(실용적) 의사소통 장애, 달리 명시된/명시되지 않은 의사소통 장애 등이 포함된다.

의사소통 장애, 즉 언어 장애는 언어치료분야로 언어치료전문가들에 의해서 이루어진다. 특히 발음이나 말더듬과 같은 문제는 비전문가들에 의해 접근되었을 때 부작용이 만만치 않기 때문에 주의를 요하며, 이는 인지학습치료 분야를 넘어서는 것

---

7 '치료가 불가능하다'라는 말은 치료를 한다고 해서 지능 자체를 변화시켜서 '정상' 수준 평균지능(90~109)이 될 수 없다는 의미이다.

일 수 있다. 그러나 아래의 언어 장애 중 어휘력이나 문장 구조 활용이나 대화 등과 같은 문제는 인지 영역에서도 다룰 수 있는 부분으로 관련 검사 등을 통해 문제를 구체화한 후 치료적 개입이 가능하다.

1) 언어장애(Language Disorder), (DSM-5 기준)

언어에 대한 이해와 생성의 결함으로 인해 언어 양식의 습득과 사용에 지속적인 어려움이 있으며 어휘 감소, 문장구조의 제한, 담화 손상 등이 포함된다.

언어 능력이 연령에 기대되는 수준보다 상당히 그리고 정량적으로 낮으며, 이로 인해 개별적으로나 어떤 조합에서나 효율적인 의사소통, 사회적 참여, 학업적 성취, 또는 직업적 수행의 기능적 제한을 야기한다.

증상의 발병은 초기 시기에 시작된다.

2) 말소리 장애(Speech Sound Disorder)(음성학적 장애(종전의 발달성 구음장애), (DSM-Ⅳ기준))

나이와 말씨에 적합한, 발달적으로 기대되는 언어음을 사용하지 못한다(예: 음의 생성, 사용, 표현, 또는 이것에만 국한되는 것은 아니지만, 한 음을 다른 음으로 대치하기(target에서 /t/대신 /k/), 마지막 자음과 같은 음의 생략 등 음의 구성에서 잘못된 행동을 한다.

〈DSM-5 기준〉

① 말소리 내기에 지속적인 어려움, 언어 명료도를 방해 또는 전달적인 의사소통을 방해한다.

② 장애가 효과적인 의사소통을 제한하여, 사회적 참여, 학업적 성취, 직업적 수행을 방해한다.

말소리 장애는 우리가 흔히 말하는 발음이 부정확하여 의사소통에 제한을 받는 장애이다. '조음장애'라는 용어가 현장에서는 자주 쓰이는데 소리를 만든다는 의미이다. 조음장애는 기능적인 문제(예: 설소대가 매우 짧은 경우)나 조음 방법을 알지 못해서 발생한다. 지적 장애나 교육적·환경적인 자극이 부족할 경우에도 발생할 수 있다. 대개는 5-6세 정도면 정확하지는 않지만 대부분의 음소를 낼 수 있는데, 연령이 되었음에도 발음을 잘 하지 못한다면 언어치료를 받아야 한다.

3) 아동기 발병 유창성 장애(말더듬)(Childhood-Onset Fluence Disorder(Sttering), (DSM-Ⅳ, 5 동일)

말의 정상적인 유창성과 말 속도 양상의 장애로서 이는 연령이나 언어 기술에 비해 부적절하며, 오랜 기간 지속된다. 다음 중 한 가지 이상이 해당된다.

① 음과 음절의 반복
② 자음과 모음을 길게 소리내기
③ 단어의 깨어짐(예: 한 단어에서 머뭇거림)
④ 소리를 동반하거나 동반하지 않는 말 막힘(말의 중단 사이가 채워지거나 채워지지 않음)
⑤ 돌려 말하기(문제 있는 단어를 피하기 위한 단어 대치)
⑥ 과도하게 힘주어 단어 말하기
⑦ 단음절 단어의 반복(예: "나나나나는 그를 본다.")

일시적으로 말을 더듬는 일시적인 비유창성은 누구에게나 있을 수 있다. 그러나 유창성 장애가 있는 경우 그 빈도가 잦고 오랜 기간 유지가 된다. 보통 6세 무렵에 나타나고 서서히 발병되거나 갑자기 나타나기도 한다. 가족 중 말을 더듬는 사람이 있는 경우 말을 더듬을 가능성이 높은데, 스스로가 말을 더듬는 것을 의식할 경우 사람들 앞에서 말을 하지 않거나 더듬는 특정 단어들을 회피함으로써 이를 숨길 수 있어서 주변 사람들이 잘 눈치채지 못할 수도 있다. 심리적인 문제를 동반하기 때문에 언어치료적 접근 외에 심리치료가 필요할 수도 있다.

4) 사회적(실용적) 의사소통 장애(Social(Pragmatic) Communication Disorder), (DSM-5 기준)

언어적·비언어적 의사소통의 사회적인 사용에 있어서 어려움을 느끼는 장애이다.

① 사회적 목적의 의사소통의 결함이다.
② 맥락이나 듣는 사람의 요구에 맞추어 의사소통 방법을 바꾸는 능력에 있어서의 손상이다.
③ 언어적, 비언어적 신호를 사용하여 대화를 주고 받는 규칙을 따르지 못한다.
④ 추측하기, 언어의 비문자적 애매모호한 의미 이해에 어려움을 느낀다.

사회적(실용적) 의사소통 장애는 새로 추가된 진단명으로 자폐스팩트럼장애의 진단 기준을 충족하지는 않지만 사회적 의사소통 영역에서 결함이 있는 경우 이 장애로 진단내릴 수 있는데, 종전의 아스퍼거 장애를 가진 아동청소년의 경우 상당수가 이 장애로 진단 내려질 가능성이 높다.

인지상담의 주된 대상 중의 하나가 자폐장애이다. 자폐장애 하면 특이한 몸짓과 말투 등을 떠올리게 되고 더러는 특정 영역에서 특별한 능력을 지닌 존재로 알려지기도 한다. 그러나 자폐장애의 핵심적인 특징은 '사회적 상호작용'의 결함이다. 진단 기준은 다음과 같다.

3. 자폐 스펙트럼 장애(Autism Spectrum Disorder), (DSM-5 기준)

A. 다양한 분야에 걸쳐 나타나는 사회적 의사소통 및 사회적 상호작용의 지속적인 결함이다.
  ① 사회적–감정적 상호성의 결함
  ② 사회적 상호작용을 위한 비언어적인 의사소통 행동의 결함
  ③ 관계 발전, 유지 및 관계에 대한 이해의 결함
B. 제한적이고 반복적인 행동이나 흥미, 활동이 다음 항목들 가운데 두 가지 이상이 해당된다.
  ① 상동적이거나 반복적인 운동성 동작, 물건 사용 또는 말하기
  ② 동일성에 대한 고집, 일상적인 것에 대한 융통성 없는 집착, 의례적인 언어나 비언어적 행동 양상
  ③ 강도나 초점에 있어서 비정상적으로 극도로 제한되고 고정된 흥미
  ④ 감각 정보에 대한 과잉 또는 과소 반응, 또는 환경의 감각 영역에 대한 특이한 관심

1) 변화사항

사회적 의사소통에 뚜렷한 결함이 있으나 자폐스팩트럼장애의 다른 진단 항목을 만족하지 않는 경우에는 사회적(실용적) 의사소통장애로 평가해야 한다.

다음의 경우 명시할 것: ① 지적 손상, 언어적 손상 동반 여부 ② 알려진 의학적 ·

유전적 상태, 환경적 요인과 관련성 여부 ③ 다른 신경발달, 정신 또는 행동장애와 연관된 경우 ④ 긴장증 동반 여부

2) 동반이환

ADHD와 자폐스펙트럼장애의 진단기준을 모두 충족한다면 두 진단을 모두 내려야 한다. 이러한 원칙은 자폐스펙트럼장애와 동반하는 발달성 협응장애, 불안장애, 우울장애, 다른 동반질환들에도 적용된다.

3) 논쟁거리

DSM-5에서 아스퍼거 장애가 없어지면서 이러한 사람들이 자폐스펙트럼장애 진단 대신에 새로운 진단명을 가지게 된다. 바꾸어 말하면, 이 사람들은 과거 아스퍼거 장애 어린이가 받을 수 있었던 특별교육을 받을 자격을 상실하게 되는 것이다(오경자 외 공역, 2014).

고기능 자폐스펙트럼장애 사례 _____

1. 인적 사항
초등 2학년, 남아

2. 의뢰 사유
치료에 앞서 아동의 지적 능력과 정서 상태를 보다 명확하게 파악하기 위해 심리평가가 의뢰되었다.

3. 수검 태도 및 인상
또래보다 약간 큰 키에 얼굴은 동그랗고 통통하며 귀여운 인상의 아동으로 위생상태는 양호하다. 검사자의 지시를 기계적으로 따르다가 자신이 관심 있는 부분에만 집중하거나 질문의 요지와 상관없는 이야기를 하였고, 검사자와의 적절한 상호작용이나 행동조율이 되지 않은 채 자기 욕구대로 행동하면서 충동적인 특성을 보여 검사자의 제제를 받는 경우가 종종 있었다.

4. 검사 결과
전체 지능 지수는 '평균 수준(average level)(90~109)'에 속하나 <상식>, <어휘>, <토막짜기>의 수행 내용을 고려할 때 잠재 지능은 '우수 수준superior(120~129)' 정도로 우수한 능력이 예상되나 현재 지적 능력이 충분히 발휘되지 못하고 있고 인지적 불균형이 극심한 상태이다. 이는 성장기간 관심과 흥미에 따라 불균형적으로 습득된 것을 반영하는 것으로 아동의 관심과 흥미가 매우 제한적일 가능성이 높다.

정리하면 현재 아동은 고기능 자폐(아스퍼거)의 특징으로 규정지어질 수 있는 징후가 나타나고 있어 근본적으로 정서적 상호작용에 대한 기대, 욕구가 부족함이 나타나는 등 사회성의 결함이 시사되는 바이나, 이러한 아동의 특징에도 불구하고, 부모 등 양육자가 풍부한 문화적 환경을 제공하고 상호작용을 향상시키고자 하는 노력, 충분한 정서적 돌봄 등으로 인해 정서 반응을 표현되고 있는 것으로 보여진다. 따라서 인지나 놀이치료 등 좀 더 심층적인 심리학적 개입이 더해진다면 앞으로 보다 발전될 수 있을 것이라고 생각된다(긍정적 정서가 많은 반응 - SCT: 나는 친구가 좋다. 우리 엄마 아빠는 나를 사랑하신다).

4. 주의력 결핍 및 과잉행동장애(Attention-Deficit/Hyperactivity Disorder), (DSM-Ⅳ, DSM-5 기준)

① 부주의: 다음 9개 증상 가운데 6개 이상이 해당되거나, 적어도 6개월 동안 지속될 경우에 해당된다.

주의점: 후기 청소년기나 성인(17세 이상)의 경우에는 적어도 다섯 가지의 증상 (변화사항)

　a. 세부적인 면에 대해 주의를 기울이지 못하고 부주의한 실수를 함.

　b. 지속적으로 주의집중을 할 수 없음.

　c. 경청하지 않는 것처럼 보임.

　d. 지시를 완수하지 못하고, 임무를 수행하지 못함.

　e. 과제와 활동을 체계화하는 데 어려움.

　f. 지속적인 정신적 노력을 요구하는 과제에 참여하기를 거부함.

　g. 물건들을 자주 잃어버림.

　h. 외부자극에 의해 쉽게 산만해짐.

　I. 일상적인 활동을 잊어버림.

② 과잉행동-충동성: 다음 9개 증상 가운데 6개 이상이 해당되거나, 적어도 6개월 동안 지속될 경우에 해당된다.

주의점: 후기 청소년이나 성인(17세 이상)의 경우, 적어도 다섯 가지 증상을 만족.

　a. 손발을 만지작거리며 가만두지 못하거나 의자에 앉아서도 몸을 꿈틀거림.

　b. 교실이나 다른 상황에서 자리를 떠남.

　c. 부적절하게 지나치게 뛰어다니거나 기어오름.

　d. 여가 활동에 참여하거나 놀지 못함.

　e. "끊임없이 활동하거나" 마치 "태엽 풀린 자동차처럼" 행동함.

　f. 지나치게 수다스럽게 말함.

　g. 질문이 끝나기 전에 성급하게 대답함.

　h. 차례를 기다리지 못함.

　I. 다른 사람의 활동을 방해하거나 침해함.

부주의 또는 과잉행동-충동성 증상이 12세 이전에 나타난다(변화사항).

부주의 또는 과잉행동-충동성 증상이 두 가지 또는 그 이상의 환경에서 존재한다.

ADHD 사례 _____

1. 인적 사항
초등 4학년, 남아

2. 평가사유
과잉행동문제로 정신과에서 약물치료를 받고 있고 또래 관계에 문제가 있어 치료에 앞서 환아의 지적 능력과 정서 상태를 명확하게 파악하기 위해서 심리평가가 의뢰되었다.

3. 수검 태도 및 인상
또래와 비슷한 키에 보통 체구로 위상생태는 비교적 양호하다. 면담 시 검사자와 눈을 잘 마주치고 지시에도 잘 따르는 편이었으며, 대체로 순응적인 자세로 검사에 임하였다. 그러나 검사 상황에 익숙한 듯 검사에 흥미를 보이지 않았고 '나 이거 해봤는데'라고 하면서 귀찮은 듯 장난스럽게 반응하거나 대충 건성으로 대답하는 등의 태도를 보이기도 하였다.

4. 검사 결과 요약 및 제언
검사 결과, 평균상 수준의 지적 잠재력을 지니고 있으나 인지적 발달의 불균형이 극심하게 나타나고 있는 상태로, 인지적 노력이 요구되는 과제에서 집중력이 부족하고, 연산 능력이 저하되어 있으며, 시각적 정보를 처리하는 능력 등이 현저하게 지체되어 있고 전반적인 학습 성취도 다소 저하되어 있어 학습 부진이 시사되는 바, 학습 전반에 대한 지도가 필요해 보였다.

한편, 어려서부터 적절한 양육과 훈육을 받지 못하였고 이로 인한 심각한 욕구좌절를 경험하고 있으며 긍정적인 대상관계를 형성하지 못해 대인관계에서의 예민함과 오지각, 오해석이 두드러지고 이와 관련된 분노, 좌절 등이 나타나고 있는 바, 심리적·정서적 안정을 위한 심리치료가 우선적으로 필요해 보이며, 나아가 사회적 대처 능력을 증가시킬 수 있는 사회 기술 훈련도 필요하여 보인다.

5. 특정학습장애(Specific Learning Disorder), (DSM-5 기준)

학습 기술을 배우고 사용하는 데 있어서의 어려움에 대한 장애이다. 이러한 어려움에 대한 적절한 개입을 제공함에도 불구하고 아래에 열거된 증상 중 적어도 한 가지 이상이 최소 6개월 이상 지속된 경우 해당된다. 종전에는 '학습장애'로 명명되었고 읽기, 쓰기, 산술을 각각 나누어 진단하였으나, '특정학습장애'로 통합한 후 읽기 손상 동반, 쓰기 손상, 수학 손상이 동반되는지를 명시하도록 변경되었다.

학습장애는 주로 읽기 문제에서 쓰기, 수학 등의 순서로 문제가 드러나는 경우가 많다.

① 부정확하거나 느리고 힘겨운 단어 읽기

② 읽은 것의 의미를 이해하기 어려움

③ 철자법의 어려움

④ 쓰기의 어려움

⑤ 수감각, 단순 연산 값 암기 또는 연산 절차의 어려움

⑥ 수학적 추론의 어려움

표준화된 성취도 검사와 종합적인 임상 평가를 통해 생활연령에 기대되는 수준보다 현저하게 양적으로 낮으며, 학업적·직업적 수행이나 일상생활의 활동을 현저하게 방해한다. 17세 이상인 경우 학습의 어려움에 대한 과거 병력이 표준화된 평가를 대신할 수 있다.

학습장애 사례 _____

1. 인적 사항
중학교 1학년 남학생

2. 의뢰사유
수업시간에 주의집중을 하지 못하고 산만한 행동으로 자주 지적을 받는 등의 문제로 학생의 현 상태를 명확히 파악하기 위하여 학생의 어머니에 의해 검사가 의뢰되었다.

3. 수검 태도 및 행동
또래와 비슷한 체격에 동글동글하고 귀여운 인상이었고 위생상태는 양호하였다. 그림 검사에서 그림 그리는 시간이 30분이 넘게 걸렸으나 좌우 대칭이 맞지 않는 등 수행이 좋지 않았고 문장완성 검사에서도 검사 수행시간에 비해 글자의 크기나 모양이 들쭉날쭉하여 알아보기 힘들었다.

4. 검사 결과 요약 및 제언
전체 지능은 평균수준(90~109)의 지적 잠재력을 가지고 있는 것으로 나타났으나, 소검사 간 편차가 최대 10점으로 매우 커 인지적 불균형이 극심하였다.

시각적 예민성은 매우 발달하여 이와 관련된 소검사 <빠진 곳 찾기>에서는 매우 우수한 수행(15점)을 보여주었으나, 이에 반해 시각적 주사, 시각적 기민성이나 속도 등은 매우 저조(2점)하였고 단순 청각적 주의력은 양호하나 주의를 지속적으로 기울이는 과제에서는 수행이 지체 수준으로 나타났다. 따라서 기초 학습 수행에 있어서 어려움을 보일 것으로 보이며 실제로 학업적인 측면에서 어려움을 겪고 있는 상태였다. BGT 검사에서도 도형들이 중첩되는 현상이 반복되었고 그림이나 글씨를 쓰는데 드는 시간에 비해 수행이 좋지 않은 것은 기질적인 문제를 시사한다. 특히 시지각적인 측면에서 어려움이 있을 것으로 보여 기본적인 읽기와 쓰기의 어려움이 있고 이는 이후의 학업적 수행을 지속적으로 방해할 것으로 보인다.

따라서 위 학생에게는 시지각 및 청각적 주의력 등을 향상시키는 프로그램이 우선적으로 필요할 것으로 생각된다.

6. 운동장애(Motor Disorders)

운동장애에는 발달성 협응장애, 상동증적 운동장애, 뚜렛 장애, 지속성(만성) 운동 또는 음성 틱장애, 잠정적 틱장애가 포함된다. 본서에서는 틱장애만 다루기로 한다.

1) 틱장애(DSM-Ⅳ, 5기준)

틱은 갑작스럽고 빠른, 반복적, 비율동적, 상동증적인 운동 또는 음성이 나타나는 것이다. 이는 저항할 수 없는 것으로 경험되기도 하지만, 다양한 시간 동안 억제될 수도 있다. 모든 형태의 틱은 스트레스에 의해 악화되고, 차분하게 활동하는 동안에는 감소된다.

- 단순 운동 틱: 눈 깜작거리기, 어깨 움츠리기, 얼굴 찡그리기, 기침하기
- 단순 음성 틱: 헛기침하기, 꿀꿀거리기, 킁킁거리기, 콧바람 불기, 짖기
- 복합 운동 틱: 얼굴 표정 짓기, 손짓하는 행동, 뛰어오르기, 마지기, 발 구르기
- 복합 음성 틱: 관계없는 구절 반복하기, 외설증, 동어반복증, 반향언어증

2) 뚜렛 장애

뚜렛 장애의 가장 흔한 동반 증상은 강박적 사고와 강박적 행동이다. 과잉행동, 주의산만과 충동성이 비교적 흔하다. 사회적 불편감, 수치감, 자기의식, 우울한 기분이 빈번하게 나타난다. 다른 사람으로부터의 배척이나 사회적 상황에서 틱이 나타나는 데 대한 불안 때문에, 사회적, 학업적, 직업적 기능이 장해된다('머리 찧는 행위, 자신을 치는 행위/ 무릎 구부리는 행위, 목을 움직이는 행위/ 찌르기'와 같은 신체적 손상이 포함된다).

① 여러 가지 운동 틱과 한 가지 또는 그 이상의 음성 틱이, 장애의 경과 중 일부 기간 동안 나타난다(두 가지 틱이 반드시 동시에 나타나는 것은 아니다).

② 틱이 1년 이상의 기간 동안 지속된다.

③ 18세 이전에 발병한다.

(1) 만성 운동 또는 만성음성 틱 장애(지속성(만성) 운동 또는 음성 틱장애로 변경)

① 한 가지 또는 여러 가지의 운동 틱과 또는 음성 틱(갑작스럽고, 빠르고, 반복적, 비율동적, 상동증적인 동작 또는 음성)이 장애의 경과 중 일부 기간 동안 존재하지만, 두 장애

가 함께 나타나지는 않는다.

② 처음 틱이 나타난 시점으로부터 1년 이상 지속된다.

③ 18세 이전에 발병한다.

(2) 일과성 틱 장애(잠정적 틱 장애로 변경)

① 한 가지 또는 여러 가지의 운동 틱 또는 음성 틱(갑작스럽고, 빠르고, 반복적, 비율동적, 상동증적인 동작 또는 음성)이다.

② 틱은 적어도 4주 동안 거의 날마다 하루에 몇 차례씩 일어나지만, 연속적으로 12개월 이상 지속되지는 않는다.

뚜렛장애 사례 _____

1. 인적 사항
초등 4학년, 남아

2. 의뢰사유
가정 내에서나 학교에서 틱증상이 심해져서 아버지에 의해 의뢰되었다.

3. 수검태도 및 행동
또래에 비해 작고 마른 편으로 위생상태는 양호하였다. 검사자의 지시에 비교적 잘 따르는 편이었고 연령에 비해 상식과 어휘력이 풍부하였으나, 틱증상으로 인해 동작성 검사 수행이 저조하였고 소검사 <기호쓰기>에서 특히 어려움을 보였다.

4. 검사 결과 요약 및 제언

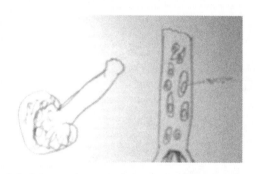

지능검사 결과 평균 수준의 지적 수준으로 나왔으나, <상식>, <어휘> 등의 소검사 점수로 미루어 보아 이를 훨씬 상회할 것으로 예상된다. 언어성 검사와 동작성 검사 간 점수차가 극심해 뇌의 역기능이 시사되는데 이는 틱으로 인해 동작성 검사 수행을 방해하는 요인으로 작용했기 때문이다. 언어성 검사에서도 대부분의 소검사가 높은 수행을 보이는 반면 <이해> 소검사에서는 지체수준(6점)의 수행을 보였는데, 아동이 언어적 개념이나 추상화 능력 및 표현 능력은 매우 우수하지만 또래관계 등에서 어려움을 보이고 있어 사회적인 이해나 지식이 부족함을 시사한다고 할 수 있다. 따라서 아동의 경우 틱증상 완화를 위한 심리적 접근이 필요하고 사회성 향상을 위한 프로그램이 필요할 것으로 보인다.

틱장애는 '약물치료'가 효과가 있는 것으로 알려져 있다. 따라서 먼저 '약물 치료'를 하고 있는지를 확인하고, 하고 있지 않다면 이를 권하는 것도 필요하다. 그러면서 한편으로는 자각훈련과 이완훈련을 하는 것도 도움이 된다. 또한, 자기 이미지에 대한 완벽주의적인 기대가 틱증상을 유발할 수 있으므로 인지재구성을 통해 수정해주며 또래나 부모가 틱에 대해 부정적으로 반응할 수 있으므로 또래나 부모 교육도 필요하다(이우경, 2017).

04 | 학습장애와 학습부진

1. 학습장애 · 학습부진 · 학습지진의 개념

학습장애 학생들은 각기 다른 특성들을 보이기 때문에 한두 가지의 정의로 단정할 수 없다. 또한 학습과 관련된 문제이다 보니 학습지진이나 학습부진과 혼동되기 때문에 실제 선별이나 진단에 어려움을 겪게 된다. 따라서 학습장애, 학습부진, 학습지진의 특징을 살펴보고 개념을 정리하는 것이 필요하다.

1) 학습장애

개인의 내적인 결손 중추신경계장애로 인한 지각장애, 뇌손상 같은 기본적인 정보처리과정의 장애로 인해 학습에 부적응을 보이는 것을 말한다.

2) 학습부진

정상적인 지능지수를 가지고 있고, 신경계의 이상이 전혀 없으나 정서적 문제(우울증, 불안증, 강박증)나 사회환경적 요인(가정불화, 빈곤, 스트레스) 때문에 학업성취도가 떨어지는 경우를 말한다. 따라서 이러한 환경적, 정서적 요인들이 제거되면 정상적인 학습능력과 학업성취도를 보이는 것이 학습부진아들의 특징이다.

3) 학습지진

원래부터 기억력과 관련된 지적능력이 낮아 학업능력이 떨어지는 아동이다. 이런 경우 지능수준이 평균 70-80정도로 낮고 기본적인 학습능력이 낮아 학업성취도가 같은 학년에 비해 지체되는 것을 의미한다. 이러한 아동을 경계선 아동이라고 하며, 학업적인 성취를 이루는 과정이 일반아동에 비해 속도가 느리다.

2. 학습장애의 법적 정의

1) 장애인 등에 대한 특수교육법(2008)

개인의 내적 요인으로 인하여 듣기, 말하기, 주의집중 지각, 기억, 문제해결 등의 학습기능이나 읽기, 쓰기, 수학 등 학업성취영역에서 현저하게 어려움이 있는 사람을 칭한다.

2) 미국 학습장애합동위원회(National Joint Committee on Learning Disabilities: NJCLD, 1988)의 정의

'학습장애'란 듣기, 말하기, 읽기, 추론 또는 산수능력을 습득하고 사용하는 데 있어서 심한 어려움을 나타내는 장애를 총칭하는 일반적 용어이다. 학습장애는 개인에게 내재하는 것으로서 중추신경계의 기능장애가 원인으로 추정되며, 모든 연령에서 나타날 수 있다. 자기조절행동, 사회적 지각 및 사회적 상호작용에서의 문제가 학습장애와 함께 나타날 수 있으나 이것이 학습장애의 원인은 아니다. 학습장애가 다른 장애들(감각장애, 정신지체, 정서장애)이나 외적 요인들(문화 차이, 불충분한 교수)과 동시에 나타날 수 있으나, 학습장애는 이러한 장애나 외적 요인들이 원인이 되어 나타나는 결과는 아니다라고 정의하고 있다.

3) 미국 장애인교육법(IDEA, 2004)의 정의

학습장애란 구어나 문어의 사용이나 이해와 관련된 기본적 인지기능의 장애를 뜻한다. 이와 같은 인지기능의 장애는 듣기, 말하기, 읽기, 쓰기, 산수 등의 학습수행에 어려움을 초래한다. 학습장애는 지각장애, 뇌손상, 미세뇌기능 이상, 난독증, 발달실어증 같은 상태를 포함한다(생물학적 요인). 하지만 시각장애, 청각장애, 운동장애, 정신지체, 정서장애로 인한 학습결손, 그리고 환경, 문화, 경제적 결핍으로 인한 학습결손은 학습장애에 포함시키지 않는다라고 정의하고 있다.

3. 학습장애의 판별 준거

학습장애는 다음과 같은 판별 준거를 바탕으로 이루어진다.

첫째, 아동의 지적능력과 학업성취 간의 심한 불일치, 주의집중, 지각, 기억, 언어 영역 등의 심리과정에서 발달상에 심한 불일치가 일어난다.

둘째, 정신지체, 감각장애, 정서장애 및 중복장애로 인하여 학습기회가 부족해질 수 있다. 이러한 중복장애로 인해 부수적으로 발생하는 학습의 부진은 학습장애로 판별하지 않는다.

4. 학습장애아의 선별

학습장애아에 대한 객관적인 평가는 아동의 인지기능에 대한 평가(지능검사), 학습수행능력에 대한 평가, 그리고 사회·정서적 특성을 밝혀내는 평가들로 이루어진다.

학습장애아의 선별은 <표 3-2>에 제시한 바와 같은 4단계에 걸쳐 이루어진다.

표 3-2) 학습장애아 선별 절차

1단계	학업성취를 저해하는 내적 요인(정상 지능, 여러 가지 다른 중복 장애의 유무)과 외적 요인(환경)이 없음에도 불구하고, 학업성취가 학년수준이나 연령수준에 비해 많이 떨어지는 사실을 확인한다.
2단계	학생에 대한 체계적인 관찰과 함께 이전 교사와 부모 면담 등을 통해 설명 가능한 원인을 찾아본다.
3단계	학습 장애와 관련된 검사들을 실시한다.
4단계	검사에서 나타난 임상적 양상을 분석함으로써 학습장애를 선별한다.

인지상담의 과정

인지상담의 과정

인지발달을 돕기 위한 과정은 엉킨 실타래를 풀어가는 길과 같다. 한올 한올 길을 찾아 풀어가다 보면 매듭지어졌던 부분들이 풀려나오며 비로소 옷감을 짤 수 있는 연결된 실타래로 된다. 이렇듯 인지발달에 어려움을 지닌 이들에게 치료의 과정은 인지기능에 어려움을 초래하는 영역들을 지원해가며 더 나은 기능을 수행하도록 도우며 풀어가는 과정이다.

인지상담의 과정은 아동의 인지발달에 어려움을 초래하는 다양한 원인이 되는 유전, 환경, 경험 등 여러 기능상의 다변성을 포함해 사례별로(case by case) 이루어져야 한다. 아동들의 인지발달에 어려움을 초래하는 원인들은 앞서 설명해왔던 바와 같이 한두 가지로 정리할 수 없이 무수히 다양하다. 그러기에 이러한 다양한 변수들을 고려해 접근성있는 치료계획을 수립하는 것이 매우 중요하다.

본 장에서는 인지상담의 보편적인 과정에 대해 알아보고, 각 과정의 특징과 유의점 등을 살펴보고자 한다.

01 | 인지학습상담의 과정

인지발달상담의 과정도 일반 상담들의 과정과 같이 '사례접수 → 접수면접 → 문제진단 → 사례개념화 → 목표설정 → 상담전략 수립 → 상담개입 → 평가 → 종결 과정' 등을 거친다.

그림 4-1 인지학습상담의 과정

사례 접수 (의뢰, 자발적 방문)	접수 면접(심각성 및 상담 적절성 평가, 심리검사, 외부기관 의뢰 여부 선택)	문제 진단	사례개념화	목표설정, 개입전략 수립	개입(상담개입, 관련자 면담, 슈퍼비전)	평가 및 종결 과정

1. 사례접수-접수 면접(intake interview)

- 내담자와 첫 접촉을 뜻한다.
- 전화 등 기타 매체로 첫 접촉이 될 수 있으나, 첫 대면을 뜻한다.
- 첫 만남이기 때문에 이 결과에 따라 상담자 및 내담자 상호간의 인상 형성, 상담의 진행 방향, 상담과정의 순조로움과 깊이 등에 영향을 줄 수 있다.

1) 전화 예약

상담을 위해 상담기관에 처음 접촉하는 것은 전화 예약이나 인터넷 접수 등을 통해서 이루어진다. 이러한 과정을 통해 해당 기관에서 제공하는 서비스와 아동과 부모가 필요로 하는 도움이 어느 정도 일치한다고 판단되면 접수 면담을 예약하게 된다.

대개의 부모들은 전화 예약이나 인터넷접수 과정을 통해 자녀의 문제가 어느 정도

심각한 상태인지, 상담이 필요한지 등에 대해 알기를 바란다. 그러나 실제 대면이 이루어지지 않은 상태에서 단순히 전화 상담이나 인터넷 상담을 통해 얻은 보고만으로 부모가 필요로 하는 정보를 줄 수는 없으며, 이러한 시도는 다음과 같은 여러 가지 위험요소들을 가지고 있다.

첫째, 부모의 전화나 인터넷상의 보고만으로 아동의 현재 심각성을 정확히 파악하기 어렵다는 것이다. 또한 부모의 관찰과 판단이 충분히 이루어졌고 정확한 보고인지도 알 수 없다. 무엇보다 아동의 문제를 바라보는 관점에 부모의 주관적 판단이 개입될 가능성이 크다는 점이 가장 큰 위험요소이다.

둘째, 부정확하게 수집된 정보를 바탕으로 한 조언이나 정보는 아동이 적절한 상담치료를 받지 못해 방치되거나, 부적절한 상담을 받을 수 있는 원인이 된다.

따라서 전화상담의 경우 객관적 정보, 즉 성명, 연령, 성별, 객관적 증상, 연락처 등만을 수집하고 일정을 잡아 부모가 아동을 데리고 기관에 내원해 대면하도록 하는 것이 바람직하다.

2) 부모 면담

접수면담일에 부모와 아동이 기관을 방문하면 접수면담을 실시할 상담자가 기관과 자신을 간단히 소개하고 어떤 일정으로 접수 면담이 진행될 것인가를 간략히 설명한다.

기관에 따라 접수면담의 순서나 방법이 약간 다를 수 있으나 대략 접수면접지 작성, 부모면담을 통한 주호소 문제 파악, 아동과의 놀이를 진행하며 관찰을 통해 아동의 특성을 파악하는 과정 등을 거친다. 또한 필요한 경우 부모와 아동의 상호작용 패턴이나 분리 시의 반응 등을 보기 위해 부모와 아동을 함께 면담하는 시간을 갖기도 한다.

처음 부모를 면담할 때에는 면담내용에 대해 비밀보장이 된다는 사실을 미리 알려준다. 부모 중 어느 한 쪽이 오는 경우에는 참석하지 않은 부모가 불참하게 된 이유를 묻는다. 또한 부모가 함께 오는 경우에는 어머니와 아버지를 별도로 면담하는 시간이 필요하며, 이런 경우에도 부부 간 비밀보장이 적용됨을 알려준다.

부모를 함께 면담했을 때와 별도로 면담했을 때 얻을 수 있는 정보가 매우 다른 경우가 간혹 있으며, 이러한 정보가 아동의 문제를 파악하는 좋은 정보가 되기도 한다. 그러나 비밀보장이 된다는 사실을 알지 못하는 경우에는 비난받거나 부정적으로 보일만한 정보들을 제공하지 않는 경우가 있으므로 비밀보장에 대해 안내하고 아동의 상담에 도움을 얻기 위해 좋은 정보를 제공해 주실 것을 부탁드리는 것이 좋다.

또한 부모와 자녀 사이의 비밀보장에 대해서도 언급하는 것이 필요하다. 특히 아동이 초등학교 고학년 이상이거나 저학년이라도 인지적으로 우수한 경우, 또는 부모와의 관계에 지나치게 의존적이고 민감한 경우에는 상담자와 부모 사이의 대화 내용에 큰 관심을 갖고 민감하게 반응하는 경향이 있다.

물론 상담 과정에서 아동학대 발견 등의 비밀보장의 책임을 다할 수 없는 경우에 대해서는 아동학대 의심 신고의 의무가 존재함도 사전에 알려주어야 한다.

3) 초기상담

(1) 관계 형성

상담 초기 상담자와 내담자 간의 상담관계와 작업동맹을 형성하는 과정을 뜻한다. 상담초기에 형성된 상담자와 내담자 간의 작업동맹(working alliance) 수준과 상담의 성과 간에는 높은 상관이 있다고 알려져 있다. 상담 목표에 대한 합의(goals), 상담에서 수행해야 할 구체적 과제(tasks)에 대한 합의, 정서적 유대감(band) 형성에 유의해야 하며, 상담자는 내담자에게 따뜻하고 수용적이며 상담과정이 안전하다는 느낌을 줄 수 있도록 신경을 써야 한다.

4) 상담과정 진행

(1) 초기상담과정

상담 초기에 가장 중요하게 관심을 두어야 할 부분은 앞서 설명한 관계 형성이다. 상담자와 내담자 간의 신뢰로운 관계 형성은 이후 상담을 진행해가는 데 매우 중요한 요인이 된다.

또한 상담자는 내담자와의 상담 관계 구축을 확고히 하기 위해 초기상담에서 다음과 같은 사항에 관심을 가져야 한다.

첫째, 아동의 발달 수준, 언어적, 개념적 능력에 따라 면접과 상담전략을 달리해야 한다.

둘째, 초기 상담과정에서 획득한 정보를 사용하여 아동의 행동과 관련된 요인에 관한 가설을 만든다. 그리고 이 가설을 발전시키기 위해서 문제행동과 관련된 요인(행동의 선행사건과 결과, 행동의 빈도, 크기, 지속, 보편성), 기여 요인(아동, 부모, 학교, 환경과 관련된 것)을 확인할 필요가 있다.

셋째, 아동의 불안한 마음을 해소시켜 주기 위하여 계속적이고 주기적으로 안전하다는 메시지를 주어야 한다.

넷째, 부모와 아동이 어떻게 상호작용하는지에 주목하여 관찰이 이루어져야 한다. 또한 관찰을 통해 가족의 역동에 관한 정보를 얻는 것도 필요하다.

표4-1 ┃ 초기 상담 과정에서의 관찰 사항

- ✔ 부모가 아동과 이야기하는가?
- ✔ 부모가 아동에게 소리치거나 야단치는가?
- ✔ 부모가 아동이 웃옷 벗는 것을 어떻게 도와주는가?
- ✔ 부모와 아동이 서로 가까이 앉아 있는가 아니면 떨어져 앉아 있는가?
- ✔ 아동이 부모에게 매달리는가?
- ✔ 어떤 표정을 짓고 있는가?
- ✔ 다른 형제가 있다면, 아동의 용모와 행동 그리고 부모가 주는 관심의 정도에 차이가 있는가?
- ✔ 아동이 부모와 떨어져 놀고 있는가?
- ✔ 아동이 부모의 도움을 구하는가?
- ✔ 부모가 아동을 도와주는가 아니면 무시하는가?
- ✔ 부모와 아동 모두 편안해 보이는가 아니면 긴장되어 보이는가?
- ✔ 사랑하는 가족 분위기가 느껴지는가?
- ✔ 아동이 부모와 떨어져 평가자에게 올 때는 어떤 경우인가?

(2) 상담과정의 진행

상담과정을 진행해 가면서 상담자는 아동의 능력이나 강점뿐 아니라 정신 병리에 대한 신호에 주의를 기울일 필요가 있다. 또한 아동이 보이는 동정, 연민, 매력, 성마름, 불편함 등의 감정, 반응양식에도 주의를 기울여야 한다. 또한 아동이 보이는 몸짓이나 얼굴 표정 등을 살피면서 말이나 행동으로 직접 표현하지 못한 아동의 마음을 파악하려 노력해야 한다.

표 4-2 상담과정에서의 관심을 두어야 하는 사항

관찰 대상	구체적인 고려 사항	
목소리와 말	• 크기나 강도 • 목소리의 고저 • 말의 속도 • 말하기의 용이성 • 자발성 • 반응시간 관련성	• 말투 • 뚜렷한 언어의 일탈 • 말의 조직 • 어휘 • 목소리의 질 • 유창성
비언어적 행동	• 운동행동(매너리즘, 협응 수준, 행동 수준: 과잉행동, 행동부진, 틱, 경련, 전율, 몽롱함, 동요, 찌푸림, 자기자극, 흔드는 움직임, 판에 박은 행동) • 자세변화(구부린, 이완된, 경직된, 긴장한, 곤두선, 웅크린, 기대는) • 표정과 면접내용에 대한 적절성(경계하는, 멍한, 온화한, 찡그린, 웃는, 당황한, 불안한, 화난, 걱정하는, 슬픈) • 시선접촉(전혀 없는 것에서 지속적인 것)	
용모	• 피면접자의 옷, 머리 모양, 몸차림	
정동	• 아동의 활동 수준과 면접이 진행됨에 따라 변화하는 활동 수준 • 감정과 관련된 주제를 다룰 때 감정의 적절성(표정이 대화 내용과 일치하는가?) • 몸의 움직임과 제스처의 의미	
신체적 발달	• 운동행동 • 키, 몸무게, 안색, 전반적인 용모	

(3) 영역별 관찰사항

상담에서 다루어지는 영역(외양과 행동, 언어와 대화, 사고의 내용, 감각 동작 기능, 인지 기능, 정서 기능, 통찰과 판단)들은 연령 규준을 사용하여 반드시 발달적인 맥락 안에서 해석되어야 한다.

표 4-3 영역별 관찰 사항

외양과 행동
• 내담자가 어떤 모습으로 나타났는가? • 내담자는 일반적으로 어떻게 보이는가?(키, 체중, 청결, 얼굴 모습, 옷, 특별한 장식, 신체적 장애) • 내담자는 면접하는 동안 어떻게 행동하는가?(별난 제스처와 행동, 반복적인 움직임, 비정상적인 자세, 눈맞춤이 적음, 부적절한 얼굴표현, 비정상적으로 느리거나 과도한 움직임, 난폭하게 흥분된 행동, 특별한 버릇) • 내담자의 행동은 그 나이, 교육과 직업 상태에 알맞은가? • 내담자의 면접자와 관련하여 어떠한가?

언어와 대화

- 내담자 언어의 일반적인 흐름은 어떠한가?(빠른가? 통제되어 있는가? 머뭇거리는가? 곤란한가?)
- 내담자는 말을 더듬는가?
- 내담자의 언어의 내용과 일반적인 톤은 어떠한가?
- 언어적과 비언어적 대화 사이의 관계는 어떠한가?
- 언어적인 대화와 비언어적 대화에 있어서의 일치가 되는가?
- 대화의 내용과 억양 사이의 관계는 어떠한가?
- 내담자가 대화 나누는 것에 얼마나 관심이 있는가?

사고의 내용

- 내담자가 논의하는 것은 무엇인가?(내담자가 자발적으로 끄집어내는 내용에 주목)
- 문제가 있는 분야는 무엇인가?
- 되풀이되는 주제는 무엇인가?
- 망상, 환상, 공포증, 강박관념 또는 강박 충동과 같은 심리 병리적인 어떤 증상이 나타나는가?

감각 동작 기능

- 청각, 시각, 감각, 후각과 같은 내담자의 감각은 얼마나 손상되었는가?
- 내담자의 총체적 운동 통합은 얼마나 적절한가?
- 내담자의 미세한 운동 통합은 얼마나 적절한가?
- 과장되고, 반복적인 움직임, 괴상한 자세, 얼굴 찡그림, 느린 움직임과 같은 운동 장애의 징조가 있는가?

인지 기능

- 내담자는 시간, 장소, 사람을 올바르게 판단하는가?(지남력)
- 내담자는 집중할 수 있는가?
- 내담자는 정신을 바짝 차리고 있는가?(내담자는 면접자의 질문에 있어서 변화에 반응하는가?)
- 즉각적인 기억, 최근의 기억과 오래 전 사건에 대한 기억이 얼마나 좋은가?
- 내담자의 어휘나 일반적인 정보가 그의 직업적이고 교육적인 배경을 반영했는가?
- 내담자는 그의 또래에 적합하게 읽고, 쓰고, 소리낼 수 있는가?

정서 기능

- 내담자의 일반적인 기분은 어떠한가?(감정상태)
- 면접하는 동안에 내담자의 기분은 변동이 있는가?
- 내담자는 면접자에게 어떻게 반응하는가?
- 내담자의 정서는 대화의 내용과 언어에 대하여 적절한가?
- 내담자는 자신의 기분과 느낌에 대하여 어떻게 말하는가?
- 자기 보고와 면접 시 내담자의 행동은 일치하는가?

통찰과 판단

- 면접에 오게 된 이유에 대한 내담자의 생각은 무엇인가?
- 그 생각은 적절하고 현실적인가?
- 내담자는 자신의 문제를 인식하고 있고 다른 사람을 생각하는가?
- 내담자는 어떤 것이 문제를 야기시켰는지에 대하여 생각을 하는가?
- 내담자는 어떻게 그 문제가 나아질 수 있는지에 대해 생각을 가지고 있는가?
- 일상의 활동을 수행하는 데 있어서 내담자의 판단은 얼마나 좋은가?
- 내담자는 일상적인 문제를 어떻게 해결하는가?(충동적, 독립적, 반응적, 시행착오 등)
- 내담자는 충고나 도움을 적절히 이용하는가?

(4) 아동과의 라포 형성 기술

상담의 과정에서 상담자와 내담자가 라포를 형성하는 것은 앞서도 설명했듯 매우 중요한 부분이다. 내담자, 특히 아동과 라포를 형성하기 위해서는 다음과 같은 점에 유의해 접근한다면 보다 긍정적인 결과를 얻을 수 있을 것이다.

① 시작하는 말이 중요하다는 것을 생각한다. 긍정적이고 수용적인 용어를 활용해 아동이 수용되고 있음을 느끼게 하는 것이 중요하다.

② 아동의 연령, 행동, 의뢰 사유 등을 물으면 아동을 편안하게 만들면서 대화를 시작할 수 있다. 면접자 자신을 소개하고 라포를 형성한 후 아동의 문제에 대해 아동에게 직접 듣고 싶다는 이야기를 할 수도 있다.

③ 기술적인 말을 사용한다. 아동의 용모, 행동, 품행에 대해 말을 건넴으로써 아동이 주의를 기울이고 적절한 행동을 계속하도록 격려하는 것도 아동과 라포를 형성하는 데 도움이 된다. 예를 들어, "ㅇㅇ이가 오늘 잘 어울리는 옷을 입었구나!" 등의 칭찬과 관심의 말을 하는 것은 내담자인 아동과 가까운 관계를 구축하는 데 도움을 준다.

④ 반복해 들려주는 것도 효과적이다. 말이나 행동의 핵심적인 의미를 포함시켜서 아동이 한 말이나 행동을 반복하며, 반복은 아동의 행동을 조직하고 명료하게 한다.

⑤ 칭찬을 자주함으로써 면접자가 중요하게 생각하는 것을 아동이 이야기하도록 한다.

⑥ 비판적 진술은 라포 형성을 방해하므로 피하도록 한다. 또한 상담진행과정에서 아동이 부정적인 행동을 할 때에는 사고중지나, 아동의 주의를 분산시키고 아동이 행한 적절한 행동에 초점을 두도록 격려해 줄 수도 있다.

⑦ 단순한 질문과 구체적인 참조를 사용해 아동의 이해를 돕는다. 언어적 기술에 대한 요구를 감소시키고 과제의 복잡성을 줄이며 구체적인 참조를 늘리고 요구되는 반응을 단순화하는 방향으로 전형적인 면접 기술들을 조정하는 것이 필요하다.

⑧ 필요하다면 가정형의 질문을 사용할 수도 있다. 이러한 전략은 말을 안 하는 아동에게 말을 하도록 유도하는 효과를 얻을 수도 있다.

⑨ 인지학습을 돕기 위한 질문을 사용한다. 이때 아동이 불안이나 불편을 느끼거나 상처를 입지 않도록 유의해 질문하도록 하는 것이 중요하다.

⑩ 언어적 의사소통에 어려움을 보이는 어린 아동의 경우 이들을 돕기 위해 크레용, 찰흙 등 장난감을 사용할 수도 있다.

⑪ 인형, 장난감, 전화의 매체를 통해 아동과 이야기하는 것처럼 하여 아동에게서 필요한 정보를 얻어 활용할 수 있다.

⑫ 잘못된 행동에 대해서는 자세한 정보를 얻어야 한다. 왜 그렇게 되었었는지에 대한 세부사항을 자세히 물어 정보를 얻는 것이 필요하다.

⑬ 아동이 인지학습의 주제로부터 벗어나지 못하게 할 필요가 있다. 만약 아동이 어떤 주제에 관해 이야기하고 싶어하지 않는다면 그 주제에 대해 간단하게 질문하거나 그 주제에 대해 생각하고 있는 것을 말해 주면 아동이 자극을 받아 필요한 정보를 줄 수 있다.

⑭ 때로는 침묵을 수용해야 한다. 침묵은 여러 가지 원인에 의해서 발생한다. 누구나 분노해서, 무엇을 말해야 할지 몰라서, 가만히 앉아 있는 것이 좋아서 등의 여러 가지 이유로 침묵하게 되는 경우들이 있다. 특히 어린 아동은 나이든 아동보다 침묵을 더 불편하게 느끼고 저항을 유도할 수 있으므로 어린 아동의 경우 침묵을 최소화시켜야 한다.

⑮ 침묵을 다루는 기술로 아동의 비언어적 의사소통을 관찰함으로써 침묵의 의미에 관해 단서를 파악하고 침묵이 계속되는 경우에는 피로나 흥미가 원인이었는지의 여부, 앞으로 면접이 더 가능한지 여부 등에 대해 기록을 한다.

⑯ 상담과정에서 수시로 지지와 확신을 주어 아동의 저항과 불안을 막아야 한다. 나이든 아동은 자신의 감정과 사고를 낯선 이에게 드러내기를 주저할 수 있다. "오늘 여기에 있는 것에 대해 어떤 기분이 드니?" 등의 질문을 하여 아동이 불안을 표현하도록 돕고 아동의 대답에 대해 격려나 지지를 해주는 것이 도움이 된다.

2. 문제 진단(Diagnosis)

문제 진단이란 내담자의 문제를 분류하고 명명하여 문제의 실체를 객관화하는 것이다.

DSM 체계에서 분류(다축평가: 문제행동 진단, 일반 의학적 상태, 사회적·환경적 문제, 전반적 기능 수준 등)와 같이 내담자의 문제를 평가하고, 특정 문제를 가진 내담자 개인에 대한 총체적 이해, 즉 문제와 증상에 대한 진단과 이해를 넘어서 내담자의 강점이나 심리적 자원, 심리적 특성에 대한 이해까지 포함해야 한다. 또한 내담자가 학업, 진로, 또래 관계, 가족관계 등과 같은 생활의 여러 영역에서 어느 정도 적응하는지에 대한 현재 기능 수준을 파악하며, 문제 발생 전 내담자는 여러 영역에서 어느 정도로 생활에 적응했는지에 대한 문제발생 이전 기능 수준도 파악한다. 또한 문제발생과 유지에 직간접적으로 영향을 주는 내담자의 개인적 특성과 환경적 특성을 파악하며, 내담자 문제 해결을 위해 필요한 내적 자원, 외적 자원이 있는지도 파악해야 한다.

1) 방법과 절차

성장기 아동청소년의 적응문제를 진단할 때는 이들의 성격과 행동양식이 아직 형성되어 가는 과정이라는 점을 감안해서 단정적인 진단을 내리는 일에 더욱 신중을 기해야 한다. 만약 DSM-5에 의해 진단명을 부여할 때는, 그 진단의 타당성을 뒷받침할 수 있는 근거 자료, 즉 내담자 진술, 발달사, 행동, 심리검사 결과 등을 제시할 필요가 있다.

2) 평가영역

내담자의 문제의 진단과 평가를 위해 다음의 자료들을 수집해 분석 평가하는 것은 도움이 된다.

첫째, 내담자 인적 사항 및 전문기관에 오게 된 경위에 대해 듣는다.

둘째, 주호소 문제나 증상, 흔히 청소년은 부모와 내담자의 주호소 문제가 다를 수 있다.

셋째, 이전 상담 경험, 당시 주호소 문제, 증상, 진단, 상담기관, 상담자, 상담기간과 횟수, 상담성과, 상담과 상담자에 대한 내담자와 부모의 경험 및 평가 등에 대해 안다.

넷째, 가정환경, 성장배경, 발달력 등을 듣고 분석할 필요가 있다.

다섯째, 성격적 특성, 언어표현 양식 등을 관찰 평가한다.

여섯째, 사고내용, 감정상태(불안, 우울, 조증 수준 등), 정서적 능력(감정인식, 조절 및 표현기술 등), 신체증상, 인지기능(판단력, 주의집중력, 기억력 등), 활동 및 에너지 수준(과잉활동 혹은 무기력), 자살충동, 식사습관 및 행동(과식, 식욕부진 등), 수면패턴(불면, 과다수면 등), 학업(직업)적응 정도, 사회기능(대인관계기술, 가족과의 관계, 또래 관계 등)을 파악한다.

일곱째, 주호소 문제를 해결하기 위해 내담자(내담자 혹은 가족)가 이미 사용한 방법들에 대한 정보를 수집해 평가한다.

여덟째, 내담자의 심리적 취약점과 강점을 분석해 평가한다.

아홉째, 면담과 면접자에 대한 태도(우호적, 협조적, 자발적, 거부적, 반항적 등)를 관찰 평가한다.

3) 문제 진단과 평가를 위한 정보 수집

문제의 진단과 평가를 위해 다음의 자료들을 수집해 분석 평가하는 것은 도움이 된다.

첫째, 내담자(아동, 청소년)와 면접, 검사와 설문지, 행동평가이다.

둘째, 내담자 주변 사람들과의 면접이다.

셋째, 가계도 파악이다.

또한 가계도를 파악하는 과정에서 가족 구성원을 나열하는 것에 그칠 것이 아니라, 성격, 학력, 직업 등과 같은 개인적 특성을 알아보고 가족구성원들 간의 관계가 갈등적인지, 지나치게 밀착되어 있는지, 소원한지 등에 대해서도 파악하는 것이 중요하다.

4) 인지기능에 관한 정보 수집

내담자가 지니고 있는 인지적 문제의 진단과 평가를 위해 다음의 자료들을 수집해 분석 평가하는 것이 필요하다.

• 아동·청소년 면담시 주호소 문제와 관련된 영역별 평가가 필요하다.
• 아동의 자기통제, 자기훈련 정도를 파악한다.
• 아동이 지각하는 인지적 강점, 단점(왜곡, 절 등)을 평가한다.
• 아동이 지각하는 상황이해와 대처방식을 평가한다.
• 아동의 기초인지능력 정도를 평가한다.
• 아동의 기초학습능력 정도를 평가한다.

- 아동이 지각하는 역기능적 인지도식 정도를 평가한다.
- 아동이 지각하는 자동적 사고 정도를 평가한다.
- 아동이 지각하는 인지적 오류(과잉일반화, 확대, 축소, 단정명명, 추측, 자책, 감정적 판단)정도를 파악·평가한다.
- 아동이 지각하는 상황이해 정도를 평가한다.
- 아동이 지각하는 문제해결, 대처방안의 정도를 평가한다.
- 내담자의 지적 수준과 인지적 특성을 탐색한다.
- 내담자의 역기능적인 사고를 탐색한다.
- 내담자의 지각기능(시지각, 청지각, 공간지각)을 탐색한다.
- 내담자의 대·소근육, 운동능력 발달을 탐색한다.
- 내담자의 과잉행동, 주의산만, 충동성, 주의집중 정도를 탐색한다.
- 내담자의 주의집중 방해요소를 탐색한다.
- 내담자의 기억능력을 탐색한다.
- 내담자의 사고능력을 탐색한다.
- 내담자의 의사소통 능력을 탐색한다.
- 내담자의 학습능력(읽기, 쓰기, 수학)을 탐색한다.
- 내담자의 학습속도를 탐색한다.
- 내담자의 학습태도를 탐색한다.

3. 사례개념화(case conceptualization, case formulation)

1) 사례개념화의 정의

사례개념화란 상담자가 면접과 심리검사, 관찰 등을 통해 얻은 내담자의 문제에 대한 정보를 의미 있는 방법으로 종합하여 상담자의 이론적 지식과 임상적 경험을 가지고 내담자 문제의 특성과 원인, 해결방법 등에 대한 가설을 세우는 것을 의미한다.

학자들은 다음과 같이 사례개념화를 정의하였다(이명우, 2003, 재인용).

- Loganbill & Stoltenberg(1983): 내담자의 인지적·행동적·정서적·대인관계적 측면을 통합하여 포괄적으로 이해하고 상담목표와 상담계획을 수립하는 것이다.

- Eells(1997): 한 개인의 심리문제, 대인관계상의 문제, 행동상의 문제에 영향을 미치는 원인, 촉발요인, 유지요인에 대한 가설이다.
- Kendjelic(1997): 내담자의 심리적, 대인관계적, 행동적 문제들에 관한 원인, 촉발요인, 유지요인들에 관한 가설이다.
- 이윤주(2001): 내담자의 심리적, 대인관계적, 행동적 문제, 이 문제와 관련된 원인 및 촉발 유지요인들, 내담자가 가진 장점을 파악하고 이에 대한 종합적 이해에 근거하여 문제해결의 방향과 전략, 기법을 계획하는 것이다.
- 김진숙(1998): 사례개념화는 초기에 얻어진 정보를 토대로 가설을 세우고 끝까지 그 가설을 바꾸지 않는 단회적인 작업이 아니라 추가적인 정보에 따라 지속적으로 가설을 수정하고 보완해나가는 역동적인 작업이다.
- 이명우(2003): 상담자의 상담이론과 상담경험에 근거하여 내담자의 문제에 관한 다양한 단서나 정보를 수집, 종합하고, 이를 바탕으로 내담자 문제의 원인을 가설적으로 설명하여 내담자의 문제해결을 위한 목표와 전략을 구상하는 역동적인 과정이다.

이를 종합하면, 사례개념화란 내담자 문제에 대한 잠정적 설명 혹은 추론의 성격을 지니며, 초기에 얻어진 정보를 토대로 가설을 세우고 추가적 정보에 따라 지속적으로 가설을 수정하고 보완해나가는 역동적 작업이다. 동일한 호소문제에 대해서도 상담자가 사용하는 이론적 체계와 상담경험에 따라 사례개념화 내용은 달라질 수 있다.

이와 같은 내담자 문제에 대한 추론 및 가설은 상담자가 적합한 상담목표 및 전략을 세우는 기초가 되며 내담자를 다른 상담자나 주변의 관계기관에 의뢰, 중재하는 데 중요한 자료가 될 수 있다. 내담자의 문제를 개념화하는 데 필요한 정보들은 다음과 같이 정리될 수 있다.

- 문제들 가운데서 가장 중요하고 심각한 문제의 파악
- 주호소문제가 나타나는 내담자 생활의 영역들과 양상
- 주호소문제와 관련된 내담자의 기분이나 감정, 사고, 신체화 증상
- 주호소문제와 관련된 주요 인간관계
- 문제의 원인들(지속시켜온 원인 및 직접적으로 관련 또는 선행된 사건들)
- 문제로 인한 결과 또는 상황들
- 문제의 심각성 정도에 대한 본인의 지각이나 판단

• 문제의 해결이나 극복을 위해 활용될 수 있는 내담자의 강점과 사회적 지원

이와 같은 정보를 기초로 상담자는 자신의 상담이론적 지식과 임상적 경험, 심리검사, 관찰한 내용 등을 종합적으로 검토하여 전체적인 문제의 원인과 해결에 도움이 되는 상담전략을 세우게 된다. 따라서 내담자에 대한 정보를 통합·활용할 수 있는 상담자의 안목과 풍부한 지식, 경험 등이 중요하며, 상담과정 동안 검증·보완함으로써 내담자를 도와야 할 것이다.

또한 가설을 진술할 때 심리검사 결과나, 내담자 진술 가운데 상담자 가설을 뒷받침할 수 있는 부분을 부분적으로 발췌하여 근거 자료로 제시하는 것도 가설의 타당성을 높이는 데 도움이 될 것이다.

사례개념화의 공통 구성요소: 주호소 문제, 관련정보탐색, 상담자관점, 상담전략

내담자 사례 개념화를 위해 초기에 알아두어야 할 주제들

• 내담자 현재 문제와 그 문제의 의미, 심각성
• 내담자 문제 이전 상태
• 내담자 문제 발생시기와 원인(맥락)
• 내담자 자원과 취약점
• 자원을 어떻게 치료에 활용하며, 한계와 취약점은 어떻게 방해를 할까?
  ⇒ 목표와 계획

상담자 관점

• 내담자의 문제를 설명할 수 있는 주된 관점이 있어야 한다.
• 내담자의 문제를 설명함에 있어 필요시 다양한 관점을 취할 수 있어야 한다.
• 일단 내담자의 문제를 정리하고 이에 적합한 이론적 관점을 선택해야 한다.
• 자신의 이론적 관점에서 내담자의 주호소 문제, 촉발요인 및 유지요인 등을 통해 내담자의 문제를 설명하는 것을 반복적으로 연습할 필요가 있다.
• DSM분류체계를 활용하여 내담자의 문제를 평가할 수 있어야 한다.
• 상담자는 이론적 관점에서 내담자의 문제를 정리하면 이를 내담자와 함께 논의할 수 있어야 한다.
• 상담자가 내담자의 문제에 대해 갖는 설명의 틀은 하나의 가설에 불과함을 명심해야 한다.
• 상담자는 내담자의 문제에 대한 설명의 틀을 동료 상담자나 슈퍼바이저와 논의할 수 있어야 한다.

4. 상담목표 설정

상담목표를 설정하기 위해 상담자는 우선적으로 내담자가 원하는 것을 상담목표에 반영해야 한다. 또한 관찰가능하고 평가가능한 구체적인 상담목표를 세울 수 있어야 한다.

상담목표는 내담자가 실천할 수 있고, 상담자 자신이 감당할 수 있는 것을 상담목표로 세울 수 있어야 하며, 부정적 측면보다 긍정적인 측면에 더 강조점을 두어야 하고, 상담목표에 대해 내담자와 함께 조율할 수 있어야 한다. 상담자는 내담자의 근원적 문제를 해결하기 위한 상담목표를 가설적으로 세울 수 있어야 한다.

상담목표 설정 과정은 다음과 같다.

① 상담목표 설정의 목적과 필요성에 대해 내담자가 납득할 수 있도록 자세히 설명한다.

② 목표를 선정한다.

- **장기목표**: 전반적 기능수준을 향상시킨다. 내담자의 강점과 한계점을 인식하고 수용하여 자신을 있는 그대로 받아들이고, 역기능적 패턴을 대체할 수 있는 기능적 행동 패턴을 습득하도록 한다.
- **단기목표**: 구체적, 측정가능, 실질적 문제해결에 기여하고 내담자가 통제할 수 있는 범위 안에 있는 것으로 선정한다.

③ 내담자가 세워진 목표에 합의하는지 확인해 본다. 상담자가 내담자의 바람과 욕구를 반영한 목표를 먼저 다뤄주는 것도 효과적이다.

④ 목표달성이 가져다 줄 이점과 손실을 검토하고 목표달성에 장애가 될 수 있는 요인을 정확하게 파악한다. 문제행동은 해결해야 할 문제이지만 동시에 대처전략이기도 하다. 따라서 변화에 대해 양가적 태도와 감정을 갖는 것이 당연하다. 따라서 목표달성에 대한 양가적 태도와 감정을 탐색하고 이해하도록 도와주는 것이 중요하다. 또한 목표달성에 장애가 될 요인을 정확하게 파악하는 것이 중요하다. 따라서 기술이나 지식의 결함인지, 감정, 사고, 신념, 지각, 주변 사람들 등등에 대해 점검하고 대처하는 전략 모색이 요구된다.

⑤ 필요한 경우 목표실행과정에서 원래 정한 목표를 수정하여 새로운 목표를 설정한다.

목표 설정은 일회적 작업이 아니라 수정 가능한 역동적 과정이다. 때문에 목표 실행과정에서 필요한 경우 원래의 목표를 새로운 목표로 대체하거나 또는 내담자의 특성과 현재 상태에 좀 더 적합한 목표를 추가할 수 있다.

5. 상담계획

1) 상담계획의 정의

상담계획(counseling planning)이란 상담초기에 내담자 문제와 개인적, 환경적 특성, 상담목표 등을 고려해서 상담전반에 대한 대략적인 계획을 세우는 작업을 말한다. 즉, 상담과정에서 이루어질 개입방법, 상담기간 등을 포함한 상담전략에 대한 계획을 세우는 작업을 뜻한다.

2) 상담 방법 및 절차

상담계획은 상담초기에 수립되지만 상담이 끝날 때까지 정해진 계획에 얽매일 필요는 없다. 계획은 어디까지나 상담성과를 높이는 것이 그 주된 목적이기 때문에 상담이 진행되면서 필요에 따라 수정 보완될 수 있다. 따라서 상담을 진행해 가면서 계획에서 고려해야 할 세부 영역은 상담전략과 상담기간 및 회수, 그리고 사례운영방식 등은 수정될 수 있다.

상담자는 상담목표를 달성하기 위한 청사진을 바탕으로 상담계획을 수립할 수 있어야 한다.

또한 내담자 문제의 특성에 따라 상담자 스스로 가능한 개입전략을 연결하여 구상할 수 있어야 한다. 상담자는 무엇보다 내담자가 준비되어 있는 만큼, 받아들일 수 있는 만큼만 상담에 반영해야 한다.

상담자는 내담자와 상담계획에 대해 논의하여 내담자의 적극적인 참여를 끌어낼 수 있어야 한다. 상담계획을 수립할 때 내담자와 충분히 협의해야 하고, 상담을 진행해가는 동안 자신의 다양한 레퍼토리를 개발할 수 있도록 도와야 한다.

사례 _____

1.인적 사항
초등 1학년, 남아

2. 실시검사
DAP, HTP, KFD, K-WISC – III, 부모자녀기록지

3. 의뢰 이유(아동 문제)
발음이 부정확, 언어 구사력 부족 등의 문제로 아동의 인지적, 정서적 상태를 명확하게 파악하기 위해서 아동의 어머니에 의해 심리평가가 의뢰되었다.

4. 행동관찰
동그란 얼굴에 귀여운 인상의 남아로 다소 통통한 체격에 위생상태는 비교적 양호하였다. 면담 시 검사자와 눈을 잘 마주치고 지시에도 잘 따르는 편이었으며, 그림검사에서 다소 자신없어 하는 태도를 취하면서 그림을 그렸고 그림의 크기가 매우 작았으며 질문의 요지를 잘 이해하지 못하거나 표현에 어려움이 있는 것으로 보였고 발음이 부정확하여 처음에 말을 할 때는 알아듣기가 힘들었으나, 여러 번 질문을 하면 비교적 답에 근접한 대답을 하였다. 또한, 타인에게 친화력 있게 다가서려고 하는 욕구가 강한 듯 검사자와 대화를 시도하였고 질문과 상관없는 이야기를 하기도 하였으나, 검사 지시를 잘 이해하지 못하거나 수행을 잘 하지 못 할 경우 검사자가 격려하거나 예를 들어주거나 하면 수행이 향상하는 모습을 보여주기도 하였다.

5. 평가 결과
K-WISC III로 평가한 전체 지능지수는 80(VIQ = 91, PIQ =73)로 『평균 하 수준(Low average level, IQ 80~89)』에 속하고, <어휘>, <토막 짜기> 등의 수행 능력을 고려할 때 이와 동등한 지적능력이 예상된다. VIP와 PIQ와의 점수 차(18점)로 유의하고 소검사간 큰 scatter를 보이고 있어(최대 8점)으로 인지적 비효율성이 시사된다.

6. 권고사항(중재방안)
검사 결과, 아동은 평균 하 수준의 지적 잠재력을 지니고 있으며, 검사에 순응적이고 성실하게 임하였으나, 인지적 발달의 불균형이 극심하게 나타나고 있는 상태로, 경험이나 학습을 통해 습득되는 기본지식도 상대적으로 저조하고 지속적인 주의집중이 요구되는 과제에서 집중력이 떨어지면서 수 개념이 발달되어 있지 못하는 등, 학교 학습에 어려움이 예상되어 인지학습적인 개입이 필요하며, 사회적인 상황에 대한 이해나 핵심을 파악하는 능력에도 어려움이 있고 문제 상황에 대처하는 능력도 발달되어 있지 못하여 또래 관계에

서도 어려움이 예상되는 바, 사회성 기술 습득을 위한 놀이치료나 사회성 향상프로그램 등을 권고하는 바이다.

위 아동의 치료 목표는 크게 자존감(자신감) 향상, 주의력 향상시키기, 기초학습능력 향상시키기 등으로 잡아볼 수 있다. 위 아동의 경우 친화력이 있는 상태로 치료사와 친밀감을 형성하는 데에는 별다른 어려움이 없을 것으로 보인다. 그러나 자존감이나 자신감이 결여되어 있으며 주의력이 상당히 떨어지는 것으로 보이는데 인지능력이나 학습능력을 향상시키기 위해서 자존감과 자신감이 밑바탕이 되어야 하며 인지의 가장 기초단계인 주의력이 향상되어야 본격적인 인지학습능력을 향상시킬 수 있다. 이후에 아동에게 부족한 기초학습능력을 향상시켜야 한다.

위의 사례와 같은 아동들을 위해 다음에는 기초 학습을 위한 읽기, 쓰기, 산술 지도에 대한 일반적인 지도 내용을 기술하고자 한다. 일반적이라 함은 정상발달을 하고 있는 일반 아동이나 교육적·문화적 혜택을 충분히 받지 못한 학습 부진 등의 아동을 대상으로 이루어지는 개입이기 때문이다. 자폐나, 학습장애와 같이 특수한 문제를 가진 아동들을 대상으로 할 때는 방법을 달리해야 할 필요가 있다(이는 5장에서 다룰 것이다). 그리고 읽기, 쓰기, 산술은 학업 기술을 습득하기 위한 관문과도 같기 때문에 인지상담에서 많이 다루어지고 있지만, 인지상담이 읽기, 쓰기나 산술과 같은 학업 기술을 가르치는 것만은 아니라는 것을 분명히 한다.

02 | 읽기 지도

1. 읽기 발달

읽기 단계는 다음과 같은 단계를 거치는데, 퍼스(Uta Frith, 1986)에 의해 제안된 잘 알려진 모형에서 끌어낸 것이다.

① **상징적 단계**(symbolic stage): 낙서와 선이 임의적으로 만들어지고 아동은 낙서가 이미 알고 있는 어떤 단어를 나타내는 것이라고 생각한다.

② **영상적 단계**(pictorial stage): 단어가 그림, 즉 문자들의 형태로 인식되지만, 아동은 단어를 일련의 뚜렷한 문자들로 분석하지 못한다.

③ **알파벳 단계**(alphalbetic stage): 아동들은 문자가 특정한 음을 지니고 있다는 것을 인식한다.

④ **철자법 단계**(orthographic stage): 아동이 유창하게 읽기를 시작하면서 문자가 결합되는 방식을 알고 'tough', 'though', 'laugh'와 같은 단어를 서로 다르게 발음할 줄 알게 된다(이영재 역, 2007).

2. 읽기 발달의 단계(이영재 역, 2007)

아동들은 단계별로 읽기를 발달시킨다. 첫째 단계는 낙서를 단어로 간주하는 상징적 또는 신비적 단계다. 아동은 "당신은 나에게 'dog'를 쓰라고 했는데, 이것이 dog야."라고 말한다. 다음 단계는 단어가 그림으로 읽혀져서 같은 단어를 조금 다른 형태로 쓰면 같은 것으로 받아들이지 못한다. 그 다음은 가장 중요한 단계로서 알파벳 단계인데, 단어의 문자 순서가 단어 읽기의 단서로 사용된다. 따라서 'dog'를 어떤 형태로 쓰더라도 아동은 dog로 읽는다. 마지막 단계는 영어와 같이 음소적이지 않은 언어에서 발생하는 것으로, 이는 알파벳 단계를 뒤따른다.

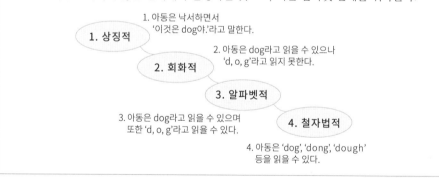

특수한 문제가 있지 않은 한 읽기 지도는 일상생활에서도 자연스럽게 이루어진다. 일반적인 가정에서 부모는 아이들을 위해 그림책이나 동화책들을 구비해 놓고 아동에게 읽어준다. 어린 시절 부모가 아이들을 위해 글을 소리내어 읽어주는 것이 도움이 되는 것으로 알려져 있다. 학령기 이전에 가정에서 책을 읽어주고 인쇄물을 보여주는 것은 아이들에게 소리를 듣고 발음을 연습하고 더 유창하게 말하고 새로운 단어와 그 의미를 학습하게 함으로써 학교에서의 읽기 학습에 영향을 미친다. 그러나,

가정에서 아이에게 읽기 교육을 시킨다는 것은 쉽지 않은 일이다. 아이들은 주의력과 집중력이 짧기 때문에 부모가 아이를 앉히고 책을 읽히기가 쉽지 않은데, 아이들은 곧 주의력이 흩어지게 되고 몸부림을 치고 일어나 다른 책을 집어들고와 읽어달라고 하기가 일쑤이기 때문이다. 그렇다고 포기할 필요는 없다. 정상적인 아이들의 경우에는 책을 장난감처럼 놀이삼아 쌓기 놀이도 하고 낙서도 하면서 점점 문자에 익숙해지기 때문이다. 부모는 적절한 때를 보아가며 자극을 제시해주고 기다리면 된다. 그러던 어느날 책이 너덜너덜해질 무렵, 아이들이 글을 떠듬 떠듬 읽기 시작하는 것을 발견하게 된다. 그러나 치료실 내에서는 인위적인 읽기교육이 가능하다. 아이들의 읽기 교육은 대개 낱글자가 아닌 통문자(단어)로 시작한다.

1) 학습 태도 형성하기

읽기 지도를 위해 선행되어야 할 것은 아동이 읽기학습을 할 수 있는 태도와 능력을 갖추었는가이다. 학습을 하기 위해서는 일정 시간 동안 자리에 앉아 집중할 수 있어야 한다. 인지상담은 아동의 발달 수준을 고려하여 적절한 치료계획을 세우고 개입하는 구조적 치료 접근법이라 할 수 있다. 따라서 아동은 치료실에 들어와 의자에 착석하고 바른 자세로 앉아서 치료사와 눈을 맞추고 이름을 부르면 대답을 하고 치료사의 지시에 따를 수 있어야 한다.

3세 이전의 유아들의 경우 이런 구조적인 환경에서 교육하는 것보다는 놀이처럼 자연스럽게 자극을 접하게 하는 것이 좋지만, 4~5세부터는 조금씩 규칙을 습득하도록 하는 것이 바람직하다. 그리고 나서 블록이나 퍼즐 맞추기 등 아동이 흥미를 보일 만한 과제를 제시하여 흥미와 동기부여를 한다.

치료의 시작과 끝에 "안녕, 안녕 안녕하세요~ 하하하 반갑습니다~"라는 노래를 불러 줌으로써 치료의 시작과 끝을 자연스럽게 알려주는 것도 좋다.

2) 읽기 지도

일상생활에서 쉽게 접할 수 있는 단어 카드(앞에는 그림, 뒤에는 글자) 20~30장을 준비한다. 자폐성향이 있는 아이들의 경우 복잡한 단어(예: 헬리콥터)를 먼저 익힐 수도 있지만, 일반적으로는 복잡하지 않은 쉬운 단어가 좋다. 1음절이나 2음절로 된 단어를 위주로 시작한다. 정상발달을 하는 2~3세의 아동의 경우 일상생활과 관련된 사물 그림을 말할 수 있고 수십개 이상의 단어를 사용할 수 있는 것으로 알려져 있다.

만약 아동의 수준을 정확히 판단하기 어렵다면 수용표현 어휘력 검사(REVT, 서울장애인복지관)와 같은 검사를 통해 아동의 어휘력을 측정해 볼 수 있다. 글자를 익히기 전에 먼저 아동사물 명명이 가능하고 지시에 따라 이를 선택하여 치료사에게 줄 수 있는지 여부를 먼저 봐야 한다.

사물 명명이 가능하지 않다면 구체물을 가지고 먼저 명명하기를 하고 그림이나 사진을 가지고 구별하도록 하여야 한다. 그림 카드가 앞뒤로 되어 있는 카드 5개를 선택하여 먼저 이를 명명하도록 하고 카드 하나만 글자가 보이도록 놓고 아동에게 "~주세요"라고 하면서 글자가 보이는 카드를 집어 주도록 한다. 이후 5, 10, 15, 20으로 카드 숫자를 늘려간다.

사과 – 문자 카드 하나만 보여주고 사과 주세요.
사과, 그림 – 사과 주세요.
그림, 사과 – 사과 주세요.
사과, 컵 – 사과 주세요.
카드 숫자를 늘려가며 반복

이렇게 20–30개의 단어 읽기가 가능하다면, 문장 읽기로 넘어간다. 문장은 서술어가 반복되는 그림과 한 문장으로 된 그림책을 선택한다(예: 토끼가 ○○을 먹습니다 / 고양이가 ○○을 먹습니다).

이후 2–3문장으로 된 동화책을 선정하여 반복하여 읽힌다.

대부분의 아동들은 이런 읽기 활동을 통해 조금씩 읽기를 습득하지만 특정한 문제가 있다면 이것이 어려울 수 있다.

03 | 쓰기 지도

읽기와 쓰기는 비슷한 시기에 습득되는데 읽기를 먼저 시작하기는 하지만, 어느 시점부터 아동들이 그림인지 글자인지 끄적이기 시작하는데 이것이 글씨를 쓰기 위한 선행 작업의 일종이라고 할 수 있다. 처음에 아동은 글을 그림처럼 인식하고 비슷하게 모사하기 시작한다. 글을 쓰기 위해서는 다음과 같은 선행 작업이 이루어져야한다.

1. 글쓰기 선행 활동

색칠하기, 난화 그리기, 선 긋기 활동이 있다.

먼저 크레파스를 이용하여 색칠하기, 난화 그리기를 시작하고 이후 색연필을 이용하여 정교한 색칠하기, 선 긋기 등의 활동을 한다. 이후 아래 그림과 같이 점선 따라 그리기 등의 활동을 충분히 해주는 것이 중요하다. 아동의 형태에 대한 지각을 활성화시켜주고, 소근육 등을 발달시켜주어야 본격적인 글쓰기를 할 때 아동들이 힘들이지 않고 학습을 할 수 있다.

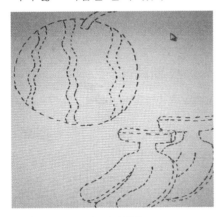 

출처: 한국교육과정평가원(꾸꾸).

2. 철자지도

아동에게 철자를 시범적으로 써 줄 때 '소리내어 말하기' 방법을 통해 철자 쓰는 방법을 알려준다.

아동의 손을 치료사의 손에 올려 놓고 철자를 몇 번 반복하고 크게 소리 내어 그 철자를 쓰는 절차를 말하도록 한다. 이는 아동이 처음 배우는 활동일 때 치료사가 직접적으로 아동에게 도움을 줌으로써 새로운 것을 습득할 때 필요하다. 이를 반복하고 점차 도움을 줄여 나간다.

이미 써놓은 철자를 아동이 그 위에 다시 베껴 쓰도록 하고, 크게 소리를 내어 그 철자를 쓰는 절차를 말하도록 한다(글씨는 아래로 갈수록 점점 흐려지고 맨 아래 빈칸에는 스스로 글씨를 적어 넣도록 한다).

사과	우유
사과	우유
사과	우유

철자를 스스로 쓰게 한 후 정확하게 썼는지를 확인하도록 하고, 틀린 경우에는 다시 쓰도록 하고 철자를 몇 번 반복하여 연습하게 한 후, 철자 쓰는 절차를 속으로 반복해 보도록 한다.

출처: 한국교육과정 평가원(www.basics.re.kr)(꾸꾸).

04 | 수학 지도

읽기와 쓰기 다음으로 수학 지도를 하게 되는데 수학 지도도 선행 요건이 있다.

1. 선행 요건

먼저 수세기가 가능해야 한다. 구체물을 가지고 수세기를 연습한 후, 인쇄물을 통한 교육이 가능하다. 또한 언어적 능력이 중요한데, 산수는 언어와 별개의 것으로 인식하는 경향이 있지만, 언어적 이해력이 뒷받침 되어야 문제 풀이가 가능하기 때문에 언어 능력은 중요한 선행 요건이다.

2. 사칙연산 지도

덧셈과 곱셈을 함께 가르치고 시범을 보인다. '생각하는 것을 소리 내어 말하고' 이를 아동들도 따라하게 한다. 또한, 실생활과 관련하여 가르치는 것이 효과적이다.

1) 숫자세기

먼저 5까지 숫자세기를 연습한 후, 10, 20으로 숫자를 늘려간다.

🔍 돼지 친구들이 잘 세고 있나요?

2) 숫자세고 쓰기

숫자를 소리내어 읽고 해당하는 숫자를 써넣는 연습을 한다.

숫자를 세는 것과 그 해당 숫자에 맞는 개수를 세는 것은 처음에는 아동들에게 어려울 수 있기 때문에 해당 숫자와 그에 맞는 개수를 짝짓도록 하는 것을 반복할 필요가 있다. 구체물을 사용해서 먼저 연습을 하는 것이 필요하다.

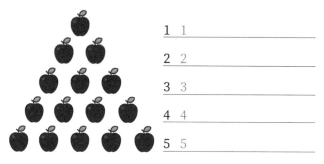

3) 같은 수 찾기/연결하기

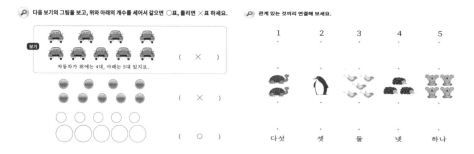

대부분의 교과서나 학습지 등을 보면 위와 같은 시각적으로 같은 것을 찾거나, 관계 있는 것을 연결하는 활동 등을 통해 같은 내용을 여러 번 반복하도록 되어 있다. 이는 아동들이 반복학습을 통해 숙달되도록 하기 위함이다.

4) 서수(순서) vs. 기수(많고 적음)

- 누가 첫째로 들어 왔나요? _____
- 누가 꼴등으로 들어 올까요? _____

광수

민호

길동

유리

아람

- 1, 2, ⬚, 4,
- 첫째, ⬚, 셋째, ⬚, 다섯째
- ⬚, 두 개, ⬚, ⬚, 다섯 개
- 일, ⬚, 삼, ⬚, ⬚

05 | 인지상담에서 보드게임 활용하기

최근에는 인지상담에 다양한 자료나 도구들이 활용되고 있다. 자칫 인지상담은 '학습'이란 인식과 함께 지루하고 재미없다는 인식을 갖는 경우가 있는데, 이런 선입견을 줄이고 학습에 대한 흥미를 높이고 동기와 참여를 촉진하는데 '보드게임'이 활발히 활용되고 있다. 즉, 놀면서 인지를 향상시키는 두 마리의 토끼를 잡을 수 있는 셈이다.

1. 보드게임의 정의

보드게임은 두 명 이상의 사람들끼리 모여서 진행하는 게임으로 보드(판, board) 위에서 일정한 규칙에 따라 주사위, 말, 카드 등의 도구를 사용하여 진행되는 게임이다. 보드게임은 아이들이 자발적으로 참여함으로써 또래와의 상호작용을 촉진시키며, 아동의 자율성, 협동심을 발달시키고 탈중심화를 촉진한다.

2. 놀이와 게임의 기능

피아제(Piaget, 1951)는 어린이들이 놀이를 통해서 대화, 분류, 가역성과 같은 기본적인 인지 능력을 배양한다고 하였고 비고츠키(Vigotsky, 1976)는 어린이들이 인지 영역 내에서 놀이를 하며, 이 놀이를 반복하면서 인지를 발달시켜 나간다고 하였다.

놀이에서 '재미'를 뺀다면 놀이로서 가치를 상실하는 것이다. 놀이와 게임은 재미와 환상의 경험을 제공한다는 면에서 동일하다. 그러나 게임은 조직화된 형태와 규칙, 경쟁, 승부라는 요소가 있어 별다른 규칙이나 목표가 존재하지 않는 놀이와는 구별된다.

승부가 중요하기 때문에 참여와 동기유발을 촉진하고 자기통제, 좌절, 인내 등을 학습하고 게임 규칙을 수용해야 한다. 즉, 규칙이 존재하지 않는다면 게임이라고 할 수 없고 서로 자신이 이겼다고 우길 경우 승부를 가릴 수 없게 된다.

이외에도 지속적 관심, 집중력, 지구력 등이 요구되며 논리적인 사고나 문제 해결을 위한 전략 등의 인지적 능력이 요구되기 때문에 인지발달을 촉진시킨다.

또한, 규칙을 통한 자율적 통제, 정서적 통제와 지시 따르기, 사회적 기술 등을 습득할 수 있는 기회를 제공한다. 인지상담은 아동들의 부족하거나 제한된 인지 능력을 발달시키는 것을 목적으로 하는데, 자칫하면 지루하고 반복적인 학습이 될 수 있다. 그러나 보드게임을 적절히 활용한다면, 아동과 친밀감을 형성하고 아동의 학습 동기를 이끌어 내고 인지발달을 꾀할 수 있다는 면에서 매우 유용하다고 할 수 있다. 주의할 점은 부모에게 보드게임을 활용하는 이유나 목표를 분명히 설명해야 한다는 것이다. 그렇지 않을 경우 '놀면서 시간을 보낸다'고 오해할 수 있기 때문이다. 1회기 (4~50분) 시간 내에서 10~20분 이내가 적당하다 생각된다.

3. 보드 게임놀이에서 치료사의 역할

① 게임의 규칙을 설명해준다. 필요하다면 노트나 종이에 적어 보이는데 붙여 놓고 숙지하도록 한다.

② 게임에서 이기거나 질 때 경험하는 다양한 감정을 적절하게 표현할 수 있도록 돕는다(예: 게임에서 질 때 화를 내거나 우는 경우 자신의 감정을 언어적으로 표현하게 함으로써 의

사소통능력, 사회성 향상 등을 도모할 수 있다).

③ 아동의 발달 수준에 적절한 게임을 선택하되, 보다 더 고급의 발달로 유도한다.

치료실 내에서 부담 없이 사용할 수 있는 게임들을 간략하게 소개하기로 한다.
- 원숭이게임(아이스크림 쌓기 게임)
- 사다리 게임
- 부루마불
- 할리갈리
- 스티키스틱스
- 빙고게임
- 기억하기 게임(얼굴 기억, 스머프 기억 게임, 치킨차차)

1) 원숭이 게임

사용연령: 4세 이상
내용물: 야자나무, 세 가지 색 막대, 원숭이, 주사위

먼저 게임시작 전, 야자나무 구멍에 세 가지 색의 막대를 수평으로 하여 무작위로 꽂고, 원숭이들을 나무 꼭대기에 쏟아 넣는다. 원숭이를 떨어뜨리지 않도록 해야 하고 원숭이를 가장 적게 가지는 사람이 이기는 게임이다.
1. 순서를 정하고 자기 차례가 되면 주사위를 굴린다.
2. 주사위를 굴려서 나온 색과 같은 색의 막대를 가장 높은 곳에서부터 하나 골라 뽑는다.
3. 막대를 뽑다가 떨어뜨린 원숭이는 모두 가져간다.
4. 다음 차례로 넘어가고, 다음 차례의 사람은 위의 순서와 같이 수행한다.

주의집중력, 눈-손 협응, 수개념 발달에 도움이 된다.
발달 연령이 낮은 아동들에게 사용하기에 적합하고 자신이 가지고 있는 원숭이를 세도록 한하는데 수 개념이 없는 아동은 무조건 자신이 많다고 우기는 경우가 있기

때문에 원숭이를 일렬로 늘어놓고 길이를 시각적으로 비교하여 누가 더 많은지를 확인하도록 하는 것이 중요하다.

● ● ● ● ●　　　　적다

● ● ● ● ● ● ●　　많다

총 30개의 원숭이가 있는데 아동이 가지고 있는 숫자에서 더하고 빼기 등을 할 수 있다. 간혹 아동들이 원숭이를 달라고 하는 경우가 있는데, 다른 아동과 함께 사용하는 것이고 다음에 이 게임을 하려면 원숭이를 가져갈 수 없음을 설명해줄 필요가 있다.

* 아이스크림 쌓기 게임

아이스크림을 쓰러뜨리지 않고 높이 쌓는 사람이 이기는 게임으로 소근육 등이 발달되지 않은 어린 아동들과 하기에 좋다.

2) 사다리 게임

주사위를 굴려서 나온 수만큼 이동하는 게임으로 100번째 칸에 제일 먼저 도착하는 말이 우승하는 게임이다. 중간중간 사다리나 함정(미끄럼)이 있어서 사다리가 나오면 몇 단계를 뛰어 오를 수 있지만, 함정에 걸리면 쉬거나 밑으로 미끄러져 내려올 수 있다.

비교적 게임 룰이 단순해서 어린 아이들부터 초등학생까지 쉽게 할 수 있고, 사다리나 함정에 언제 걸릴지 예측할 수 없기 때문에 운이 따라야 하는 점에서 색다른 재미를 준다.

단순히 주사위를 던져 나온 수만큼 이동하는 것을 통해 수개념 향상을 할 수 있고, 자기 순서 지키기, 사다리를 올라갈 때나, 미끄려져 내려오는 것 등, 우연적으로 발생되는 사건에 대해 감정 조절 등이 필요하다.

1~100까지 숫자가 있고 주사위를 던져 이동하기 때문에 숫자 세기를 연습하기에 적합하다. 아동의 연령에 따라 숫자판을 50 이하로 줄이거나, 연령이 높은 아동의 경우 주사위를 두 개 사용할 수 있다. 또는 주사위 숫자에 일률적으로 5를 더한다든지 할 수 있고, 처음에는 주사위 숫자만큼 일일이 세다가 차후에는 암산을 하여 이동하도록 하여 연산 능력을 향상시킬 수 있다.

3) 부루마불

보드게임의 고전이라고 할 수 있는 게임이다. 그렇다고 이 게임을 다 알고 있는 것이 아니기 때문에 아동들에게 소개 차원에서 게임 룰을 알려주고 게임을 해보는 것도 좋다. 주사위를 던져 나온 숫자만큼 칸을 옮기면서 세계 각국의 도시를 여행하는 게임으로 도시를 사거나, 건물 등을 살 수 있고 황금열쇠 등의 지시에 따라 벌칙이나 상금 등이 주어진다. 상대적으로 경쟁적이지 않은 게임을 편안하게 진행할 수 있고, 연령이나 인지 능력이 낮은 아동들의 경우 복잡하지 않게 단순히 주사위를 던지고 이동하고 돈을 주고받는 것만으로도 흥미를 줄 수 있다. 천원에서 50만원까지 지폐가 있고 이를 일정 금액만큼 각자 받고 도시나 건물 등을 사야 하므로 돈을 세고 거스름돈을 거슬러줘야 하기 때문에 돈 계산을 할 수 있어 유용한 면이 있다. 주사위를 던져 나온 땅을 사고파는 것도 전략이 있는데, 충동적으로 모두 구매할지, 전략적으로 사고 파는지를 통해 충동성 문제해결 능력 등을 엿볼 수 있다.

4) 할리갈리

이름	할리갈리, Halli Galli
제조사 Amigo	**원산지** 독일
6세 이상	2명 – 6명	약 15분
파티 게임	인지, 순발력	좋은 게임상 수상(1992)

종 1개

과일 카드 56장

2–4명 정도의 인원이 카드(과일 또는 동물)를 자신의 순서에 맞게 내고, 낸 카드의 숫자의 합이 5개일 경우(같은 모양이 5개), 종을 먼저 치는 사람이 카드를 모두 가져가는 게임이다.

주의집중력, 기민성을 요구하며 적당한 긴장감과 승패의 여부에 대한 성취감이나 좌절감, 분노 등을 다룰 수 있는데, 아동이 위축되어 있는 경우에는 아동과 좀 더 친밀감을 형성한 후에 게임을 하는 것이 좋다. 어느 정도 친밀한 사이에서 게임을 했을 때 아동이 게임을 할 때의 경쟁심리, 졌을 때의 좌절감 등을 어떻게 다루는지를 볼 수 있기 때문이다. 자신이 이기기 위해 무리수를 두거나 우기는 경우도 종종 있기 때문에 게임 룰을 정확히 설명하고 예외 조항은 아동과 논의하고 결정해 메모를 해두는 것이 좋다.

게임 룰이 복잡하지는 않지만 합이 5가 되고 짝이 되는 숫자들의 예를 설명해주고 시범을 보여주는 것이 좋다(예: 2와 3 혹은 3과 2, 1과 4 혹은 4와 1, 0과 5 혹은 5와 0).

5) 스티기 스틱스

내용물: 표정타일: 64개, 표정, 색깔, 숫자 주사위 4개, 스티키스틱 4개

게임방법: 주사위를 굴려 표정과 색깔, 개수를 잘 보고, 스틱을 이용해 타일을 재빨리 찍어 오는 게임이다.

• 단순 주의 집중력과, 손과 눈의 협응 능력, 민첩성과 기민성 등을 길러 줄 수 있고 부담없이 즐길 수 있어서 흥미와 동기를 유발시킨다.

6) 기억력 게임

내용물: 24쌍의 얼굴 타일

게임 방법은 다음과 같다.

① 24쌍의 그림을 섞어서 뒤집어 줌.

② 한 쌍의 타일을 뽑아 매칭시킴.

③ 만약 두 개의 그림이 똑같으면, 자신의 자리로 가져온 뒤 한번 더 짝을 맞출 수 있는 기회가 생김.

④ 두 개의 그림이 다르면, 그 자리에 그대로 둠. 다른 사람들은 그 그림들을 잘 기억해 두었다가 본인의 순서 때 기억해서 자신이 뽑은 타일과 매칭시킴.

⑤ 매칭이 모두 끝나면, 가장 많은 타일을 매칭시킨 사람이 승리.

도움이 되는 발달영역: 작업기억, 주의 집중력

이 외에도 스머프 기억력 게임, 치킨차차 등의 다양한 메모리 게임 등이 있다.

인지상담의 실제

제5장

인지상담의 실제

01 | 특수아동과 특수교육

1. 장애 및 특수아동의 정의

앞서 3장에서는 이상심리와 신경발달장애의 측면에서 인지상담이 필요한 장애와 장애아동의 치료 사례에 대해서 살펴보았다. 5장에서는 특수교육의 관점에서 바라보는 장애를 중심으로 인지상담의 사례를 소개하고자 한다. 심리치료실이나 아동발달센터와 같은 서비스 기관을 찾는 아동(청소년)은 치료적·교육적 요구라는 측면에서는 각양각색이지만 대부분 '장애'라는 공통점을 갖고 있다. 물론 일시적인 문제로 어려움을 호소할 수도 있고 장애의 위험성이 높은 상태(at risk)일 수도 있다. 하지만 장애 진단 유무를 떠나서 많은 경우 아동이 겪고 있는 문제나 어려움은 장애와 관련 있는 것들이 대부분이다. 그런 만큼, 먼저 장애가 무엇인지 살펴볼 필요가 있다.

일반적으로 장애는 손상, 능력 그리고 사회적 맥락, 이 세 가지 관점에서 그 의미를 살펴볼 수 있다. 먼저 손상은 청각, 시각 등의 감각이나 신체 기능이 일시적 또는 영구적으로 손상된 상태를 의미한다. 능력의 측면에서는 말 그대로 일상생활과 학습에 있어서의 능력의 부족을 말한다. 그렇지만 손상이 있다고 해서 반드시 능력에 장애가 생기는 것은 아니다. 마지막으로 사회적 차원에서의 장애는 환경적 측면, 즉 사회의 부정적 인식이나 지원 부족 등에서 기인하는 불이익이나 불편함을 장애로 바라본다(장선철, 2007). 장애를 개인의 내재적 문제로 보는 것이 아니라 사회적 환경과의 상호작용의 맥락에서 보고 있다는 점은 교육적, 사회적 지원과 함께 장애를 바라보는 '편견'을 해소하면 장애로 인한 장벽을 얼마든지 낮출 수 있다는 점을 시사하고 있다. 바로 이런 의미에서 '치료'의 가치가 있다고 할 수 있겠다.

그렇다면 어떤 아동을 특수아동으로 볼 것인가? 장애가 있으면 무조건 특수아동이라고 할 수 있는가? 특수아동은 주로 장애와 관련된 특수성을 갖고 있다. 비슷한 또래에 비해 신체적, 감각적, 인지적, 행동적 발달이나 특성 중 하나 이상에서 차이를 보인다. 하지만 장애가 있다고 해서 특수아동으로 선정되는 것은 아니다. 교육과정이나 교수전략의 조정을 통해 일반학급에서의 교육이 가능한 경우 특수아동으로 간주하지 않는다(권요한 외, 2016, p. 20). 바꿔 말하면, 일반적인 프로그램만으로 교육을 받는 것이 부적절하여 특별한 지원이나 서비스가 필요한 아동이 특수아동이라 할 수 있는 것이다. 한편, 장애인 등에 대한 특수교육법 제2조 및 제15조에 따르면, 특수교육대상자는 시각장애, 청각장애, 지적장애, 지체장애, 정서·행동장애, 자폐성장애, 의사소통장애, 학습장애, 건강장애, 발달지체 그리고 그 밖에 대통령령으로 정하는 장애인 가운데 특수교육을 필요로 하는 사람으로 진단·평가된 사람을 의미한다.

여기서 특수교육이란 특수교육대상자의 교육적 요구를 충족시키기 위하여 특성에 적합한 교육과정과 이를 효율적으로 실시하기 위하여 필요한 인적·물적 자원을 제공하는 서비스(예: 치료 지원·보조인력 지원·보조공학기기 지원 등) 제공을 통해 이루어지는 교육을 말한다. 이 두 가지 접근을 간략히 요약하면, 보통의 학급에서 제공되는 일반교육 이외의 개별 특성을 고려한 별도의 교육적 지원이 필요한 아동이 특수아동이라 할 수 있다. 바로 이 별도의 교육적 지원에 심리치료실이나 아동발달센터 등에서 제공하는 심리, 인지, 학습, 언어, 물리, 작업, 행동 치료 등의 서비스가 포함되는 것이다. 다만 앞서 권요한 등(2016)이 언급한 바와 같은 장애에 관한 확실한 진단만이 특별한 지원 서비스의 필요성을 결정하는 것은 아니다. 당장 아동이 겪는 문제로 인해 심리적, 인지적, 신체적, 행동적인 측면에서의 적응이나 발달에 어려움이 보인다거나 예견된다면 사전 예방적 차원에서라도 즉각적으로 적절한 치료가 제공되는 것이 좋을 것이다. 치료 서비스를 장애 진단이나 특수아동으로의 판정 이후로 한정할 필요는 없다.

2. 특수아동 장애유형별 정의

다음의 내용은 특수아동에 해당하는 장애유형에 따른 각각의 정의에 대해 소개하고 있다. 이와 더불어 교육이나 치료적 관점에서 장애를 이해하는 데 도움이 될 만한 사항을 간략하게 언급하였다. 장애의 정의는 『장애인 등에 대한 특수교육법』과 그 시행령의 규정에 기초하였으며, 장애에 대한 교육적 · 치료적 접근 방법에 대한 일부 추가적인 기술은 대부분 특수교육학개론(권요한 외, 2016)의 내용을 참고하였다.

1) 시각장애

시각장애 아동은 시각계의 손상이 심하여 잔존 시각기능을 전혀 이용하지 못하거나 보조공학기기의 지원이 있어야 시각적 과제를 수행할 수 있는 사람으로서, 시각에 의한 학습이 곤란하여 별도의 광학기구 · 학습매체 등을 통하여 학습할 수 있거나 촉각 또는 청각을 학습의 주요 수단으로 사용하는 아동을 말한다. 시각장애 아동의 지능에 관해서는 검사 특성상 동작성 지능의 측정이 곤란하다는 점에서 정안 아동과의 엄격한 비교는 어려울 수 있다. 하지만 언어성 검사나 샘플링 방법 등을 통한 연구 결과를 종합해 볼 때 대체로 시각장애 아동의 평균 지능은 정안 아동과 유의한 차이가 없다고 결론내릴 수 있다고 한다(구희웅 외, 2005). 그러니 일반 묵자를 잘 읽지 못하고 시각적 정보 습득에 제약이 커서 학습능력 또한 떨어질 것이라고 생각해서는 안 된다.

치료실에서 만나는 시각장애 아동은 학습 수단을 기준으로 두 가지로 구분될 수 있다. 학습 수단으로 점자나 시각 이외의 다른 감각에 의존해야 하는 아동이거나, 아니면 확대된 인쇄매체 또는 광학기구를 이용하여 글자나 이미지를 확대하여 정보를 파악할 수 있는 아동일 것이다. 어느 경우든 정안 아동에 비해 정보처리 속도가 느리다는 점과 다양한 감각을 활용해야 한다는 점을 사전 준비단계와 치료 과정에서 꼭 기억해야 한다. 일반적으로 정보 수집이나 교육 활동이 주로 시각에 의해 이루어지는 까닭에 시각장애 아동은 부분적, 제한적으로 경험할 수밖에 없지만, 잔존 시각이나 청각, 촉각, 미각, 후각 등의 다른 감각을 활용하면 이를 어느 정도 보완할 수 있다.

2) 청각장애

장애인 등에 특수교육법에 따르면 청각장애 아동은 청력 손실이 심각해서 보청기를 사용해도 청각을 통한 의사소통이 불가능하거나 곤란한 상태 또는 일부 청력이 남아 있어도 보청기를 사용해야만 의사소통이 가능하여 청각에 의한 교육은 성취가 곤란한 아동을 말한다. 이런 경우 교실에서의 수업이나 토론 등에 어려움이 있을 수 있고 심한 경우 가까이서 큰 소리로 말해도 듣지 못하거나 소리가 큰 환경음도 잘 못 들을 수 있다. 청각장애는 생리학적 관점에서 청력손실 정도를 데시벨(decibels: db)의 크기에 따라 구분하기도 하고, 청각장애의 발생 시기(선천성 혹은 후천성)나 언어 습득 전후를 기준으로 삼기도 한다. 청각장애 아동의 의사소통은 보청기와 잔존 청력 그리고 청능 학습과 독화 등을 활용하여 이루어진다. 물론 수어를 주요 의사소통으로 활용하는 경우도 있다.

청각장애 아동의 대부분 교육적 요구는 '언어'와 관련이 깊은 만큼 치료실에서는 언어치료사를 만나게 될 가능성이 크다. 그럼에도 혹 치료실에서 청각장애 아동을 만난다면 어떻게 하는 것이 좋을까? 어떤 치료적 요구를 갖고 있는가에 따라 다르겠지만 가장 먼저는 아동과 치료사와의 최적의 소통 방법을 찾는 것부터가 아닐까 싶다. 청각장애 아동의 글쓰기 수준이나 인지발달 수준에 따라 다르겠지만 모바일 기기를 활용하는 방법을 모색한다면 아동과의 소통은 물론 치료활동의 효과를 높이는 데 큰 도움이 될 것이다.

3) 지적장애

지적장애에 대한 정의는 '지적장애'에 대한 본질, 정체성 그리고 사회적 태도가 끊임없이 변해오는 동안 정의 역시 계속해서 달라져왔고, 앞으로 새로운 변화를 맞이할 가능성도 있을 것이다. 이러한 가변성을 염두에 두고 현재 우리 법에서 규정하고 있는 지적장애의 정의를 살펴보면 다음과 같다. 지적장애 아동이란 지적 기능과 적응행동상의 어려움이 존재하며, 교육적 성취에 어려움이 있는 아동을 말한다. 지적장애 아동의 지적 기능을 평가하기 위해 우선 표준화된 지능검사를 실시하는데 이때 검사결과가 평균보다 2 표준편차 이하로 유의하게 낮은 지능인지를 확인한다. 적응 행동은 개념적, 사회적, 실제적 차원에서의 적응행동 기술을 평가하여 이 역시 평균보다 2 표준편차 이하의 낮은 수행을 보여야 지적장애에 해당한다고 볼 수 있다. 참고로 최근 지적장애를 발달장애(developmental disability)라는 개념으로도 자주 사용한다고 한다.

발달장애는 다양한 보건, 사회, 교육기관으로부터 평생 도움을 필요로 할 가능성이 있는 정신적·육체적 손상이라는 여타 조건을 포함한다는 점에서 '발달장애'라는 용어가 지적장애와는 다르지만 지적장애가 여기에 포함되는 것은 분명해 보인다(p. 282). 지적장애 아동은 주의집중에 어려움을 보이고 모방학습이나 우연학습 능력이 부족하고 동일한 내용을 다양한 상황에 적용할 수 있는 일반화 능력이 떨어진다. 또한 제시된 특정 과제를 해결하는 데 필요한 '방법'을 인지할 수 있는 초인지 전략의 활용 능력도 부족하다. 치료사의 입장에서는 이런 지적 기능의 한계와 약점을 최대한 고려하며 치료 활동을 구성하고 적절한 교수방법을 선택해야 한다.

4) 지체장애

지체장애 아동은 신체 기능·형태상 장애를 가지고 있거나 몸통을 지탱하거나 팔다리의 움직임 등에 어려움을 겪는 신체적 조건 또는 상태로 인해서 교육적 성취에 어려움이 있는 아동을 말한다. 이러한 지체장애에는 뇌병변 장애, 근이영양증, 근골격계 질환 등이 해당하며 장애의 특성에 따라 적절한 보조공학이나 학습보조기구 등을 이용하면 학습에 도움을 받을 수 있다. 뇌성마비 등 일부 지체장애 아동의 경우 조음 기관의 장애로 인해 의사소통에 어려움이 있을 수 있다. 이런 경우 구어적 의사소통을 보완하거나 대체하는 보완대체 의사소통 방법(augmentative and alternative communication: AAC)을 활용하기도 한다. 여기서 보완대체 의사소통이란 말을 통해 의사소통을 하지 못하는 경우 말을 보완하여 다른 사람과의 의사소통을 촉진시키거나 말 대신 다른 대체적인 방법을 통합적으로 사용하는 것을 가리킨다(p. 339).

오해하지 말아야 할 점은 일부 지체장애인 중에는 조음 기관의 장애로 인해 다소 발음이 어눌하고 어색할 수 있지만 그렇다고 해서 해당 지체장애인의 지적 능력이나 수용 언어도 떨어지는 것은 아니라는 점이다. 다만 발음상의 어려움만 있다는 것을 기억해야 한다. 또한 지체장애 아동에게 필요한 보완·대체는 언어적 소통에 한정된 것은 아니다. 상지 기능에 제약이 커서 책장 넘기기, 연필 쓰기, 조작하기 등의 과제 수행이 힘들거나 곤란할 경우 디지털 교과서, 특수 마우스, 특수 키보드 등의 보조공학 기기를 통해 이를 보완하거나 대체할 수 있는 방법을 찾는 것이 중요하다. 물론 치료실에서 이런 보조공학 기기를 갖춘다는 것은 현실적으로 어렵다. 그럼에도 운동 기능의 장애를 부각시키지 않을 수 있는 대안적 방법을 찾는 노력이 중요하다. 연필로 글쓰기가 어려운 아동에게 키보드 입력이나 자석 자·모음 글자 조합으로 이를 대체할 수 있는 것처럼 주어진 환경에서 최선의 방법을 찾아보자는 의미다.

5) 정서·행동장애

2008년 개정된 정서·행동장애의 정의에 따르면 아래의 특성 중 한 개 또는 두 개 이상이 나타나면 정서·행동장애에 해당한다고 할 수 있다. 정지적, 감각적, 건강상의 이유로는 설명하기 곤란한 학습상의 어려움을 가진 아동, 또래나 교사와의 대인관계에서 어려움을 겪는 아동, 일반적 상황에서 부적절한 행동, 감정으로 학습에 어려움이 있는 아동, 불행감이나 우울증으로 학습에 어려움이 있는 아동, 신체적 통증이나 공포로 학습에 어려움이 있는 아동, 감각적 자극에 대한 반응, 언어, 인지능력, 대인관계에 결함이 있는 아동을 말한다. 언급한 항목 중 어느 하나에 해당하여 장애로 진단받는다고 해서 특수교육을 받는 것은 아니다. 정서나 행동적 문제가 해당 아동의 학습에 걸림돌로 작용하는 경우에 한해, 특수교육 서비스가 제공되는 것이다. 가령 공포증이라는 똑같은 장애에 있어서도 공포의 대상이 곤충이냐 학교냐에 따라 대응에 필요한 교육적 조치는 달라질 수 있다(p. 366).

치료실 상황에서의 정서·행동장애 아동에 대한 접근은 크게 두 가지로 나누어 생각할 수 있다. 하나는 정서적 문제, 행동적 문제에 초점을 맞춘 심리치료가 있을 수 있고, 다른 하나는 이러한 정서·행동 문제로 인해 직·간접적으로 야기된 학습(부진) 문제에 초점을 맞춘 학습·인지상담이 있을 수 있다. 인지 영역을 담당하는 치료사의 입장에서는 아동의 동기 유발 및 적극적인 참여를 유도하기 위해 아동의 정서적, 행동적 특성을 잘 파악할 수 있어야 한다. 또한 치료사로서 아동의 행동을 관찰하는 데 세심한 주의가 필요하다. 정서·행동장애 아동의 특성이 과잉행동, 품행장애, 적대적 반항장애처럼 행동으로 표면화될 수도 있지만, 반면 우울, 공포, 강박, 분리불안 등은 겉으로 드러나지 않을 수도 있다. 심리 내면적으로 일어나는 아동의 변화를 쉽게 알아차리지 못할 수도 있다. 때문에 평소와 다른 표정이나, 위축된 모습, 말수가 적어지는 모습 등이 있지는 않은지 세심한 관찰이 필요하다.

6) 자폐성장애

자폐성장애 아동은 사회적 상호작용 및 의사소통 기술에 있어서 결함이 있고 제한적이고 반복적이며 상동적인 행동 특성을 보이는 아동을 말한다. 최근에는 자폐와 비전형적인 자폐장애(atypical autistic disorder)를 포함하는 자폐스펙트럼 장애(autism spectrum disorder: ASD)라는 용어가 선호되고 있다. 자폐성장애에는 아스퍼거장애, 레트장애, 아동기붕괴성장애, 전반적 발달장애 등이 포함된다.

자폐성장애에 의사소통, 사회적 상호작용, 관심과 활동영역에서의 결함이라는 세 가지 핵심 내용과 관련된 다양한 증상과 수준을 보인다. 이 세 가지 영역에서의 손상은 개인 간에서도 현저한 차이를 보이지만 각 영역에서 나타는 손상의 정도는 개인 내에서도 차이가 있다. 치료사로서 자폐아동에게서 어떤 요구를 우선적으로 다룰 것인가를 결정하는 것은 쉽지 않다. 아동의 특성과 부모의 요구 등을 고려하여 치료활동의 주요 영역이 정해지고 나더라도, 그것을 어떻게 접근할 것인지 구체적 치료 방법을 모색하는 것은 결코 쉽지 않다. 의사소통의 어려움도 어려움이지만 사회적 상호작용의 독특함이 치료과정의 어려움을 가중시킬 때가 많다. 다른 장애아동에 대한 치료 접근에서도 마찬가지지만 자폐성장애 아동은 동료 치료사와의 협업, 선행 연구의 참고, 성공적 치료 사례의 활용 등 치료사에게 많은 과제를 요구한다.

7) 의사소통장애

의사소통장애가 있는 아동은 다음의 항목 중 어느 하나에 해당되고 동시에 특별한 교육적 조치가 필요한 아동을 말한다. 언어의 수용 및 표현 능력이 인지 능력에 비하여 현저하게 부족한 아동, 조음 능력이 현저히 부족하며 의사소통이 어려운 아동, 말 유창성이 현저히 부족하며 의사소통이 어려운 아동, 기능적 음성 장애가 있어 의사소통이 어려운 아동 중 어느 하나에 해당하면 의사소통장애 아동이라고 할 수 있다.

의사소통장애의 정의상 인지발달이나 학습인지 치료사보다는 주로 언어치료사가 아동을 만나게 될 가능성이 높다. 아무래도 주요 요구가 의사소통 전략이나 조음, 유창성 훈련에 관한 것이기 때문이다. 그럼에도 의사소통장애 아동의 인지 발달이나 학습의 문제로 치료실에서 만나게 된다면 해당 아동의 언어 발달 특성이나 소통의 방법 등을 고려하여 치료 내용의 효과적인 전달 방법에 유의할 필요가 있다.

8) 학습장애

학습장애 아동은 개인의 내적인 요인으로 인하여, 듣기, 말하기, 주의집중, 지각, 기억, 문제해결 등의 학습기능이나 읽기, 쓰기, 수학 등 학업성취 영역에서 현저하게 어려움이 있는 아동을 말한다. 학습장애 정의에는 치료사로서 알아야 할 점이 몇 가지 내재되어 있다. 표면적으로 학습에 대한 어려움을 호소한다는 점에서 학습장애는 학습부진 또는 경도 지적장애로 오해받기 쉽다는 점이다. 그리고 '개인의 내적인 요인으로 인하여'라는 표현은 기본적인 심리과정, 즉 시·청각 지각, 작업 기억, 명명 속도, 주의력 같은 인지기능에서의 결함에 근거한다는 것을 의미한다. 이는 치료사로서 해당 학습장애 아동의 지능이 정상적 범주에 속하지만 정보처리 등의 심리과정에서의 문제로 인해 생기는 문제임을 염두에 두고 자료의 제작이나 제시방법 그리고 교육방법 등에 있어서 아동의 이러한 특성을 잘 반영하는 것이 중요하다는 것을 시사한다.

한편, 학습장애 아동을 진단하고 선별하는 방법에는 대표적인 두 가지 모델이 주로 이용되고 있다. 하나는 학습 잠재력, 즉 지능과 학습 성취 수준 간의 불일치를 확인하는 것이고, 다른 하나는 먼저 학습장애 위험 학생을 대상으로 중재를 제공한 후 이러한 중재에 대한 반응 정도를 판단의 기준으로 사용하는 모델이다. 각각의 모델에는 장단점이 있겠지만 치료사의 입장에서 기대에 못 미치는 학습 성취, 중재에 대한 낮은 효과라는 점에 주목할 필요가 있다. 결국은 학습장애 아동을 대상으로 해당 아동에게 기대되는 만큼의 학습 수준을 성취할 수 있도록 돕는 것이 치료사의 역할이다. 또한 아동의 심리과정의 특성을 잘 파악하고 자기교수법, 자기점검법, 호혜적 교수법, 직접교수법 등 치료에 대한 반응을 최대한으로 이끌어낼 수 있는 학습전략을 잘 활용하는 것 또한 치료사가 간과해서는 안 될 역할이라고 할 수 있다.

9) 건강장애

건강장애 아동은 만성질환으로 인하여 3개월 이상의 장기 입원 또는 통원 치료 등 계속적인 의료적 지원이 필요하며 학교생활 및 학업 수행에 어려움이 있는 아동을 말한다. 만일 건강장애 아동이 치료실을 찾는다면, 응급 시 대처요령이나, 질환과 관련 유의해야 할 점(피해야 할 음식, 자극, 환경 요인 등) 등을 부모 또는 보호자의 사전 면담을 통해 충분히 파악하는 것이 좋다. 그리고 건강장애 아동은 장기결석 및 입원으로 인한 사회적, 정서적 적응 상에 어려움도 큰 만큼 치료과정에서 이러한 점을 잘 고려하는 것이 중요하다.

02 | 인지기능 중심의 사례 : 작업 기억, 주의집중, 시각적 정보처리, 추론 등을 중심으로

1장에서 살펴본 바와 같이 인지기능은 학습의 기초가 되는 정보에 대한 지각, 주의집중, 정보처리 등의 활동과 이러한 정보를 토대로 문제를 해결하고 전략을 수립하는 고차원의 활동과 관련이 있다. 학습과 기억, 즉 과거의 경험과 지식을 바탕으로 새로운 사물이나 대상을 지각하여 새롭게 요구되는 문제와 그 문제에 대한 해결방법을 찾아내는 것과 관련된 일련의 활동이 인지기능이라 할 수 있다(배경미, 2013). 따라서 인지발달이 지체된 아동(또는 청소년)에게 인지기능은 학습활동을 위한 기초로서, 그리고 학습한 내용을 잘 기억하고 필요할 때 적절히 인출하여 효율적으로 사용할 수 있는 수단으로서의 의미를 갖는다.

보통 치료실을 찾는 아동을 대상으로 인지기능 중심의 치료활동을 해야 하는 경우는 크게 다음의 두 가지로 구분할 수 있다. 하나는 인지기능을 주요 치료 대상으로 하여 치료 회기 전반을 인지기능에 대한 치료 중심으로 전개하는 것이다. 다른 하나는 인지기능에 관한 치료를 다른 영역에 대한 치료와 병행하거나 보조적으로 다루는 것이다. 아무래도 그 판단의 기준은 치료 대상 아동의 인지기능의 발달 정도와 치료적 요구에 따라 결정될 것이다. 향후 이루어질 학습 수행(예: 숫자 세기, 한글 익히기 등)을 위한 기초로서 인지기능의 향상을 치료의 목적으로 정할 것인가 아니면 현재 진행 중인 학습의 효율성 향상 차원에서 인지기능의 향상을 다룰 것인가 하는 선택에 따라 치료의 방향이 정해질 수 있다. 어느 경우든 인지상담의 내용은 인지기능에 관한 것이 된다. 그런데 인지기능은 앞서 1장에서 소개한 바와 같이 그 하위 영역이 다양할 뿐만 아니라 이러한 인지기능이 작용하는 장면 또한 일상생활이나 학습활동 전반에 걸쳐 광범위하다는 점에서 인지기능의 치료를 이해하기 위해서는 가능한 한 많은 사례를 소개하는 것이 필요하다. 하지만 한정된 지면에 이 모든 것을 소개하는 데는 한계가 있는 만큼 대표적인 활동 몇 가지를 중심으로 치료실 상황에서 인지기능을 다루는 보편적인 방법을 소개하고자 한다. 구체적인 사례를 통해 앞으로 직면하게 될 특정 상황에 잘 적용하고 활용할 수 있는 원칙과 요령을 파악할 수 있기를 기대한다.

1. 작업 기억(working memory)

작업 기억은 일종의 단기 기억이라 할 수 있지만 단순히 정보를 짧은 시간 동안 저장하는 측면이 강한 단기기억과는 달리, 문제해결을 위해 단기 저장된 정보를 적절히 끄집어내고 처리할 수 있는 기억능력이라 볼 수 있다. 즉, 작업 기억은 정보의 저장, 처리, 인출에 중심적인 역할을 수행하는 인지기능이라 할 수 있다(송찬원, 2011).

작업 기억과 관련된 활동의 예를 살펴보면 쉽게 이해할 수 있을 것이다. 예를 들면, '단어 거꾸로 말하기' 과제를 수행하는 과정에 필요한 능력이 작업 기억이다. 다음의 <사랑해>라는 단어를 듣고 거꾸로 말해보자. <사랑해>를 거꾸로 말하면 <해랑사>가 된다. 물론 시각적으로 과제가 제시된 경우라면 그리 어려운 과제가 아닐 것이다. 하지만 청각적으로 제시되는 정보에만 의존하여 수행하려면 생각보다 쉽지 않다. 게다가 3음절이 아니고 4음절 혹은 그 이상이라면 더욱 쉽지 않을 수 있다. 이번에 제시할 단어는 <대한민국>이다. 역시 과제를 시각적으로 해결한다면 과제 수행이 수월하다. 하지만 듣고 해결해야 한다면, 사랑해보다 훨씬 더 어려울 것이다. 이 과제를 수행하기 위해서는 대·한·민·국이란 단어를 기억한 후(저장), 역순으로 배열하는 과정(처리)을 거친 후 <국민한대>라고 제시(인출)하는 일련의 과정을 거쳐야 한다.

과제 해결의 시발점이 기억에 있다는 점에서는 단기 기억과 비슷할지 모르나 제시된 정보를 역순으로 다시 정렬한 후 인출한다는 점에서 단기 기억과는 차이가 나는 것이다. 물론 일상생활에서 어떤 정보의 역순이 중요한 의미를 갖는 경우는 흔하지 않다. 그럼에도 이러한 활동이 갖는 의미는 '작업 기억'의 특성상 특정 과제를 해결하는 과정에서 단기 기억과 더불어 문제해결 전략을 적절하게 활용해야 한다는 데서 찾을 수 있다. '작업 기억' 능력 자체가 일상생활 속 문제해결 상황에 흔히 사용되기 때문이다.

그럼 이번에는 숫자를 활용한 '작업 기억' 활동에 대해 알아보자. 먼저 다음의 네 개의 숫자를 듣고 기억해보자. '4, 9, 2, 7' 자, 그럼 이 숫자 중에서 가장 큰 수와 작은 수를 뺀 나머지 두 수의 합을 구하는 문제를 생각해보자(아동의 인지 수준에 따라 곱셈으로 변경해서 실시할 수 있다). 이 경우 정답은 '11'이다. 이 과제를 해결하기 위해서는 제시된 숫자를 전부 기억하는 동시에 가장 큰 수와 가장 작은 수를 걸러내는 작업을 한 후 나머지 두 수에 대한 덧셈 연산을 해야 한다. 역시 단기 기억과 일종의 문제해결 전략이 결합된다는 점에서 단기 기억과는 차별화가 된다. 이렇듯 일상에서 흔히 할 수 있는 인지활동에 정보처리 방식을 다양하게 접목시킨다면 작업 기억에 관한 치료활동은 다양하게 전개할 수 있다.

2. 주의집중

우리는 감각기관을 통해 외부 환경으로부터 끊임없이 자극을 수용하고 있다. 그런데 우리의 인지체계는 외부로부터 유입되는 이 엄청난 양의 정보를 모두 다 처리할 수 없다. 제한된 정보처리용량을 갖고 있기 때문이다. 입력된 정보 중 일부만을 한정적으로 처리할 수밖에 없는데 바로 이 때 작동하는 기제가 바로 주의집중이라 할 수 있다(성현란 외, 2004). 이런 의미에서 주의집중 능력은 학습을 하는 데 있어서 선행되어야 하는 인지적 특성 중 하나라고 할 수 있다. 효과적인 학습을 위해 주의집중의 향상은 필수적이다(유경미, 2014).

주의집중은 다시 여러 가지 하위 영역으로 세분화될 수 있는데 주의집중의 하위 영역에 대한 분류는 학자에 따라 상이할 수 있다. 가령, 한국 신경인지기능연구회에서는 Focused Attention(집중 주의), Sustained Attention(지속적 주의), Selective Attention(선택적 주의), Alternating Attention(주의력 변경) 그리고 Divided Attention(분할 주의) 등으로 구분하고 있다(허난설, 이명경, 2018). 다소 광범위 할 수 있는 주의집중력을 세분화하여 제시한 이유는 주의집중이 무엇인지 이해를 돕기 위해서이기도 하지만 치료실에서 아동에게 무엇을 어떻게 해야 할지에 관한 전략적 실마리를 세부 분류를 통해서 찾을 수 있기 때문이기도 하다. 위에서 제시한 하위의 주의집중 능력을 향상시킬 수 있다면 전반적인 주의집중 향상을 기대할 수 있게 되는 것이다. 즉, 특정 자극에만 집중할 수 있는 능력(focused attention), 어느 자극에 일정 시간 이상으로 집중할 수 있는 능력(sustained attention), 여러 자극 중에 특정 자극을 선별하여 집중할 수 있는 능력(selective attention), A 자극에서 B 자극으로 주의집중의 대상을 쉽게 변경할 수 있는 능력(alternating attention) 그리고 두 개 이상의 자극에 동시에 집중할 수 있는 능력(divided attention)을 향상시키기 위한 치료활동을 통해 전반적인 집중력 향상을 기대할 수 있는 것이다. 그렇다면 주의집중을 향상시키기 위해 구체적으로 어떤 치료활동을 시도할 수 있을지 확인해보자.

3. 시각적 주의집중[8]

<그림 5-1>의 가운데 수직선을 기준으로 좌측의 제시한 그림과 동일한 그림(일부 한두 개 자극은 다른 그림을 사용할 수도 있음)을 배열만 다르게 하여 일정 거리만큼 떨어진 공간에서 찾아보기 활동을 통해 시각적 주의집중 향상을 도모할 수 있다. 이 과제를 수행하는 방법은 간단하다. 치료사가 손가락이나 막대 등을 이용하여 중앙의 수직 점선을 기준으로 좌측 사각형 안의 자극 중 어느 하나를 가리킨 후 치료대상 아동에게 우측 사각형 안의 그림들 중에서 같은 자극을 찾도록 하는 것이다. 혹은 손가락이나 막대 등을 이용한 포인팅 방법 대신 바둑알이나 나무토막 등으로 찾아야 할 자극을 일부 혹은 전부 가리는 방법으로 제시한 후 같은 자극을 찾도록 요구할 수도 있다.

[그림 5-1] 좌우 같은 그림 찾기 활동 자료

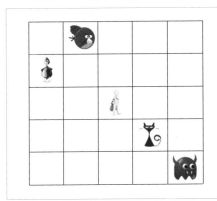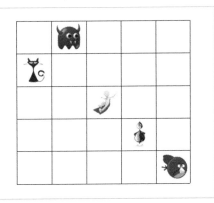

출처: pixabay.[9]

---

[8] '시각적 주의집중'의 내용을 비롯해서 이후 시각적 정보처리와 문제해결, 추론, 유연하고 창의적인 사고에서 소개하고 있는 치료활동의 아이디어는 인지재활 치료 지침서(육진숙, 권재성, 변은미, 2006)에 소개된 내용에서 차용하여 개발한 것임을 밝힘.

[9] 본 교재 5장과 6장에 사용된 사진 또는 그림 등 이미지의 출처는 pixabay이며, 따라서 이후 소개되는 이미지의

그렇다면 위에서 제시한 예시의 그림 자료는 수행하기 쉬운 수준일까, 어려운 수준일까? 굳이 난이도를 말한다면 1~10 수준에서 어디쯤 해당할까? 물론 정답은 알 수 없다. 아동의 현행 인지기능 수준에 따라 판단할 문제이기 때문이다. 바로 이런 점에서 치료사의 역할이 중요하다고 할 수 있다. 아동의 수준에 따라 동일한 활동 자료라도 다른 방식으로 치료를 제공할 수 있어야 한다는 의미이기도 하다.

<그림 5-1>의 활동자료로 다양한 활동을 펼칠 수 있다. 손쉽게 적용할 수 있는 방법은 찾아야 할 대상을 한 개가 아닌 두 개 이상으로 적용하는 것이다. 여기에 제시한 자극의 순서까지 동일하게 찾으라고 요구하면 활동은 좀 더 복잡해진다. 게다가 그림이 제공되는 공간의 크기를 3×3, 4×4, 5×5....... 등의 순으로 점차 확대하는 방법[10]과 제시되는 자극의 총 개수와 자극 간의 시각적 유사성이나 복잡성 등을 통해 활동의 난이도를 조정할 수 있다. 자료의 구성을 좌우 대비가 아닌 상하 대비로 변경할 수도 있고, 좌우(또는 상하) 그림의 물리적 거리를 조정하여 과제 수행 난이도의 변화를 만들 수도 있다. 물론 이러한 조정은 치료 대상 아동의 반응 정도와 요구에 따라 결정될 것이다. 경험적으로 이 과제에서 정반응을 보이지 못하는 아동을 보면 너무 충동적이거나, 즉 자극을 관찰하는 데 있어서 충분한 시간을 투자하지 않고 비슷한 외형(모양, 색 등)에 쉽게 반응하는 경우가 많다. 또는 자극의 모습보다는 공간 내 위치 정보에만(예: 1열 2칸) 보다 많은 집중을 해서 동일한 위치의 자극을 선택하는 경우도 있다. 전자의 아동이라면 활동 자료를 처음에는 크게 제시해서 시도하거나, 찾아야 할 대상을 아동에게 간략하게 설명할 것을 요구한 후 과제 수행을 시키는 것도 방법이 될 수 있다. 오류의 원인을 찾아내서 이를 바로 잡아주는 것이 치료사의 중요한 역할이다.

좌우(또는 상하) 대칭의 그림을 활용한다는 점에서 바둑알을 이용하여 손쉽게 시각적 주의집중 연습을 시도할 수 있다. <그림 5-2>처럼 인쇄된 자료를 활용할 수도 있고, 치료사가 빈칸에 직접 바둑알을 내려놓은 방식으로 과제를 구성할 수도 있다. 이 과제의 난이도는 바둑판의 크기나 사용되는 바둑알의 수를 통해 조정할 수 있다. 만약 아동이 과제 수행에 어려움을 초기에 보이는 경우에는 어디에 놓아야 하는지

출처에 대해서는 별도 표기하지 않음.

10 반드시 크기를 순차적으로 키울 필요는 없다. 만약 그림의 크기를 통해 난이도를 조정하려고 할 경우 가령 4×4 크기에서 5×5 단계를 거치지 않고 바로 6×6으로 변경하여 적용할 수 있다. 이 때의 반응을 보고 동일한 유형의 활동을 종결한다든지 아니면 5×5 수준에서 연습을 더 해본다든지 하는 판단을 내리면 된다.

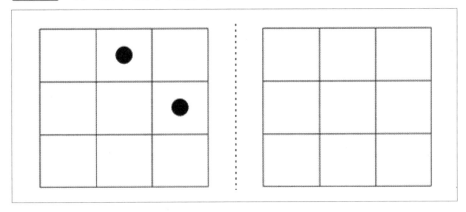

그림 5-2 좌우 똑같이 배열하기 활동 자료 1

단서(○ 희미하게 제시)를 전부 또는 일부 제공해줄 수 있다. 꾸준한 연습을 통해 비교적 크기가 큰(예: 7×7) 과제에서도 무난하게 해결한다면 동일한 양식에 약간의 변화를 가미해서 시행할 수도 있다. 예컨대 이번에는 흑백의 바둑알을 모두 사용하는 것이다 (<그림 5-3>).

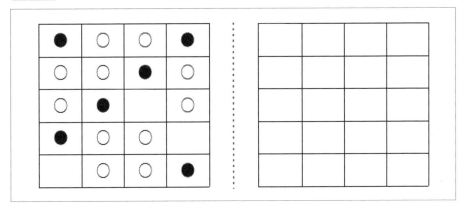

그림 5-3 좌우 똑같이 배열하기 활동 자료 2

다음의 활동은 시각적 주의집중과 수세기를 결합한 활동이다. 치료사가 제시하는 특정 자극만 선별하여 총 수를 세는 것이다. <그림 5-4>는 세모, 네모, 동그라미가 여러 색으로 나열되어 있는 단순한 그림이다.

그림 5-4 시각적 주의집중: 같은 모양, 같은 색상 찾기

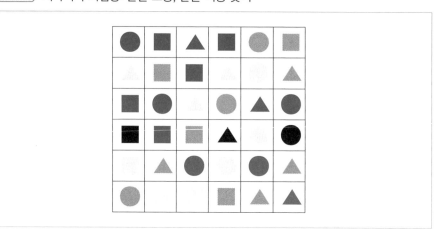

　　<그림 5-4>와 같은 유형의 활동이 가능하려면 활동에 사용된 자극에 대한 속성이나 개념에 대해 충분히 알고 있어야 한다는 것이 전제되어야 한다. 즉, 위의 활동이 가능하려면 도형(모양)과 색상에 대한 개념이 형성되어 있어야만 가능하다. 이를 전제로 치료사가 제시한 속성에만 선택적으로 반응하는 연습을 하는 것이다. 가령, 푸른색 모양(도형)은 몇 개일까? 푸른색 동그라미는 몇 개일까? 세모는 모두 몇 개일까? 즉, 모양과 색상 또는 색상과 연계된 모양 등 지시가 요구하는 특정 속성에만 주의를 기울여 과제를 수행하게 함으로써 선택적 주의집중의 향상을 도모하는 것이다.

　　아동의 인지발달 수준에 따라 단어나 숫자를 활용할 수도 있다. 먼저 글자의 경우 앞서 그림의 도형 대신 단어를 활용할 수도 있고, 제시된 단어 중 가운데 글자에 특정 글자가 들어간 단어만 찾기(예: 신호등, 보호자, 구호가)처럼 한글을 이용해서도 시행할 수 있다. 숫자의 경우도 여러 색의 숫자를 나열한 후 아동의 인지 수준에 따라 빨간색 홀수만 세기, 7의 배수만 세기, 십의 자리가 3인 숫자만 세기 등과 같은 방법을 적용할 수 있다. 다만, 이 과제에서 한 가지 유념해야 할 사항은 과제가 요구하는 자극은 잘 선별하면서도 중복해서 세거나 일부 해당 자극을 빠트리고 세는 아동이 있을 수 있다는 점이다. 이 역시 주의집중이 다소 부족한 결과일 수도 있다. 이럴 경우 자료를 훑어보는 방법을 위의 가로줄부터 아래의 가로줄로 순차적으로 이동하게 한다든지, 왼쪽 세로줄부터 오른쪽 세로줄로 차례대로 이동하게 하든지 해서 중복세기나 누락 등의 오류 발생을 줄이도록 해야 한다. 다수의 자료 중 선별적으로 특정 정보만을 살

퍼봐야 하는 다른 활동에 대비하기 위해서라도 평소 치료활동 중에서 자료나 정보의 스캔 방법에 있어서 일정한 규칙을 갖도록 지도하는 것이 좋다.

그리고 <그림 5-4>의 활동은 실제 도형을 이용하여 수행할 수 있다. 플라스틱이나 나무로 만들어진 도형을 펼쳐 놓은 후 색과 모양의 조건을 제시하여 해당 조건에 맞는 도형만을 선택하도록 할 수 있다. 또는 조금 수준을 올린다면, 치료사가 특정 조건에 해당하는 도형을 몇 개 골라 모아 놓은 후 나머지 도형 중에서 선별적으로 고르게 하는 활동을 실시할 수도 있다. 모든 치료 과정에서 마찬가지겠지만 아동의 긍정적 반응 못지않게 부정적 반응, 즉 오류는 중요한 정보이다. 오류가 발생할 경우 전후 상황과 아동에 대한 면밀한 관찰 및 분석을 통해 그 원인을 찾아야 한다. 오반응의 원인을 알면, 즉 위 활동의 경우 자극 반응에 대한 충동적 성향 때문인지 과제 수행에 필요한 기초 개념의 부족에 원인이 있는 것인지 아니면 수를 아직까지 잘 세지 못하기 때문인지 확인한 후 그 해결방안을 모색할 수 있다.

끝으로 활용할 수 있는 시각적 주의집중 치료활동에는 퍼즐이나 틀린 그림 찾기(다른 그림 찾기), 또는 숨은 그림 찾기 유형의 과제가 있다.

[그림 5-5] 시각적 주의집중: 퍼즐, 틀린 그림 찾기, 숨은 그림 찾기

| 퍼즐 | 틀린 그림 찾기 | 숨은 그림 찾기 |

먼저 퍼즐은 완성 후 그림을 참고하며 선택한 퍼즐 조각의 모양이나 색상, 그림 등의 시각적 단서를 활용하여 과제를 완성하는 활동이다. 난이도는 퍼즐 조각과 그림의 단순성 등으로 조정할 수 있다. 틀린 그림 찾기는 서로 똑같이 보이는 두 개의 그림에서 각각 서로 다른 곳의 위치를 찾아내는 활동이다. 보통은 시각적 대조를 통해 과제를 수행하기 마련인데 이때 시각적 주의집중을 하며 응시하는 장소의 선정이 불규칙적일 때와 일정 규칙에 따라 움직이는 것에 따라 아동의 과제 수행의 정확도가

상이할 수 있다. 과제의 난이도는 그림의 복잡성에 의해 달라질 수 있다. 마지막으로 숨은 그림 찾기는 그림의 복잡성, 스토리의 유무, 그림의 조형적인 특성 및 아동의 발달 수준에 따라 주의집중력에 미치는 효과가 상이하지만(전혜진 외, 2016), 아동의 발달 수준에 맞는 숨은 그림 찾기 그림을 잘 찾아 활용한다면 주의집중 향상을 기대할 수 있을 것으로 본다. 특히 퍼즐, 틀린 그림 찾기나 숨은 그림 찾기는 모바일 애플리케이션을 통해 손쉽게 사용할 수 있고, 아동의 흥미나 관심을 쉽게 유도할 수 있다는 점에서 수준에 맞는 자료를 찾아 적절하게 사용해볼 것을 권장한다. 다만, 무의미한 반복이나 우연에 의한 성공에 그치지 않고, 시각적 주의집중을 활용하여 효과적으로 과제를 수행할 수 있도록 주의해야 한다.

4. 시각적 정보처리

<그림 5-6>은 좌우의 그림을 하나로 겹쳐 보이게 하면 어떤 그림이 완성되는지를 묻는 자료이다. 이 과제를 완성하려면 좌우의 그림 틀 중 어느 하나를 중심으로 나머지 틀 속의 작은 그림을 정신적 활동을 통해 이동시킬 수 있어야 한다. 이 과정에서 종종 좌우 대칭을 잘 구분하지 못하는 경우가 있다. 즉, 거울 이미지처럼 좌우가 바뀐 결과를 선택하는 경우를 종종 목격할 수 있다. 이럴 경우 OHP 필름처럼 투명한 용지에 출력하여 직접 겹쳐보도록 하는 것도 이해를 도울 수 있는 방법 중 하나이다. 아니면 자료를 1부 더 출력하여 오려붙이기 활동을 통해 눈에 보이지 않는 시각적인 정보처리를 가시적으로 이해할 수 있도록 할 수 있다.

이 과제의 난이도 역시 네모 칸의 개수나 그림자극의 유사성 등을 이용하여 조정할 수 있다. 그렇다면 이런 과제의 난이도는 어떨까? 만약 <그림 5-6>의 그림을 흑백 또는 동일한 색상으로 변경하여 제시했다면 말이다. 예시로 제시된 <그림 5-6>의 경우 시각적 정보를 파악하고 공간 내 위치정보를 탐색하는 데 있어서 '색'이라는 속성이 중요한 역할을 한다. 과제 해결에 결정적 도움을 주는 '색'의 요소를 제거한다면 이 과제를 수행해야 하는 아동의 입장에서는 시각적 자극의 미묘한 차이를 파악하는 데 더 집중력을 발휘해야 할 것이다.

그림 5-6 시각적 정보처리: 좌우 그림 겹쳐보기

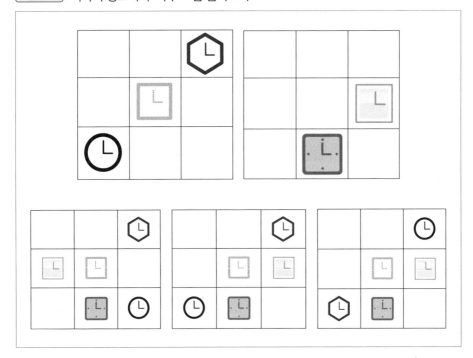

이처럼 치료활동의 주요 목적이 무엇인가에 따라 교재의 구성 요소에 세심히 신경 써야 할 필요가 있다. 그리고 계속해서 강조하지만 오류의 원인이 무엇인지 파악하여 해결하는 것은 매우 중요하다. 만일 이 과제의 수행 과정에서 오류의 원인이 앞에서 잠시 언급한 거울 이미지처럼 좌우가 바뀐 결과를 내는 아동이 있다면 문제 해결 방법에 대해 다시 한번 설명해주고 거울 이미지처럼 상의 위치가 바뀌는 경우와 그렇지 않은 경우에 대해 구분할 수 있도록 해보자.

1) 시각적 정보처리와 문제해결

지금부터 살펴볼 활동은 시각적 정보처리를 통해 문제를 해결하는 인지기능과 관련된 내용이다.

그림 5-7 시각적 정보처리와 문제해결: 자극-숫자 연결하기

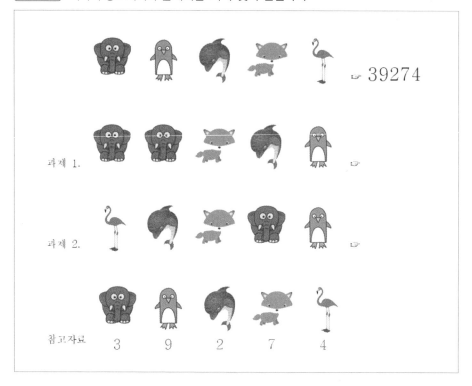

먼저 <그림 5-7>은 다섯 개의 동물 그림이 나열되어 있고 손가락 표시 뒤에 다섯 자리 숫자가 적혀져 있는 보기의 그림을 활용하여 임의의 순서로 제시된 동물 그림을 숫자로 전환하는 과제를 나타낸 것이다. 먼저 과제를 이해하기 위해서는 코끼리-3, 펭귄-9, 돌고래-2, 여우-7, 홍학-4라는 동물과 숫자와의 관계를 파악할 수 있어야 한다. 그런 다음 이러한 관계, 즉 정보를 어떻게 기억할 것인가도 문제해결에 중요한 요소가 된다.

단기 기억을 통해 관련 정보를 기억할 수도 있고(물론 다섯 개의 정보를 기억한다는 것은 쉽지 않겠지만, 만일 기억해야 할 정보가 3개 정도라면 시도해볼만 할 것이다), 보기 그림 밑에 해당 숫자를 메모하는 방법(아래 그림 중 참고자료 참고)이 있다. 이 두 가지 방법이 아니라면 문제를 해결할 때마다 하나씩 해당 동물에 맞는 숫자를 파악하는 것이다. 해결해야 할 과제가 단 한 개라면 어떤 문제해결 방법을 사용해도 문제해결 속도 면에서는 큰 차이가 나지 않을 것이다. 하지만 만일 과제의 양이 상당히 많다면 사정은 달라진다. 번거로

운 과정을 무수히 반복해야 한다. 그러므로 효율적 방법을 찾아야 한다. 이런 의미에서 본 과제를 치료활동에 적용한다면 반응의 결과도 중요하지만 아동이 문제해결에 적용한 방법이 무엇인지 확인한 후 다른 방법을 찾아보거나 적용해볼 수 있는 기회를 제공해줄 필요가 있다.

다음으로 소개할 활동은 쌓아올린 블록의 개수를 파악하는 활동이다. <그림 5-8>과 같이 블록이 쌓여 있다면 전체 블록의 개수는 모두 몇 개일까? 너무 쉬운가? 열까지 셀 수 있는 아동이라면 도전해볼 수 있는 이 과제에서 정답을 '4'라고 하지 않은 아동이 있다면 몇이라고 했을 것 같은가? 어렵지 않게 '3'이라고 제시한 경우가 많다고 생각할 것 같다. 보이지 않는 공간에 블록이 있을 수 있다는 것을 알지 못하기 때문이다. 마치 볼링 게임에서 세팅된 볼링 핀을 보고 10개라는 사실을 잘 알지 못하는 것과 비슷하다. 이 문제를 해결하는 방법은 눈에 직접적으로 보이지 않는 공간이 있을 수 있다는 사실을 알려주는 것부터 시작해야 할지도 모른다. 이를 쉽게 할 수 있는 것은 직접 해보도록 하는 것이다.

그런데 어떤 아동의 경우 블록의 수가 많아도 금방 답을 제시하기도 한다. 간혹 치료사보다 훨씬 빠르게 맞추는 아동도 있다. 이성적으로 분석하기보다 직관적으로 해결하는 경우에 해당된다. 하지만 앞에서 일부 강조한 것처럼 문제의 정답에만 초점을 맞출 것이 아니라 문제해결 과정 역시 중요한 만큼 문제해결 방법에 대해 생각하고 시도해볼 수 있는 기회나 자극을 제공하는 것이 중요하다. 가령, 어느 한 측면을 기준으로 각 위치에 존재하는 블록의 개수를 기록한 후 총 합을 구하는 방법을 적용해보는 것이다(<그림 5-8> 참고). 문제해결 방법이 체계적이지 않으면 블록의 개수가 많아질수록 직관에 의존하여 문제를 해결하는 데에는 분명 한계가 있을 수 있다. 본 치료활동과는 별도로 치료사가 쌓은 블록 모양대로 똑같이 쌓기 활동을 해보는 것도 또 하나의 시각적 정보처리를 활용한 과제가 될 수 있다. 몇 개인지 맞추는 데는 관심 없어 해도 치료사가 쌓은 블록과 똑같이 만들어보는 과제는 신나서 할 수도 있다.

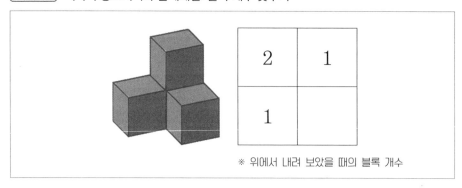

그림 5-8 시각적 정보처리와 문제해결: 블록 개수 맞추기

2	1
1	

※ 위에서 내려 보았을 때의 블록 개수

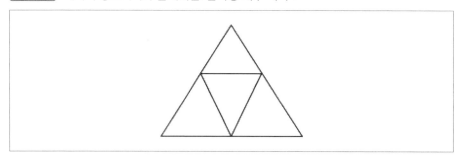

그림 5-9 시각적 정보처리와 문제해결: 삼각형 개수 세기 1

시각적 정보처리라는 맥락에서 <그림 5-9> 속 삼각형의 개수는 모두 몇 개인지 묻는 활동을 전개할 수 있다. 만일 △ 모양의 삼각형에만 집중한다면, ▽ 모양의 삼각형을 놓칠 수 있다. 혹은 가장 큰 삼각형의 존재를 놓치는 경우도 있을 수 있다. 단순히 시각적으로 들어오는 정보에만 의존하면 생길 수 있는 오류이다. 그림 속 예시는 비교적 단순해서 특별히 문제해결 전략이라고 언급하기에는 다소 민망할 수도 있을지 모르겠다. 하지만 언제나 그렇듯이 과제의 난이도는 아동에 따라 결정된다. 너무나 쉬워 보이는 과제일지라도 치료실에서 마주하고 있는 아동에게는 상당히 힘겨운 과제일 수도 있다. 또한 예시의 그림보다 더 많은 작은 삼각형으로 구성된 그림이라면 같은 삼각형을 두 번 이상 셀 수도 있고, 빠트리기도 할 수 있다. <그림 5-9>처럼 손쉽게 과제를 해결하기 어려울 수도 있다. <그림 5-10>을 살펴보자.

<그림 5-10>의 과제처럼 삼각형의 개수가 많다면 사정이 다르다. 눈으로 파악하며 대충 세서는 해결할 수가 없다. 일정한 규칙이 필요하다. 기준 점으로서 삼각형

의 꼭짓점을 먼저 정하고 삼각형의 길이의 단위를, 1에서 2, 3에서 최종적으로 6으로 하면서 세는 것이 필요하며, 정확한 과제 수행을 위해서는 체계적인 기록도 중요하다. 물론 이렇게까지 복잡한 과제를 활용할 필요는 없다. 아동에게 시각적 정보처리와 문제해결 연습을 유도하기 위한 목적으로 과제를 제시하는 것이지 단순히 고역을 줄 의도로 이 활동을 하는 것은 아니기 때문이다. 당연한 말이지만 아동의 인지발달 수준과 치료의 목적에 부합하는 교재·교구의 활용이 중요하고 그런 맥락에서 활동의 난이도 또한 잘 조정해야 한다. 아동에게 맞는 혹은 필요한 활동 자료를 찾거나 만든다는 것이 생각보다 쉽지 않다. 바로 이것, 즉 적절한 치료활동 자료를 직접 제작하거나 잘 찾아낼 수 있는 능력이 치료사에게 요구되는 중요한 역량 중 하나일 수 있다.

그림 5-10 시각적 정보처리와 문제해결: 삼각형 개수 세기 2

5. 추론

1) 사건의 발생순서 나열하기

추론은 정보를 기억하고, 이해하고 재생산해내는 수준 그 이상의 것으로서 정보와 정보를 연결 짓고, 논리적으로 관계 지으며 종합하거나 새로운 환경에 적용할 수 있는 능력을 의미한다(김은정 외, 2012). 정보와 정보 또는 사건과 사건의 관계 속에서 감춰져 있는 정보와 그 의미를 찾아내야 새롭게 접하는 상황에서 주어진 문제를 해결할 수 있게 된다. 이러한 맥락에서 <그림 5-11>은 주어진 상황에 맞도록 사건을 구성하도록 하는 활동을 통해 이러한 추론의 기능을 촉진시킨다. 이러한 활동에 사용되는 소재는 치료사가 창의적으로 구성할 수도 있지만 아동의 경험(주말 이야기 또는 학교 현장학습 일화 등)을 활용하여 시도하는 것도 좋다.

이 과제는 사건의 전후관계, 인과 관계 등을 파악해야 해결할 수 있는 과제이다. 예컨대 ②문장과 ③문장의 전후 관계를 파악하는 데 있어서 만일 ②문장이 '약속 시간 늦겠다!라는 엄마의 잔소리가 들렸다.'로 끝났다면 사건의 흐름은 엄마가 깨우는 소리를 듣고 눈을 뜨고 일어나 시계를 본 것으로 구성될 수 있다. 하지만 ②문장을 보면 엄마의 잔소리에도 불구하고 '게임을 했다.'라고 되어 있는 만큼 이야기 속 주인공은 이미 일어나 있음을 유추할 수 있다. 그러니깐 아침(아닐 수도 있다.)에 일어나 약속시간까지 여유가 있다고 생각을 하고 게임을 시작한 것으로 추측할 수 있으므로 문장의 흐름은 ③에서 ②로 전개되는 것이 자연스럽다. 이런 식으로 사건의 순서를 구성하는 것은 시간의 흐름과 논리적 흐름을 판단할 수 있어야 하는 만큼 고차원적인 인지 기능에 대한 치료활동이라고 할 수 있다. ①과 ⑤의 순서를 판단하는 데 있어서도 '지하철역으로 방향을 바꿨다.'는 표현은 애초의 방향은 지하철역이 아니라는 것을 암시해주는 만큼 처음 의도는 지하철이 아닌 교통수단, 즉 여기서는 버스를 타고 갈 의도였다는 것을 짐작할 수 있다. 따라서 단순히 정반응의 결과에만 치료의 초점을 맞추지 않고 그 과정과 절차에 대해서도 관심을 갖고 접근하는 것이 좋다. 그리고 글자 해독이 어려운 아동을 대상으로는 문장 대신 사진이나 그림으로 대체할 수 있다.

그림 5-11 사건의 구성: 논리적 추론

친구와의 약속 시간에 늦은 상황입니다. 사건이 일어난 순서대로 나열해볼까요?
(　　) ① 지하철역으로 방향을 바꿨다.
(　　). ② '약속 시간 늦겠다!'라는 엄마의 잔소리에도 게임을 계속했다.
(　　) ③ 눈을 뜨고 일어나 시계를 봤다.
(　　) ④ 고양이 세수만 겨우 하고 허겁지겁 집을 나섰다.
(　　) ⑤ 버스가 방금 떠났다.

2) 유연하고 창의적인 사고

다음으로 살펴볼 내용은 유연하고 창의적인 사고에 관한 활동이다. 여기서는 두 개의 활동을 소개하고자 한다. 하나는 주어진 단어를 단서로 새로운 이야기를 구성해보는 것이고(<그림 5-12>) 다른 하나는 주어진 자료를 임의의 기준으로 분류(유목화)하는 것이다(<그림 5-13>). 먼저 핵심 단어를 통한 이야기 구성은 단어와 단어 사이의 연계성을 적절하게 활용할 수 있어야 한다. 그러면서도 일정한 논리를 만들어낼 수 있어야 한다.

물론 딱 이렇다 하는 정답은 없다. 정답이 없다는 점에서 즉흥적으로 치료사가 개입함으로써 아동의 다양한 반응을 유도할 수 있다는 장점이 있다. 이를테면, 3개의 단어 중 하나를 선택하여 아동이 문장을 만들게 한 다음 치료사가 나머지 두 개의 단어 중 하나를 선택하여 문장을 만든 후 나머지 단어로 아동이 최종 문장을 만들어보는 연습을 하는 것이다. 또는 아동이 3개의 단어를 이용하여 문장을 만들고 나면 치료사가 아동이 적용한 단어의 순서를 변경하여 다른 문장으로 표현해보도록 할 수도 있다. 이러한 시도는 정형화된 패턴이나 논리만을 학습하지 않고 사고를 유연하게 또는 창의적으로 할 수 있도록 해줄 수 있다. 핵심 단어 도서관, 반성, 게임을 이용하여 이야기를 만든다면 다양한 문장이 완성될 것이다. ① 도서관에서 장난치다 엄마한테 혼났다. 바로 반성하고 엄마한테 잘못했다고 말했다. 그런데 엄마가 1주일 동안 게임을 하지 말라고 해서 정말 속상했다. ② 어제 컴퓨터 수업 시간에 게임을 하다 걸렸다. 그런데 오늘도 또 게임을 했다. 말로만 반성한다고 선생님이 화를 내셨다. 한 달 동안 도서관에서 봉사활동을 하게 되었다. ③ 도서관에서 게임을 했다. 앞으로 그러지 않기로 반성했다. 어쩌면 ③번 문장에 가까운 표현이 제일 빈번할지 모르겠다. 깊게 생각하지 않으면 기발한 문장이 나오기 어렵다. 상투적인 표현이 만들어질 가능성이 크다. 바로 그렇기 때문에 치료사의 적절한 개입이 필요하다. 그리고 아동의 관심과 흥미를 유도하기 위하여 아동이 좋아하는 것을 과제용 단어로 제시하는 것도 좋다. 또한 과제의 제시 방법을 열 개 정도의 단어 카드를 만든 후 아동이 단어를 임의로 선택하도록 하는 것도 방법일 수 있다. 이때 선택해야 할 단어가 꼭 3개일 필요는 없다. 아동의 수준에 따라 2개에서부터 시작할 수도 있고, 4개 혹은 5개의 단어로 이야기를 만들어 낼 수도 있다. 언제나 그렇지만 조금만 유연하게 생각하면 동일한 형태의 자료라도 다양하게 치료활동에 적용할 수 있다. 유연하고 창의적인 사고는 치료사에게 있어서도 필수이다.

그림 5-12 유연하고 창의적인 사고: 새로운 이야기의 구성

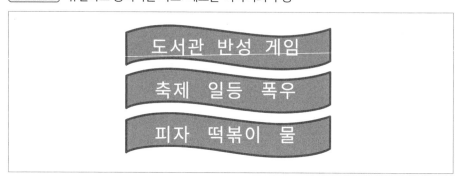

도서관 반성 게임
축제 일등 폭우
피자 떡볶이 물

다음으로 소개하고자 하는 활동은 일정한 기준에 따라 주어진 자료를 분류해보는 활동이다(<그림 5-13>). 이 과제 역시 정해진 정답이 있는 것은 아니다. 다만 아동의 분류 기준이 나름대로 논리적으로 잘 설명되고 일관성이 있는지에 초점을 맞춰서 진행하면 된다. 가령, 학교에서 쓰는 물건과 그렇지 않은 물건으로, 전기를 사용하는 물건과 그렇지 않은 물건 또는 물건 이름의 글자 수를 기준으로도 분류될 수 있다. A와 B, 두 가지 유형으로 분류할 수도 있고, A, B, C, 세 가지 유형으로 분류할 수 있다. 이 과정에서 아동의 독특한 반응을 관찰하는 것도 쏠쏠한 재미이다. 그리고 역으로 치료사가 먼저 자료를 분류한 후 아동에게 분류의 기준을 맞춰보도록 유도할 수도 있다. 물론 난이도가 높은 활동인 만큼 아동의 인지발달 수준에 따라 그 적용 유무를 판단해야 할 것이다.

그림 5-13 유연하고 창의적인 사고: 유목화

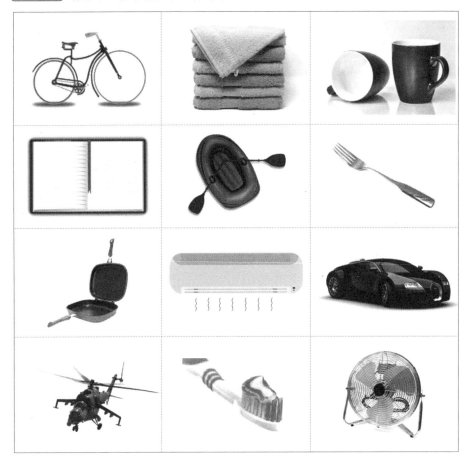

6. 보드게임

보드게임은 흥미와 재미를 쉽게 유발할 수 있다는 점에서, 그리고 아동의 저항감을 줄이면서 적극적으로 활동에 참여할 수 있도록 유도할 수 있다는 점에서 매력적인 교구 중 하나이다. 게임으로서 보드게임은 치료적 동맹, 즐거움, 진단에 관한 정보, 의사소통, 정서적 성장, 사회화 요인 그리고 인지발달 촉진의 효과를 기대할 수 있다고 한다(Reid, 1997; 김시은 외 2016에서 재인용)). 보드게임을 통한 인지발달을 기대할 수 있는 것은 주의력과 관찰, 작업 기억, 정보처리 등의 인지적 요소를 활용해야 할 뿐만 아니라 이러한 보드게임은 정해진 규칙에 따라 시행하는 전략 및 계획이 필요하고, 상대방의 판단과 반응 패턴을 파악해야 하며 이를 위한 과제 수행과 문제해결 능력 등이 요구되기 때문이다(정안순, 2011; 김시은 외 2016에서 재인용).

실제로 지적장애 및 자폐성장애 고등학생을 대상으로 보드게임을 활용한 집단교수를 통해 문장제 문제 형식으로 제시된 혼합식 계산 능력에 있어서의 향상을 확인할 수 있었던 것처럼(변관석, 2017) 보드게임이 인지기능에 긍정적 영향을 미치는 사례는 어렵지 않게 찾을 수 있다. 치료활동에 보드게임을 접목시키는 것의 장점은 대상 아동의 관심이나 흥미 그리고 인지발달 수준 등을 고려하여 게임을 선택해 효과를 높일 수 있다는 점을 들 수 있다. 가령 빠른 몸동작을 요구하는 신체활동 게임이나 전략 게임이 익숙하지 않는 아동에게는 게임이 진행이 빠르지 않으면서 동시에 우연에 의해 결과가 결정되는 게임부터 시작할 수 있다. 게임의 규칙을 단순화하거나 아동이 이해하고 수행하기 쉬운 규칙을 만들 수도 있다. 게임의 진행 속도나 시간제한 등에 변화를 주어 아동이 전략적으로 사고할 수 있는 기회를 충분히 제공하는 것도 치료사가 기억해야 할 요소이다. 중요한 것은 아동의 발달 수준에서 충분히 도전할 만한 과제로서 보드게임을 선택해야 한다는 것이다. 문제해결 전략을 목적으로 하는 보드게임이 너무 쉽거나 너무 어려워서는 적절하지 못하다는 의미다.

한편, 보드게임을 하다 보면, 과도한 승부욕 때문에 아동의 감정이 고조되거나 침울해지는 등 게임의 승패에 따라 감정 조절이 안 되는 경우가 있다. 이 때 치료사는 전체적인 진행을 조율하는 것은 물론 다양한 감정을 '언어'나 '적절한 태도'로 표현할 수 있도록 지도해야 한다. 또한 아동과 치료사와의 1:1 관계에서뿐만 아니라 여러 명이 함께 할 수 있다는 점 역시 인지발달 이외 다른 요소, 가령 의사소통 능력이나 사회성 발달을 촉진할 수 있다는 점에서 장점이라고 할 수 있다. 중요한 것은 단순히 재미만을 추구하는 게임이 아니라 인지기능의 촉진제로서 게임이어야 한다는 것이다. 이런 의미에서 치료사는 보드 게임을 시행하기에 앞서 스스로 게임에 익숙해져야 한다. 사전 연습을 통해 게임 과정에 발생할 수 있는 여러 문제점을 대비할 수 있고, 규칙의 유연한 적용 방법과 한계도 미리 계산해 놓아야 한다. 보드게임에 충분히 익숙해져 있어야 혹시나 생길 수 있는 여러 가지 돌발 상황에 자연스럽게 대처할 수 있다.

03 | 기초 학업 기술 중심의 사례

치료실을 찾는 아동의 경우 대부분 학교에서 특수교육 서비스를 받는 경우가 많을 것이다. 물론 그렇지 않은 경우도 있다. 이런 아동 중 심리, 행동, 언어, 물리·작업치료 등의 도움을 필요로 하는 경우를 제외하면 상당수는 학습과 인지 발달에 관한 요구를 갖고 있는 경우다. 일반적으로 학령기 아동은 학교 교육과정을 따르기 마련이다. 특수교육대상자의 경우는 특수교육 교육과정을 따른다. 특수학교 교육과정은 일반 교육과정을 토대로 특수아동의 교육적 요구를 반영하여 수정·보완·대체하는 형태를 취하고 있다. 이중 특수교육 교육과정 중 기본 교육과정은 특수아동의 특수성을 반영한 교육과정으로서 말 그대로 인지적 장애를 가진 특수아동을 위한 교육과정으로 고안되었다(권요한 외, 2016). 지적 능력이 낮고 학업 성취가 낮은 아동에게 적용하는 것을 원칙으로 하고 있는 만큼 치료실을 찾는 아동의 인지상담을 위한 준거로서 가치가 높다고 할 수 있다.

이런 이유로 본 교재에서는 특수학교 교육과정에서 다루고 있는 학습활동을 기준으로 하되, 그 중에서도 가장 기초가 되는 기초 학업 기술, 즉 읽기와 쓰기 그리고 수세기와 셈하기(연산) 등을 중심으로 살펴보고자 한다. 이러한 기초 학업 기술이야말로 학업의 기초는 물론 향후 일상생활이나 이후 직업생활을 위한 적응에 필수적인 요소이기 때문이다. 또 그렇기 때문에 아동은 물론 아동의 부모나 보호자의 요구와도 맞닿아 있다.

1. 기초 학업 기술의 주요 내용

구체적인 치료의 실제를 살펴보기에 앞서 학습에 있어서 가장 기초적인 내용들이 어떻게 구성되어 있는지 읽기(쓰기)와 수(셈하기) 영역을 중심으로 주요 내용을 단계별로 소개하고자 한다. 아래의 단계별 학습 내용은 현행 특수학교 교육과정 중 기본교육과정을 바탕으로 구성한 것이다. 학습 내용의 단계는 아동의 인지발달 수준의 흐름과 대체로 일치하는 만큼 읽기와 수와 관련된 현행 수준을 파악하면 아동에 대한 앞으로의 치료 목표나 내용을 선정할 수 있다. 역으로 학습의 단계별 과정, 즉 교육과정의 흐름을 파악하는 것은 아동의 인지상담에 도움이 된다.

1) 읽기

<표 5-1>은 특수학교 교육과정상 읽기 발달 과정에 따른 단계별 과정을 간략하게 요약한 것이다. 큰 흐름에서 이런 단계를 거치게 된다는 의미다. 아동에 따라서는 상위 단계까지 못가는 경우가 있을 수 있다. 그렇다고 해서 상위 단계의 활동을 완전히 배제할 필요는 없다. 충분한 이해 없이 기능적으로라도 접근할 수 있게 해주는 것이 중요하다. 가령 어린이 신문의 내용 중 일부 기사가 적은 것을 발췌해서 읽기 자료로 활용할 수 있다. 아니면 기사의 내용 중 어려운 단어나 문장을 적절하게 수정해서 제공하여 읽기 활동을 통해 정보를 파악하거나 재미를 느낄 수 있다는 것을 알려줄 수 있다. 할인 매장 전단지나 각종 안내 책자 등도 다양한 수준에서 활용될 수 있다. 아동의 발달 수준이 낮다고 해서 상위 수준에 해당하는 경험 자체를 제한시킬 필요는 없다. 이는 다른 활동 영역에서도 똑같이 적용할 수 있다.

표 5-1 읽기의 학습내용

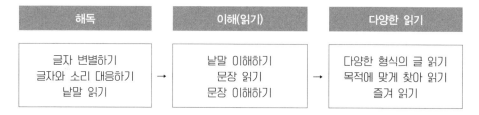

해독		이해(읽기)		다양한 읽기
글자 변별하기 글자와 소리 대응하기 낱말 읽기	→	낱말 이해하기 문장 읽기 문장 이해하기	→	다양한 형식의 글 읽기 목적에 맞게 찾아 읽기 즐겨 읽기

2) 쓰기

<표 5-2>는 특수학교 교육과정상 쓰기 발달 과정에 따른 단계별 과정을 간략하게 요약한 것이다. 여기서 한 가지 고려해야 할 점은 디지털 환경에서의 쓰기 활동에 대한 반영도 필요하다는 것이다. 스마트 폰이 보편화된 정보화시대에 한글 쓰기 못지않게 키보드나 스마트 폰의 자판 조합을 통한 글자 쓰기도 매우 중요하다. 정보를 검색·전달·기록하는 중요한 수단이기 때문이다. 소위 이러한 디지털 글쓰기는 치료실을 통해 할 수도 있겠지만, 집에서 부모와 함께 일상생활의 자연스런 맥락에서 배우고 실천할 수 있도록 치료사가 적절하게 안내해주는 것도 한 방편이 될 수 있다.

표 5-2 쓰기의 학습내용

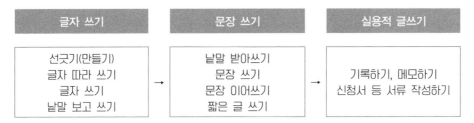

글자 쓰기	문장 쓰기	실용적 글쓰기
선긋기(만들기) 글자 따라 쓰기 글자 쓰기 낱말 보고 쓰기	낱말 받아쓰기 문장 쓰기 문장 이어쓰기 짧은 글 쓰기	기록하기, 메모하기 신청서 등 서류 작성하기

3) 수세기 및 연산

앞서 일부 언급한 바와 같이 위 내용은 특수학교 교육과정에 기초한 내용이지만 개인의 요구와 특성에 따라 적용하는 데 있어서 얼마든지 탄력적 조정이 가능하다. 또한 <표 5-3>을 보면 나눗셈까지만 소개되어 있는데 이것이 치료실을 찾는 아동에게 나눗셈 이상의 개념은 어렵다는 것을 의미하는 것은 결코 아니다. 나눗셈에 이어 분수, 소수, 백분율, 비례식 등은 아동의 발달 수준과 진전 정도에 따라 체계적으로 접근하면 될 것이다. 그리고 이 과정에서 아동에 따라 전자계산기(휴대전화)를 사용하는 방법을 병행할지는 한번쯤 신중하게 고려해볼 필요는 있을 것 같다. 물론 기본 연산에 대한 개념이 명확하며 오로지 계산의 효율성 차원에서만 계산기를 사용한다는 전제에서다.

그리고 글자만큼이나 숫자 역시 일상생활에 있어서 그 쓰임이 엄청 많다. 그만큼 실용적인 기초 학습기술이라고 할 수 있다. 물건 값의 계산은 고차원일 수 있다고 하더라도 버스 번호의 구분, 아파트 호수, 승강기의 층, TV의 채널, 스마트 폰의 단축 번호 등 일일이 헤아릴 수 없을 정도로 숫자는 그 활용도가 광범위하다. 따라서 수세기 및 연산 활동 영역에서의 치료 활동에는 특히나 숫자의 기능적 활용을 더 염두에 두고 치료 내용을 반영할 수 있어야 한다. 또한 가정에서의 연계 학습이 가능하도록 적절한 '과제' 또는 가정에서의 지도 방법을 치료 후 상담 시간을 활용해서 적극적으로 제시할 필요가 있다.

표 5-3 수세기 및 연산의 학습내용

나눗셈
곱셈
구구단
큰 수의 덧셈/뺄셈
받아 올림/받아 내림
10의 보수
한 자릿수 덧셈/뺄셈
가르기와 모으기

수의 연산

기타
큰 숫자 읽기
자릿값 개념
이어서 세기
집합 수 만들기
수의 보존 개념
수 세기
숫자 읽기/쓰기

순서 짓기
1:1 대응 관계
똑같이 만들기

수

수의 기초

4) 수 관련 기타 활동

일상생활의 적응에 필요한 영역을 수와 관련하여 추가해본다면, 화폐의 사용, 시계(달력) 읽기, 길이, 무게, 넓이 등의 속성을 재는 측정, 평면도형과 입체도형, 간단한 규칙 찾기, 자료의 분석이나 기초적인 가능성(확률) 등을 포함할 수 있다. 거듭 강조하지만 치료실에서 만나는 아동이라고 해서 그 한계를 미리 단정하는 태도는 바람직하지 않다. 교수·학습 방법을 조금만 수정해도 되는 수준의 경우도 있고, 난이도를 조정하면 쫓아갈 수 있는 경우도 빈번히 목격되는 만큼 미리 아동의 한계를 선정하는 것은 좋지 않다.

2. 치료의 실제: 수세기, 연산 및 읽기·쓰기를 중심으로

한정된 지면에 앞서 소개한 모든 학습내용을 다룰 수는 없다. 각 영역별로 가장 기초적인 학습을 중심으로 각각의 치료과정에서 발생할 수 있는 어려움과 그 해결방안에 대해 함께 고민해보는 차원에서 몇 가지 대표적인 치료사례를 소개하고자 한다. 수세기의 경우 10이하의 수준에서, 사칙연산은 각 연산의 대표적 활동을 중심으로 간략하게 다루고자 한다. 그리고 읽기와 쓰기는 기초 모음(종성 자음이 없는)과 단어 수준에서의 활동을 중심으로 하였다.

1) 1~10까지 수세기

그림 5-14) 수세기 치료의 접근 순서

수를 세는 능력은 마치 생득적인 것처럼 느껴질 정도로 대부분 일상생활에서의 자연스런 노출과 반복을 통해 저절로 얻어지는 것이 아닐까 하는 생각이 들 때가 가끔 있다. 그래서인지 막상 이런 수세기가 치료활동의 핵심 내용일 경우, 어떻게 하는 것이 효과적일지 몰라 난처했던 경험이 있다. 하지만 이러한 치료활동 과정에서의 어려움은 수 개념의 발달과정을 이해하는 데에서부터 실마리를 찾아갈 수 있다. 개념적 발달은 체계적으로, 점진적으로, 순차적으로 진행되기 때문이다.

(1) 1:1 대응관계 익히기

수 개념의 발달에서 가장 중요한 것은 다양한 층위의 1:1 개념을 익히는 데 있다. 여기서 다양한 층위란 사물과 사물과의 1:1 대응, 그림과 사물과의 1:1 대응, 그림과 그림과의 1:1 대응, 그리고 궁극적으로는 사물 또는 그림과 숫자와의 1:1 대응을 의미한다. 수 개념 학습을 위한 1:1 대응관계 익히기의 시작은 구체적 사물의 조작으로부터 시작하는 것이 좋다. 이런 활동을 통해 점차 시각적, 언어적, 상징적 표현과 관계를 지어보는 경험을 반복하는 것 또한 필요하다(이경우 외, 1997; 황정숙 2003에서 재인용).

<그림 5-15>는 인쇄된 자극의 수만큼 1:1 대응관계를 맺는 과제이다. 물론 이러한 과제 이전에 몇 가지 과제가 선행되었을 것이다. 예컨대 사물과 사물의 1:1 대응관계 익히기를 위해서 몇 개의 인형 앞에 장난감 포크를 하나씩 놓은 활동이 실행되었을

것이다. 그런 다음 그림으로 제시된 동물에게 사탕을 하나씩 내려놓은 활동이 이어졌을지 모른다. 이렇게 순차적으로 변화를 주면서 진행해 오는 과정에서 <그림 5-15>처럼 그림과 사물 또는 그림과 그림의 1:1 대응관계를 연습하게 되는 것이다.

<그림 5-15>의 형식으로 치료활동을 전개할 때 구체적인 방법에 있어서 약간의 변화만 가미해도 매우 다양한 활동이 가능하다는 점을 기억해두자. 시중에 나와 있는 교재나 기존에 사용해오던 자료를 그대로 따라 사용하는 것도 도움이 되겠지만 치료사의 아이디어를 결합하면 치료대상 아동에게 딱 맞는 치료활동 교재로 탈바꿈시킬 수 있다. 아래에 제시한 활동을 예로 든다면, 우선 1:1 대응관계를 바둑알이나 사탕 등의 구체적 사물을 이용하여 실행할 수도 있고, 재미난 스티커 붙이기 활동이나 스탬프 도장 찍기 활동으로도 전개할 수 있다. 또는 아동의 수행 능력에 따라 동그라미나 세모 등의 모양을 그려 넣게 할 수도 있다. 뿐만 아니라 자료의 배치 방법을 달리하는 것도 생각해볼 수 있다. 가령 처음에는 수직적으로 구조화된 자료를 사용하다가 수평적으로 배치된 자료로 전환할 수도 있다. 자료가 상하로 제시되느냐 좌우로 제시되느냐 시각적 배치에 따라 동일한 아동에게서도 그 반응의 차이가 나타날 수 있다. 또한 과제 수행에 필요한 자료의 간격도 처음에는 그 간격을 좁게 하다가 점차 거리를 벌리는 방식을 적용할 수도 있다. 한 장의 용지로 활동을 하다가 서로 다른 두 장의 용지로 동일한 수준의 과제를 하면서 점차 간격을 늘려가는 것이다.

우리가 수를 센다는 것이 바로 눈앞에 손에 잡히는 것들만 대상이 되지 않기 때문에 이러한 활동이 필요하다. 도로 반대편에 심어져 있는 나무를 센다거나, 동물원 우리 안에 있는 코끼리를 세는 것처럼 수세기의 대상이 원격의 거리에 존재할 수 있다. 뿐만 아니라 눈앞에 존재하지 않는 대상도 셀 수 있어야 한다. 예컨대 지금 눈앞에 존재하지 않는 가족에게 아이스크림을 하나씩 주기 위한 1:1 대응관계도 궁극적으로 해결할 수 있어야 한다. 물론 지금 이 단계에서 필요한 과정은 아니다. 어떤 단계의 어떤 과정이 되었든 다양한 수준의 난이도 조정이 가능하다는 것을 한번 더 강조하기 위해 언급한 것뿐이다. 이 과제의 경우 난이도 조절은 사용되는 자극의 개수, 자극의 불규칙적 배열 등으로 쉽게 조절할 수 있다. 이렇게 해서 1:1 대응관계가 익숙해지면 숫자를 익힌 후 숫자와 사물과의 1:1 대응관계를 익힌 다음에는 숫자의 읽기와 순서 익히기 활동이 필요하다.

그러므로 구체적 사물이나 그림과 숫자와의 1:1 대응관계 익히기는 지금 이 단계에서 적용하기 어렵다고 할 수 있다. 치료과정의 단계상 1:1 대응관계 학습이 주요 활동이라고 해서 모든 수준의 1:1 대응관계 학습이 가능한 것은 아니다. 모든 활동에 있어서 치료적 판단은 아동의 인지 수준을 고려해야 한다.

그림 5-15 │ 1:1 대응관계 연습

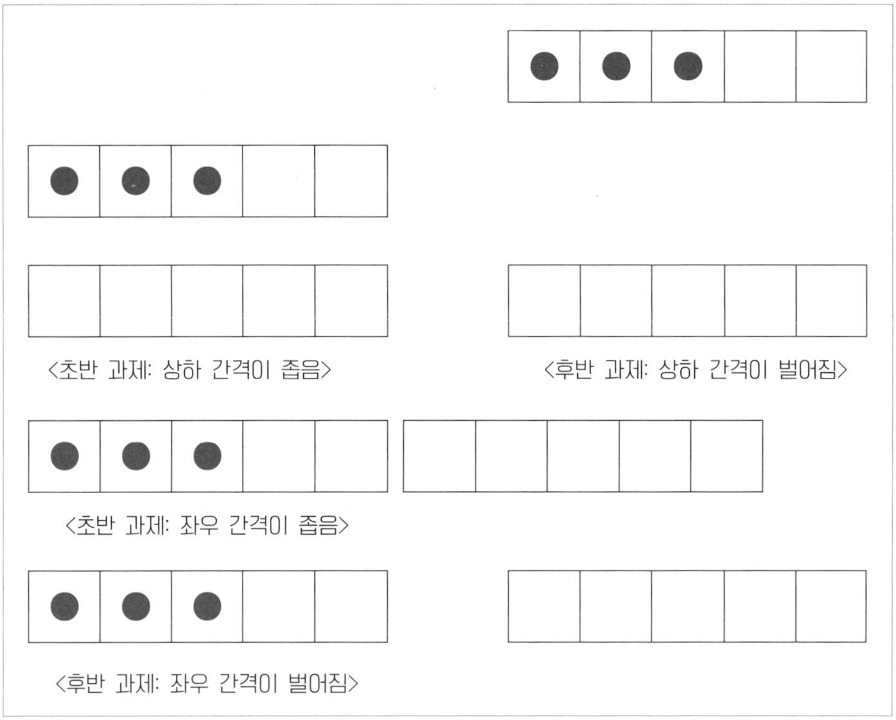

〈초반 과제: 상하 간격이 좁음〉　　　　　　　〈후반 과제: 상하 간격이 벌어짐〉

〈초반 과제: 좌우 간격이 좁음〉

〈후반 과제: 좌우 간격이 벌어짐〉

(2) 1부터 10까지 숫자 익히기

이렇게 해서 1:1 대응관계가 안정적이라고 판단되면 1~3 또는 1~5까지(궁극적으로는 10까지) 숫자와 숫자의 순서를 익히도록 한다. 사실 많은 아동들이 엄마, 아빠와의 상호작용 속에서, 각종 미디어를 통해(예: 숫자 송, 숫자 놀이) 그리고 집안 곳곳에 붙어 있는 숫자 관련 학습 자료에 빈번히 노출되며 다른 어떤 개념보다 숫자를 먼저 배우는 경향이 있다. 숫자를 보고 이름을 말하며 1부터 차례대로 숫자의 순서를 익히게 된다. 그렇다고 아직 수를 셀 수 있다고 말하기 어려울 수도 있다. 기계적 암기에 지나지 않을 수도 있다. 특히 1:1 대응관계에 대한 학습을 소홀히 하면 더욱 그렇다.

거듭 강조하지만 수세기 원리 중 하나인 일대일 대응의 원리를 적용하는 데 실패하면 수를 셀 수 없다. 즉, 배열된 사물을 중복하여 세거나 건너뛰는 경우가 발생해서는 수를 정확하게 셀 수 없게 된다(황정숙, 2003). 물론 이 단계는 정확하게 말해서 수를 세는 단계는 아니다. 수를 정확하게 세기 위한 준비단계로서 숫자의 이름과 숫자의 순서를 정확하게 아는 데 목표를 두는 것이다. 치료실을 찾아온 아동이 1~10까지 거침없이 말한다고 하더라도 두말할 것 없이 1:1 대응관계의 학습 여부를 반드시 점검해야 한다.

숫자를 읽고 숫자의 순서를 기억할 수 있도록 다양한 방법을 통해 치료활동을 시행할 수 있다. <그림 5-16>은 1~9까지의 숫자를 임의로 나열한 것이다. 이 과제의 앞에는 1~8까지의 과정이 있었을 것이다. 그리고 이 과제 다음에는 1~10까지를 다루게 될 것이다. 아동이 익히고 있는 숫자의 한계에 따라 탄력적으로 적용하면 된다. 이 그림 자료를 활용하는 방법은 간단하다. 아동에게 1부터 차례대로 찾는 활동을 실시하는 것인데 손가락으로 가리키게 할 수도 있고, 블록이나 다른 사물 또는 자석숫자 등을 이용하여 <그림 5-16> 자료 속 숫자 위에 차례대로 올려놓는 방식으로 치료활동을 전개할 수 있다. 또한 치료사와 아동(혹은 그 반대)이 번갈아가며 교대로 과제를 수행할 수도 있다.

이 과정에서 종종 발견되는 오류는 아동이 2와 5, 그리고 6과 9를 혼동하는 것이다. 이런 경우에는 2와 5 그리고 6과 9의 변별력을 향상시킬 수 있는 활동을 별도로 제공할 필요가 있다. 가령 2와 5를 클레이와 같은 소재를 활용하여 만들어보게 한다거나 6과 9의 변별과 관련해서는 숫자 '0'을 이용해 6이나 9 만들기 활동을 해볼 수 있다(<그림 5-17> 참고). 또한 숫자 2와 5(또는 6과 9)만으로 구성된 자료를 만든 후 특정 숫자만 변별하는 연습을 시도할 수 있다.

숫자 읽기에서의 오류가 제거되면 1부터 10까지 숫자의 순서 찾기 과제를 정확하게 수행할 수 있을 것이다. 그럼 이번에는 1이 아닌 다른 숫자에서부터 가령 2나 3에서 차례대로 숫자의 순서를 제시하는 활동에 도전해보기로 하자. 이 활동은 향후 이어질 숫자 이어서 세기의 기초 활동으로서 의미가 있다. 1이 아닌 특정 숫자에서부터 숫자의 순서를 확인하는 것은 결코 쉬운 과제가 아니다. 이 단계에서 요구되는 주요 활동은 아니므로 아동이 실수한다고 해서 아직까지는 크게 문제 삼을 필요는 없다.

그림 5-16 숫자 차례대로 찾기

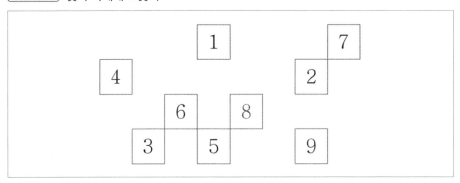

그림 5-17 숫자 6과 9 변별력 향상 연습

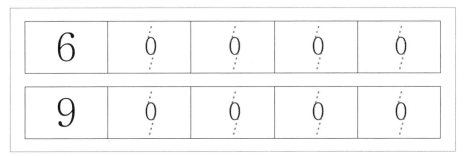

숫자의 순서를 확인하는 활동의 교구로 주변에서 흔히 볼 수 있는 달력도 좋은 소재가 될 수 있다. <그림 5-18>은 숫자 3과 6 다음에 올 숫자는 각각 무엇인지를 물어보는 활동이다.

그림 5-18 달력을 활용한 숫자의 순서 익히기 활동

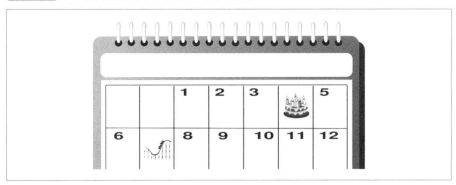

학습이 위계적으로 진행되었다고 하면 숫자 6 다음에 오는 숫자가 7임을 아는 경우라면 숫자 3 다음의 숫자가 4라는 사실은 기본적으로 안다고 전제할 수 있다. 하지만 그렇지 못한 경우도 종종 있다. 그렇기 때문에 아동의 생각(정보처리 과정)을 확인하는 과정이 중요하다. 한편, <그림 5-18>의 숫자 찾기 과제는 언어적인 활동과 연계해서 진행할 수 있다. 가령, 생일 파티를 언제 하는지, 놀이 공원에는 며칠에 가는지 물어보면서 정답 확인과 함께 생일과 놀이 공원에 관한 이야기를 나눌 수 있다.

숫자의 순서를 확인하는 과제에서 달력을 활용하는 데에는 몇 가지 이유가 있다. 숫자로 채워져 있는 달력이 일상생활에서 쉽게 접할 수 있는 소재이기 때문에 직·간접적으로 숫자를 학습할 기회를 수시로 제공해준다는 점이다. 자연스러운 반복 노출을 통해 부지불식간에 학습이 될 수 있다. 날짜나 시간과 같은 추상적 개념은 눈에 보이지 않아 학습하는 데 어려움이 크다. 하지만 끊임없는 반복사용을 통해 매달 1일부터 30일까지(또는 28일, 31일까지)의 주기에 대해서도 조금씩 익숙해질 수 있다. 바로 이런 점에서 날짜는 물론 요일, 달 그리고 시간과 같은 개념은 어려서부터 자연스럽게 반복적으로 노출해주는 것이 좋다.

(3) 1~10까지 수세기

이렇게 해서 숫자를 읽고, 숫자의 순서를 알게 되었다면 이제 본격적으로 숫자 세기 활동에 들어갈 수 있다. 그 전에 숫자의 쓰기에 대해 언급하자면 숫자를 쓰기 위해서는 손과 눈의 협응(coordination)도 중요하고, 방향에 대한 개념도 필요하다. 상대적으로 숫자 카드나 자석 숫자로는 잘 선택하지만 실제로는 숫자를 잘 쓰지 못할 수도 있다. 이러한 개인 내 차이에 대해서는 장기적 차원에서 숫자를 혼자서 쓸 수 있을 때까지 시간을 두고 접근하되, 대신 간접적 방식을 이용해서 아동이 숫자를 잘 변별하고 있는지 확인하는 절차가 필요하다. 가장 기본적인 것은 숫자를 따라 쓰는 활동을 꾸준히 하는 것이겠지만, 클레이나 다른 소품 등을 활용하여 숫자를 만들어보거나 숫자 모양대로 배열해보는 활동을 시도하는 것도 좋다. 다시 수세기 활동으로 돌아와서, 숫자를 잘 세려면 기수적 원리와 순서 무관계의 원리를 알아야 한다. 먼저 기수적 원리는 수세기 활동에서 마지막 후렴구가 대상 집합의 전체 수를 가리킨다는 의미이다. 그리고 순서 무관계의 원리는 수는 자료의 배치 모양이나 1:1 대응관계를 맺는 순서와는 관계가 없다는 의미이다(황정숙, 2003). 따라서 이러한 원리를 안정적으로 습득하지 못한다면 똑같은 양이지만, 어느 경우에는 잘 세고 다른 경우에는 잘 세지 못하는 현상이 일어날 수 있다.

그림 5-19 자료의 배치에 따른 수 세기

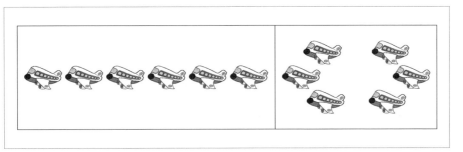

전술한 바와 같이 어떤 집합의 수를 센다는 것은 1:1 대응관계 속에서 마지막으로 센 수가 전체의 양을 대표한다는 개념이 형성되어야 가능하다. 하지만 완벽한 개념 형성에 이르기까지는 무수한 반복의 숫자 세기 활동이 필요하다. 반복을 많이 해야 하는 만큼 아동의 입장에서는 치료활동에 대한 거부감이 일어날 수 있다. 따라서 다양한 교구를 활용하여 조금씩 변화를 주어가며 치료활동을 전개할 필요가 있다.

치료사가 "1, 2" 하고 숫자를 세기 시작하면 자동적으로 따라 셀 수 있는 아동이라도 어떤 사물의 집합이 몇 개인지 묻는 질문에는 고개를 갸웃거릴지 모른다. '몇 개' 인지 수를 센다는 것 자체에 대한 이해가 부족해서일 수도 있다. 수를 센다는 것이 차례대로 숫자의 이름을 붙이는 활동이 아니라 전체의 양을 파악하기 위한 활동이라는 것을 자연스럽게 이해하기 전에 특히 수세기 활동의 초기 단계에서는 모델링이나 촉구 또는 단서 제공 등에 치료사의 개입이 빈번히 요구된다.

그럼 토끼가 몇 개(마리)인지 세는 연습을 어떻게 전개할 수 있을지 단계적으로 구분하여 살펴보기로 하자. 여기서 주의할 점은 하나, 둘, 셋과 같이 고유의 수세기를 익히기 전까지는 조금 어색해도 1개, 2개, 3개라고 수를 세거나 아예 'X개'는 생략한 체 1, 2, 3과 같이 숫자만을 사용할 수도 있다. 예를 들자면, '모자가 삼개(3개) 있어요, 가방이 5 있어요.' 하는 식이다. 그럼 이제 <그림 5-20>을 살펴보도록 하자. 이 그림은 토끼가 몇 마리인지 세는 활동을 예로 든 자료인데 그림 속 자료를 동일 회기

그림 5-20 단계별 수세기 활동 자료

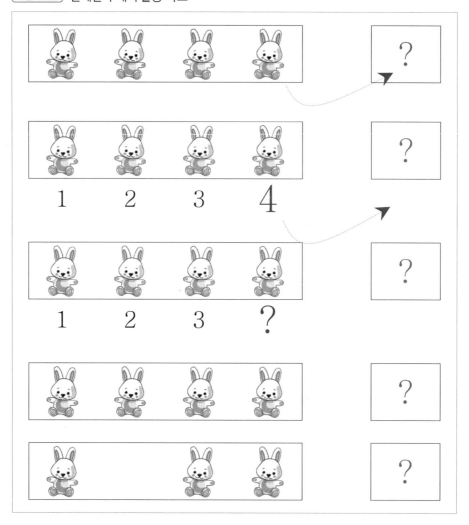

에 진행하는 것이 아니라 가장 상단의 그림은 초기 단계에 활용하는 자료이고, 이어
지는 아래의 그림들은 이후의 단계에 따른 각각의 치료 활동 내역을 한 곳에 정리한
것이다. 즉, 몇 회기에 걸쳐서 진행될 내용을 한 눈에 파악할 수 있도록 편집한 것임
에 유의해야 한다. <그림 5-20>의 가장 상단의 활동 자료는 치료사가 모델링을
제공한 후 신체적 촉구를 통해 토끼가 전부 '4(사)'개(마리)임을 익히는 활동이다. 드물
기는 하지만 이 단계에서 수세기의 개념과 절차를 바로 이해하는 아동도 간혹 있다.
만약 그렇다면 이후의 과정을 따를 필요는 없다.

그림 속 두 번째 단계는 모델링 과정 이후 토끼와 숫자와의 1:1 대응관계를 순차적으로 확인하면서 마지막 수가 전체 집합임을 익힐 수 있도록 마지막 수를 확대 강조하고 있는 것이 특징이다. 이 과제에서 정답을 제시하는 방법에는 여러 가지가 있다. 숫자 4라고 소리로 응답할 수 있으며, 자석 숫자나 숫자 카드에서 정답을 고른다거나 또는 직접 쓰는 것도 방법일 수 있다. 이것은 아동의 숫자 쓰기 능력에 따라 탄력적으로 조정하면 된다. 이후의 과정은 점점 단서를 제거하는 방향으로 구성되어 있다. 마지막 숫자만 생략한다거나 전체적으로 숫자를 표기하지 않는다거나 하는 방식이다. 그리고 자극의 배열에 변화를 주는 활동을 통해 1:1 대응관계와 기수적 원리를 점검하는 활동도 포함하고 있다.

　물론 <그림 5-20>에서 제시한 단계가 보편적으로 적용되는 것은 아니다. 아동의 발달 정도와 특성에 따라 탄력적으로 적용해야지 정형화되고 고정적인 과정으로 이해해서는 안 된다. 경우에 따라서는 더욱 세분화된 과제 분석이 필요하기도 하고 또 어떤 경우에는 그 반대인 경우도 있다. 따라서 아동의 반응 양상 및 향상 정도에 따라 치료사가 적절하게 대응할 수 있는 것이 중요하다. 이렇게 해서 익숙해지면 주변에서 쉽게 구할 수 있는 소품을 이용하여 수 세기 활동을 한다. 그러면서 점차 포인팅을 해 가며 멀리 보이는 물건을 세는 연습도 할 수 있다. 또한 여러 가지 물건(또는 그림) 중에서 특정 대상만 선별적으로 세는 연습을 시도해볼 수도 있다. 꼭 이 단계에서 바로 시행할 필요는 없겠지만 이제 슬슬 하나, 둘, 셋의 고유 수세기 활동과 함께 수를 세는 단위, 즉 개, 송이, 마리, 장(예: 수건, 종이), 대(예: 자동차, 자전거 등) 등의 경험을 시작하는 것도 좋다.

　또한 숫자 세기 활동이라는 맥락에서 다음과 같은 활동도 확인해볼 필요가 있다. 즉, 서로 같은 수의 집합을 찾는 활동이다(<그림 5-21>). 그림만 봐도 쉽게 이해할 수 있을 것이다. 이 활동에서는 간혹 질문을 잘 이해하지 못해 실수를 하는 경우도 종종 관찰할 수 있는데 필요할 경우 모델링을 제시해주면 된다. <그림 5-21>처럼 아동은 자신이 선택하여 센 그림의 숫자를 기억한 후, 우측 열에서 동수의 집합을 찾기 위해 숫자를 세는 활동을 수행해야 한다. 이 과정에서 1:1 대응관계를 정확하게 유지하지 못하거나 직접 세지 않고 직관적으로 판단하여 과제를 수행할 경우 오류가 발생한다. 그림 속 1단계와 2단계의 차이는 자료의 배열에 있다. 동수의 집합을 찾는다는 것은 전체 양을 기준으로 판단해야지, 자극의 동일성이나 자극의 배치와 같은 시각적 요소에 의존해서는 안 된다. 숫자의 크기가 작으면 어느 정도 직관적으로 해결할 수 있을지 모르나 숫자가 6 이상으로 커지면 직접 세고 기억하지 않으면 문제를 해결하기 어려워진다.

그림 5-21 서로 같은 수의 집합 찾기 활동 자료

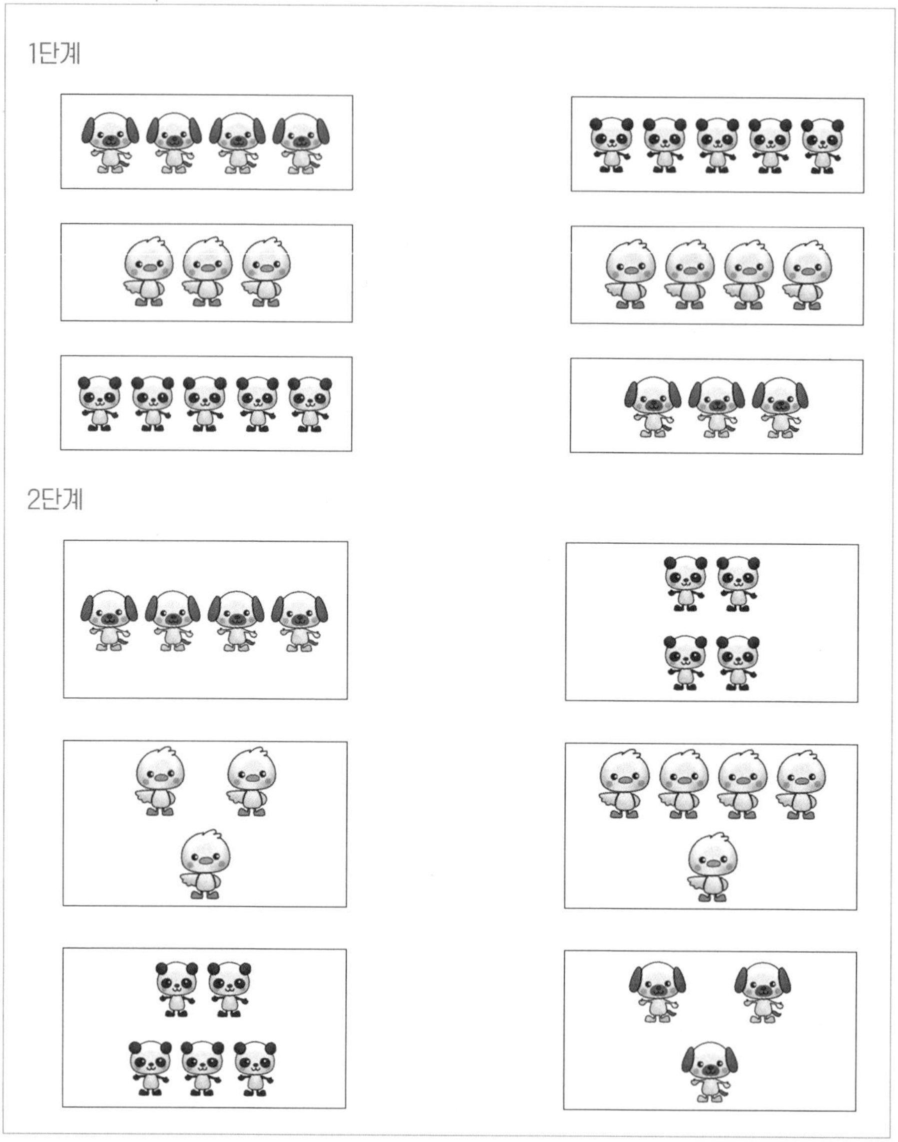

(4) 상징으로서의 기능적 숫자

이쯤에서 달력의 숫자처럼 양이 아닌 상징으로서 숫자의 용도를 조금씩 접하게 하는 것도 좋다.

그림 5-22 버스 번호 읽기 연습

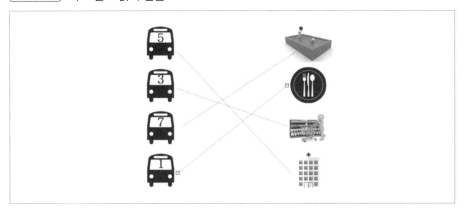

가령 숫자는 버스, TV 채널을 구분하기 위한 목적으로, 건물의 층수, 아파트의 호수, 교실 내 학생을 구분하기 위한 용도로도 사용될 수 있다는 숫자의 특성에 조금씩 노출시키는 것이다. <그림 5-22>는 아동의 인지발달 수준에 따라 그 활용의 범위가 달라지겠지만, '배가 아프면 몇 번 버스를 타야 할까요?' 혹은 '주사를 맞으려면 몇 번 버스를 타야 할까요?'라고 물어볼 수도 있고, 반대로, '1번 버스를 타면 어디로 갈까요?', '3번 버스를 타려고 합니다. 어디를 가려고 하는 걸까요?'와 같은 질문을 사용할 수 있다.

주의해야 할 점은 누군가에게는 당연한 것처럼 보이는 <그림 5-22>의 실선의 의미가 어떤 아동에게는 아무런 의미도 전달하지 못할 수 있다는 점이다. 실선이 어떤 관련성을 내포하고 있다는 것도 별도의 학습을 통해야만 형성될 수도 있는 만큼 사용에 주의해야 한다. 마찬가지로 아래에 소개하고 있는 승강기 관련 숫자 활동에 있어서도 그림과 숫자가 나란히 제시되어 있는 모습이 서로 '관련'있다는 사실을 아동은 인지하지 못할 수 있다는 점에 유의하며 치료활동을 해야 한다. <그림 5-23>은 버스와 숫자와의 활동에서와 마찬가지로 언어적 활동과 결합하여 진행할 수 있다. 예를 들면 '치과에 가려면 몇 층(숫자 몇)을 눌러야 할까?'와 같은 질문을 통해 자주 접하는 승강기 환경 속에서 자연스럽게 숫자가 층의 위치를 상징한다는 것을 습득하게 해주면 좋다. 이런 경우 아동 부모나 보호자의 협조를 받아 아동의 실제 생활환경 속 공간을 자료로 활용할 수도 있다.

그림 5-23 승강기 숫자와 층수

(5) 집합 수 만들기

얼핏 생각하면 주어진 집합의 숫자를 세는 것을 잘 한다면 그 반대의 과제, 즉 숫자를 보고 숫자에 해당하는 만큼의 양을 만드는 과제도 쉽게 해결할 수 있을 것 같다. 하지만 수세기에 별다른 어려움이 없으면서도 집합을 만드는 과제는 못하는 경우가 의외로 많은 것 같다. 해당 수만큼의 집합을 만드는 활동은 이후의 학습 내용을 고려할 때, 중요한 활동이므로 그 개념을 잘 확립할 수 있도록 해야 한다.

이때에도 주의할 점은 한 개, 두 개, 세 개와 같은 표현보다는 조금 부자연스럽더라도 1개, 2개, 3개와 같은 표현을 사용하는 것이 좋다. 이 활동은 사탕이나 미니카 또는 인형과 같이 아동이 좋아하는 간식이나 장난감 등을 활용하면 아동의 관심을 끌 수 있다. 사탕을 열 개 정도 책상 위에 내려놓은 후(치료활동에 사용하는 교구에는 특별히 제한이 없으나, 탁구공, 풍선, 작은 구슬 등과 같이 아동이 취급하는 데 어려움이 있는 것들은 가급적 피한다) 바구니에 3개 또는 8개만큼 담아보는 활동을 할 수 있다. 이 때 주의해야 할 점은 과제 수행 중 오류가 발생하였을 때 아동이 치료사가 제시한 숫자(target number)를 기억하지 못하는 데서 발생한 오류인지, 즉 작업 기억상의 문제인지, 아니면 치료사가 제시한 숫자는 잘 기억하나 그 숫자에서 멈추지 않고 계속해서 센 것인지 등 오류의 원인이 무엇인지 정확하게 파악해야 한다는 것이다. 경험상 보면 아동이 기계적으로 숫자를 세는 데 너무 익숙해져 있으면 특정 숫자에서 멈추지 못하고 자신이 익숙해져 있는 숫자(보통은 10)까지 세는 경향을 보인다. 이러한 연습은 가정에서의 작은 심부름 활동이나 생일 케이크에 초 꽂기 등 일상에서 자연스럽게 할 수 있는 기회가 많은 만큼 아동의 부모나 보호자로 하여금 수시로 활동 기회를 제공할 수 있도록 하는 것이 좋다.

　집합 수 만들기 과제를 구체적 사물을 이용하는 것 외에 다른 활동지를 활용하여 할 수도 있다. 칭찬 게시판에 주사위를 굴려 나오는 숫자만큼 칭찬 스티커를 붙이는 활동이 하나의 예가 될 수 있다. 이 과정에서 발생하는 오류에 대해서도 그 원인이 과제가 요구하는 숫자를 기억하지 못해서 생긴 것인지 아니면 과제 수행에 필요한 절차가 서툴러서 생긴 것인지 면밀히 파악한 후 적절히 대처해야 한다. 가령 칭찬 스티커를 특정 숫자만큼 붙이는 활동은 아동 입장에서는 스티커를 떼고 붙이는 과정에 상당한 에너지를 필요로 할 수도 있고, 그 수행 과정이 상대적으로 시간이 걸리기 때문에 이로 인해 주의집중이 흐트러져 과제를 제대로 수행하지 못할 수 있음을 고려해야 한다. <그림 5-24>는 3의 집합을 만드는 과정을 몇 가지 단계로 구분하여 제시한 그림이다.

　'3' 만큼의 집합을 만들기 위해서는 통상적으로 자료의 왼편에서 오른편으로 이동하며 물건을 센다. 하지만 그렇다고 해서 반드시 이 방향을 고수할 필요는 없다. 앞서 언급한 바와 같이 수를 세는 데 있어서 순서는 특별한 의미를 갖고 있지 못하다. 수를 세는 방향이 절대적으로 정해져 있는 것은 아니나 그래도 일관성 있는 학습을 위해서는 좌에서 우로 순차적으로 세는 것이 바람직하다. <그림 5-24>의 활동을 토끼 그림을 세면서 동그라미를 그리기로 한다면, 숫자 3이나 3을 가리키고 있는 화살표 지점에서 멈추면 된다. 그리고 나머지 토끼 그림은 가위로 오려 내거나 × 표시를 해둘 수 있다. 화살표로 멈춰야 하는 지점을 알려주지만 다음 단계에서는 이러한 단서를 생략하여 진행한다. 동그라미를 그리는 대신 스탬프를 이용한 도장 찍기 활동을 접목시킬 수도 있다. 그 다음 단계에서는 사물의 숫자를 세도록 유도하기 위해 일부 자극에 대해서만 숫자를 제공하고 마지막으로는 아무런 단서 없이 제공한다. 이 과정 역시 아

그림 5-24 단계별 집합 수 만들기 활동 자료

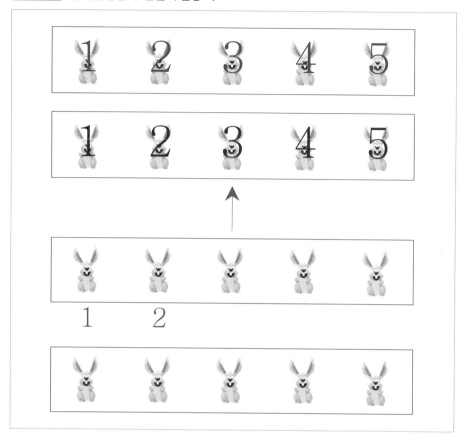

동에 따라 더욱 세분화하여 진행할 필요가 있을 수도 있고 그렇지 않을 수도 있다.

반복 연습을 통해 집합 만들기 활동이 능숙해지면 다수의 집합을 동시에 만드는 활동을 시도해볼 수도 있다. 예컨대 사탕을 바구니에 각각 4개, 3개, 7개를 담으라고 과제를 제시할 수도 있고, 다양한 색상의 도형 모양에서 빨간 네모 4개, 파란 동그라미 2개, 노란 세모 6개를 담으라고 제시할 수도 있다. 단기 기억과 집합 수 만들기 능력의 결합을 요구하는 과제를 제시해보는 것이다.

(6) 수의 보존 개념 익히기

수 세기 활동과 관련하여 마지막으로 알아볼 내용은 수의 보존 개념이다. 양의 유입과 유출이 없는 한, 즉 양이 변하지 않는 한 숫자는 동일하다는 단순한 개념이다.

치료초기 아동을 관찰·평가하는 과정에서 많은 아동을 통해 확인한 사실이지만 동일한 양의 물건(예: 바둑알, 나무토막, 사탕 등)을 책상 위에 올려놓고 배열을 달리해가며 몇개인지 세어보라고 하면 대부분의 아동들이 성실하게 1부터 차례대로 숫자를 센다. 이러한 과제를 연속으로 몇 번을 시켜도 짜증을 낼망정 어김없이 또 다시 1부터 이어지는 숫자세기를 반복한다(<그림 5-25> 참고). 한 번 센 숫자는 양의 변화가 없는 한 그대로라는 사실을 학습할 기회가 없어서인 경우가 많다.

이러한 비효율성을 극복하게 되면 물건의 숫자를 센 후 통이나 상자로 물건을 가려도 그 안에는 자신이 센 숫자만큼의 물건이 그대로 있다는 것을 알게 된다. 주머니 속에 넣은 구슬 다섯 개는 다시 세지 않아도 다섯 개임을 알게 되는 것이고, 봉지 안에 담은 호두과자는 누군가 먹지 않는 한 처음 센 숫자만큼 그대로 존재하기에 다시 셀 필요가 없다는 것을 이해할 수 있는 것이다. 이러한 개념이 안정이 되어야 이어서 세기나 거꾸로 이어서 세기 등을 활용한 덧셈과 뺄셈의 연산 과정이 수월하게 연결될 수 있다. 그런 만큼 수의 보존 개념을 충분히 익힐 수 있도록 치료활동에 반영해야 한다.

그림 5-25 수의 보존 개념학습을 위한 활동 자료

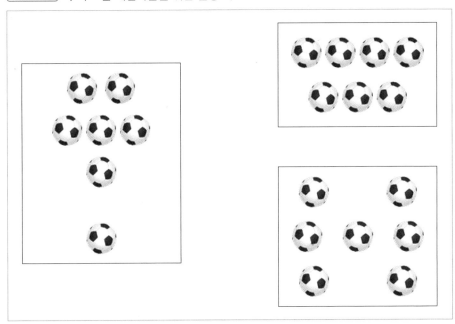

2) 사칙연산

(1) 덧셈

덧셈 연산을 해결하기 위해서는 수학적 기호에 대한 변별, 수와 양의 증가, 이어서 세기 등의 수행 능력이 기본적으로 갖춰져 있어야 한다. 이러한 능력을 전제로 덧셈 연산에 도전할 수 있을 텐데 다음 그림을 보면 이제는 어떤 수준에서 어떻게 진행할 수 있을지 감이 올 것이다. 특히 주어진 과제에서 난이도를 조정하는 일도 조금은 수월해지지 않았을까 생각한다.

그림 5-26 덧셈을 위한 단계별 기초 활동 자료

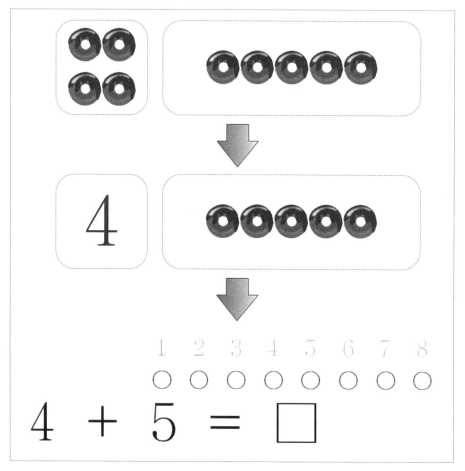

위의 자료 <그림 5-26>은 '4 + 5'를 다양한 수준에서 연습하는 것을 보여주고 있다. 가장 첫 번째 단계는 '+' 기호를 사용하지는 않고 전부 몇 개일까 또는 합하면 몇 개일까라고 말하는 것으로 대신하고 있다. 이 과제에 익숙해지면 좌측의 그림자극 대신 숫자를 제시하는 것이다, 숫자 4에서 바로 이어서 차례대로 세어 전체가 9가 된다는 것을 알 수 있고, 이 수준에서의 활동이 어렵다면 숫자 4만큼 작은 소품(예: 바둑알, 나무토막 등)을 동수만큼 내려놓은 후 이어서 세기 전략을 활용해 해결할 수 있다. 여기서 숫자만큼 소품을 내려놓는 이유는 처음부터 숫자를 세라는 것이 아니라 4만큼의 양을 시각적으로 제시하는 데 있다.

따라서 아동이 '4'만큼의 수를 내려놓은 후 다시 몇 개인지 확인하기 위해 1부터 세지는 않는지 세심한 관찰이 필요하다. 이러한 과제에 익숙해지면 고정된 숫자 대신 주사위를 굴려 나온 수에서 이어서 세기를 실시하도록 할 수 있다. 만약 100까지 숫자 세기가 가능하다면 두 자릿수를 보기로 제시해도 좋다. 그림의 맨 하단에 해당하는 단계에서는 4에 더하는 숫자 5만큼 동그라미를 표시한 후 4 다음의 수, 즉 5에서부터 이어서 세는 방법으로 해결할 수 있는 과제이다. 동그라미로 표현한 단서를 8까지 제시한 이유는 8개의 동그라미 중에서 과제수행에 필요한 5라는 양에 주목하라는 의도이다.

이 다음의 단계는 작은 동그라미 위에 적어놓은 숫자의 제거이고, 그 다음은 동그라미 단서를 제공하지 않고 아동 스스로 단서를 생성해내며 하도록 하는 데 있다. 물론 동그라미와 같은 기호를 사용하지 않고 자신의 손가락을 활용할 수도 있다. 다른 영역의 활동에서와 마찬가지로 지금 소개한 단계를 전부 수행할 필요는 없다. 하나의 수준에서 3~4개의 하위 수준의 연습으로 충분한 아동이 있을 수도 있고 그렇지 않은 아동이 있다. 언제나 그 결정은 아동의 반응과 이해 수준에 따르면 된다.

덧셈과 관련하여 한 가지 소개하고자 하는 것은 가로 셈의 세로 전환이다. 덧셈은 교환법칙이 성립하므로 순서가 바뀌어도 상관없으나 뺄셈은 그렇지 않으므로 향후 뺄셈에서의 가로 셈의 세로로 전환할 때 불필요한 오류가 발생하지 않도록 덧셈에서는 가급적이면 앞에 나온 숫자를 세로 식의 위로 옮겨 적도록 하게 한다.

예: 8 + 5 ☞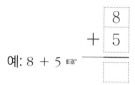

아직 연산이 자동화되지 않은 상태이고 손가락을 보조도구로 활용하여 계산하는 수준이라도 아동이 직접 문장을 읽고 또는 상황에 대한 안내를 듣고 이를 덧셈 연산으로 전환해보는 연습도 중요하다. 실생활에서의 직접적인 문제해결 능력과 직결되기 때문이다. 이러한 연습 기회가 부족하면 지필 연산은 척척 해결하지만, 구체적 상황 속 문제해결 능력은 떨어질 수 있다.

그림 5-27 덧셈 문장제 문제 풀이 연습 활동 자료

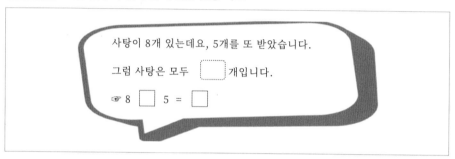

이 문제 역시 조금씩 변화를 주어 다양한 난이도를 창출해낼 수 있다. 위 그림에서는 덧셈 기호의 사용과 덧셈 기호를 표기해야 하는 위치에 대한 정보 그리고 전부 몇 개인지 해답을 적어야 할 위치에 대한 연습에 초점이 있다. 아동의 익숙함과 능력에 따라 모든 단서가 제거될 수 있다. 이 과정에서 문장 중에 '모두, 전부, 총' 이런 단어가 나오면 무조건 더해야 한다는 과잉일반화가 생기지 않도록 지도에 유의해야 한다. 문장 내 특정 단서가 아니라 오로지 정확한 판단 하에 덧셈 여부를 결정할 수 있도록 해야 한다는 것이다.

(2) 뺄셈

뺄셈 연산 역시 덧셈과 마찬가지로 수학적 기호에 대한 변별, 수와 양의 감소(덧셈에서는 증가), 거꾸로 이어서 세기 등의 수행 능력이 기본적으로 갖춰져 있어야 한다.

아래 그림 <5-28>은 모자가 지워진 상황을 보고 이를 뺄셈식으로 나타내는 연습이다. 이렇게 그림 대신 사탕이나 방울토마토 등 간단한 소품을 이용하여 치료사가 직접 시연해보고 뺄셈식을 만들어보는 활동을 진행해도 좋다.

그림 5-28 거꾸로 세기와 뺄셈 식 만들기 활동 자료

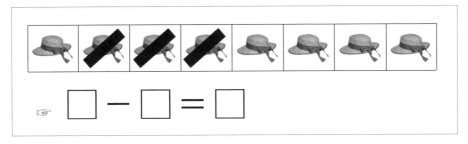

앞서 활동에서는 검은 색 굵은 선이 상징하는 바가 모자가 없어졌다 또는 사라졌다는 의미라는 것을 알아야 한다. 이에 익숙하지 않다면 익숙해질 때까지 직접 가위로 오려서 없애는 방법도 좋다. 이번에는 반대로 뺄셈식에 맞춰 그림을 조작해보는 활동이다(<그림 5-29>). 보기의 뺄셈식에 맞춰 풍선 3개를 지우고, 숫자를 거꾸로 세는 것이다. 예를 들면, 풍선 하나를 지우고 '3'이라 세고, 또 하나의 풍선을 지우고 '2'라고 하고 마지막으로 세 번째 풍선을 지우면서 정답인 '1'이라고 세는 것이다. 이러한 활동 역시 뺄셈은 수가 줄어든 것이며 줄어든 양만큼 거꾸로 세면 남은 양을 알 수 있다는 개념의 이해를 도모하기 위해서 하는 활동이다.

그림 5-29 거꾸로 세기와 뺄셈 식 만들기 활동 자료

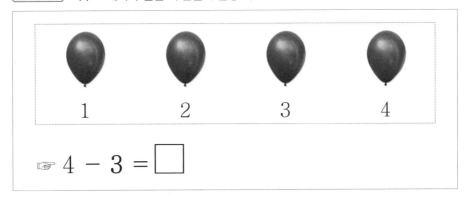

그리고 덧셈에서 시도한 바와 마찬가지로 뺄셈도 가로 셈을 세로로 전환하는 연습이 필요하디. 앞서 강조한 것처럼 세로 식으로 전환할 때 순서가 뒤바뀌지 않도록 주의가 필요하다.

예: 8 − 5 ☞

$$\begin{array}{r} 8 \\ -\,5 \\ \hline \end{array}\ (\,\text{O}\,) \qquad \begin{array}{r} 5 \\ -\,8 \\ \hline \end{array}\ (\,\text{X}\,)$$

그림 5-30 뺄셈 문장제 문제 풀이 연습 활동 자료

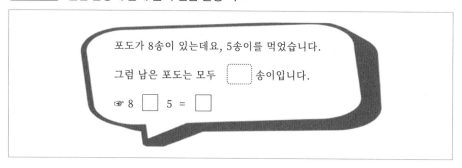

포도가 8송이 있는데요, 5송이를 먹었습니다.

그럼 남은 포도는 모두 [ ] 송이입니다.

☞ 8 [ ] 5 = [ ]

덧셈의 경우와 마찬가지로 뺄셈도 구체적 상황에서 문제해결의 수단으로서 연산을 할 수 있도록 기회를 많이 제공해주는 것이 중요하다. 여기서 한 가지 주목해야 할 점은 가령 칭찬 스티커 10장을 모으면 피자 한 판을 사주겠다고 약속을 한 후 칭찬 스티커 7장을 모은 상태에서 아동에게 피자를 먹으려면 스티커 몇 장을 더 모아야 하는지 물어봤을 때, '3장'이라고 정답을 이야기 한 아동이 있다고 하자. 이 아동은 덧셈을 한 것일까? 뺄셈을 한 것일까? 이 질문에 대해 아동에게 가끔 들을 수 있는 의견 중 하나는 '그냥요'이다. 그냥 3장만 모으면 되는 것 아니냐는 설명이다. 하지만 비슷한 수준의 문제를 다른 상황으로 제시하면 스티커 문제에 정답을 제시할 수 있었던 아동도 성공하지 못할 때가 많다.

연산이 아니라 직관적으로 아는 것이기에 일반화가 안 된 불안정한 상태라 할 수 있다. 또한 맥락에 따라 동일한 수준의 문제라도 그 수행 정도에 차이가 있을 수 있다. 게임 상황에 빗댄 문제는 잘 해결하면서도 그렇지 않은 다른 문제는 수준이 동일

해도 해결하지 못할 수도 있다. 가능한 한 다양한 활동을 통해 아동의 수준을 최대한 정확하게 파악하는 것이 좋다.

(3) 곱셈

곱셈은 힘들어도 아니 곱셈이 무엇인지 몰라도 구구단은 척척 외우는 아동을 종종 목격할 수 있다. 구구단을 잘 외워 방금 $7 \times 5 = 35$를 읊조려도 바로 5×7이 얼마냐고 되물으면 5단을 처음부터 외워야 정답을 말하는 아동 또한 부지기수이다. 이런 아동에게 0×8 또는 1×17 같이 쉬운(?) 문제는 구구단으로 해결할 수 없는 어려운 문제로 간주되고 만다. 곱셈에 있어서 연산의 효율을 위해 구구단을 외우는 것이 여러 가지로 장점이지만 구구단 암기에 앞서 곱셈의 기본 개념을 알게 하는 것이 무엇보다 더 중요하다. 곱셈의 기본 개념을 확실히 이해해야 연산 능력이 안정적으로 향상될 수 있다.

곱셈은 동일한 덧셈이 연속되는 것을 간단히 표기한 것으로 이해할 수 있다. 곱셈과 덧셈과의 관계를 안다면, $2 \times 9 = 18$이면 2×10은 2를 한 번 더 더하면 되므로 정답이 20이라는 사실을 유추해내거나 이해할 수 있다. 2단은 2×9가 끝이라는 이유로 해결할 수 없다고 말하지 않을 것이다. 이처럼 중요한 덧셈과 곱셈과의 관계는 연습을 집중적으로 실시할 것을 권하고 싶다. <그림 5-31>은 이러한 개념을 익히기 위한 목적에서 활용하는 자료이다. 아동에게 제공되는 단서의 수준에 따라 난이도가 조금씩 올라가는 방식으로 구성되어 있다. 가장 먼저 제시된 자료는 10을 다섯 번 더하는 것을 10×5와 같이 덧셈을 곱셈으로 표현할 때 반복해서 더하는 수를 곱셈 기호 앞에 그리고 반복되는 수를 곱셈 기호 뒤에 표시하여 곱셈식을 완성하는 연습으로서 곱셈식 완성에 필요한 단서를 숫자를 통해 제시하고 있다. <그림 5-31>의 맨 하단의 그림 자료는 똑같은 양의 계란이 있을 때 일일이 하나씩 세지 않고 상자에 담겨져 있는 달걀의 수와 달걀 상자의 수를 이용하면 전체 달걀의 개수를 알 수 있음을 보여주고 있다. 즉, 실생활에서 문제해결의 수단으로서 곱셈이 활용될 수 있음을 보여주고 있다.

그림 5-31　곱셈 개념 이해를 위한 활동 자료: 덧셈과 곱셈과의 관계

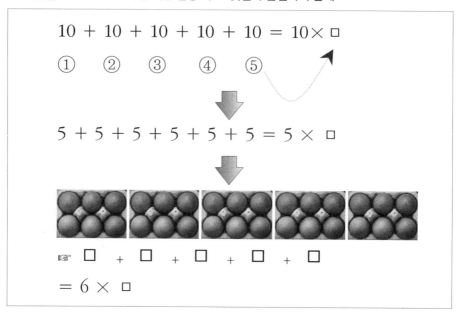

$$10 + 10 + 10 + 10 + 10 = 10 \times \square$$

① ② ③ ④ ⑤

$$5 + 5 + 5 + 5 + 5 + 5 = 5 \times \square$$

☞ $\square + \square + \square + \square + \square$

$$= 6 \times \square$$

위의 활동과 반대로 곱셈을 덧셈으로 전환하는 연습도 곱셈의 개념을 이해하는 데 도움이 되므로 시도할만한 가치가 있다. 그 방법은 다음과 같다. 이 역시 단계적으로 조금씩 난이도를 올려주면서 한다. 아래 그림 중 7 × 4의 경우 일종의 혼란을 유도 하기 위하여 □를 6개 제시했다. 아무런 판단 없이 무조건 빈칸을 전부 7로 채울 수 있기 때문이다.

그림 5-32　곱셈 개념 이해를 위한 활동 자료: 곱셈과 덧셈과의 관계

$$5 \times 6 = 5 + 5 + 5 + 5 + 5 + 5$$

① ② ③ ④ ⑤ ⑥

$$9 \times 3 = \square + \square + \square$$

$$7 \times 4 = \square + \square + \square + \square + \square + \square$$

곱셈에 있어서도 문장제 문제 형식을 다루는 것은 중요하다. 실생활에서의 응용 능력을 간접적으로나마 확인할 수 있기 때문이다. 처음 이런 문제를 접할 경우 많은 아동들이 어려워한다. 따라서 <그림 5-33>에서 제시하고 있는 것처럼 문제해결에 대한 과정을 단계적으로 안내해주는 것이 중요하다. 아동의 반응에 따라 문제해결의 단계는 더 구체적으로, 더 세분화해서 제시할 수 있다.

그림 5-33 문장제 문제 형식의 곱셈문제 풀이과정

식탁 위에 접시가 7개 있습니다. 접시 위에 소시지를 4개씩 올려놓아야 합니다. 그럼 소시지는 모두 몇 개 필요할까요?

① 접시가 몇 개 있나요? 접시를 그려보세요.
② 접시 위에 소시지를 4개씩 그려보세요.
③ 이제 문제를 풀어볼까요?

이렇게 해서 곱셈에 익숙해지면 한참의 시간이 흐른 후가 되겠지만, 점차 큰 수의 곱셈으로 확대되어 나갈 것이다. 이때 쯤이면 단순 지필 곱셈 문제가 어느 정도 능숙해졌을 텐데 그래도 숫자가 커짐에 따라 다소 어려워할 수도, 아니면 기계적으로 곱셈 과제를 수행할지도 모른다. 이럴 경우 반드시 자릿값에 대한 이해 여부를 확인하는 것이 필요하며 이를 도와줄 수 있도록 아래와 같은 곱셈연습을 시도하는 것이 좋다.

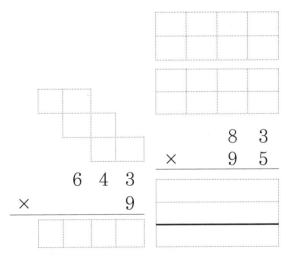

(4) 나눗셈

흔히 나눗셈은 곱셈을 거꾸로 하면 된다는 말을 많이 한다. 맞는 설명일지 모르나 그 전에 나눗셈에 대한 '이해'가 전제돼야 의미 있는 전략이라고 할 수 있을 것 같다. 나눗셈은 똑같은 수를 계속해서 빼는 것과 관련이 있다. 그래서 어떤 물건을 잔뜩 늘어놓고 몇 개씩 상자나 그릇에 담아보라고 시키면 경험적으로 정답이 같은 수를 뺀 횟수와 일치한다는 것을 알게 된다. 이런 구체적 활동을 통한 연습과 병행하여 <그림 5-34>의 활동을 하게 된다면 아동이 나눗셈에 대한 개념을 형성하는 데 도움을 줄 수 있다.

[그림 5-34] 문장제 문제 형식의 곱셈문제 풀이과정

$$30 - 5 - 5 - 5 - 5 - 5 - 5 = 0$$
☞ □ ÷ □ = 6

$$42 - 7 - 7 - 7 - 7 - 7 - 7 = 0$$
☞ □ □ □ = 6

한편, 나눗셈에서 가장 어려울 수 있는 문제는 몫과 나머지가 있는 상황에서 나머지를 어떻게 처리할 것인가를 판단하는 일이다. 아동에 따라 다르겠지만 참 쉽지 않고 시간도 오래 걸리지만 단순 연산 문제에 비해 인지적 자극에 많은 영향을 주는 것 같아 사칙연산이 어느 정도 안정적인 아동이라면 집중적으로 시도해 볼 것을 적극적으로 권하고 싶다.

$$8 \overline{)50}$$

몫: ___
나머지: ___

8) 5 0
  4 8
    ?

우선은 몫과 나머지가 무엇인지 알아야 한다.

이 단계 다음에는 구체적 상황 안에서 해결하는 것으로 시도한다.

그림 5-35 나눗셈(나머지) 문장제 문제 풀이 연습 활동 자료

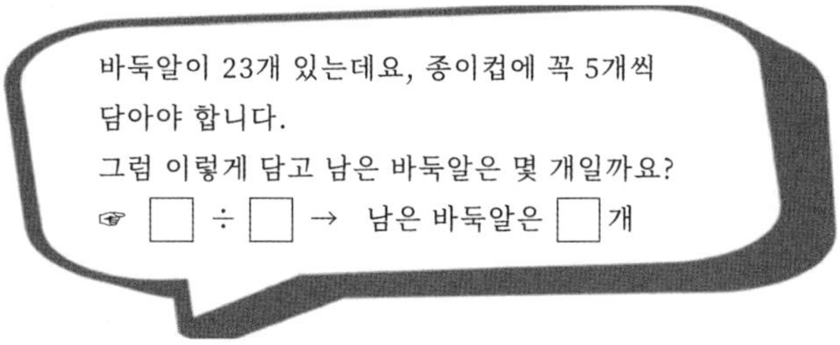

바둑알이 23개 있는데요, 종이컵에 꼭 5개씩 담아야 합니다.

그럼 이렇게 담고 남은 바둑알은 몇 개일까요?

☞ □ ÷ □ → 남은 바둑알은 □개

물론 이 문제를 풀기 위해서는 나머지가 0인 나눗셈 문제를 해결할 수 있다는 것이 전제되어야 한다. 그리고 이 단계에서의 과정은 곱셈의 경우처럼 먼저 아동이 시각적으로 인식하게 한 후 점차적으로 추상적 단계에서, 즉 구체적 사물이나 그림의 도움 없이 오로지 숫자와 기호로 된 식만 보고도 그 의미를 충분히 이해하고 풀 수 있는 수준으로 나갈 수 있어야 한다. 여기 나눗셈에 있어서 몫과 나머지와의 관계에 관한 문제의 예시가 있다. 여러분이라면 이 둘의 차이를 어떻게 설명하고 어떻게 가르칠 것인가? 이러한 수준의 문제를 적용해볼만한 아동이 있다면 한번 시도해보기 바란다.

예시 1: 27명이 자동차 한 대에 5명씩 타기로 했습니다. 그럼 자동차는 전부 몇 대 필요할까요?

예시 2: 치즈 케이크를 만드는 데 치즈가 8조각 필요합니다. 그럼 49개의 치즈 조각으로 만들 수 있는 치즈 케이크는 몇 개일까요?

3) 글자 읽기

글을 읽기 위해서는 자모음 결합원리의 이해가 필수적이나(김선옥, 조희숙, 2003), 하지만 이러한 개념을 가르치는 데 상당한 어려움이 따른다. 읽기 활동의 경우 음소의 구성에 따라 '모음 → 자음 → 자음＋모음(가, 나, 다, 라, 거, 너, 더, 러......) → 자음＋모음(가, 거, 고, 구, 나, 너, 노, 누......) → 자음＋모음＋자음'의 순서로 진행된다(김재순, 전병운, 2017). 이러한 순서를 아동에게 일반화하는 데는 어려움이 있다. 모음이나 자음의 이름을 익

히는 데에만 상당한 시간이 소모되거나 여기서부터 막힐 수 있기 때문이다. 그래서 앞의 두 단계는 생략하고 자음과 모음의 결합된 글자부터 가르치는 것도 하나의 방편이다. 이것은 아동의 특성에 따라 달라지는 만큼 절대적인 규칙으로 이해하지 않기 바란다. 한편, 읽기 발달에서 요구되는 중요한 과정 중 음운과 문자의 일대일 대응을 이해하는 것 역시 중요하게 다뤄질 필요가 있다. 한글은 한 글자(一字)가 한 음(一音)의 관계로 이루어져 있어 음운의 발성과 문자의 음절 관계를 이해하게 되면서 점차 글자의 개수를 인지하게 된다. 이러한 문자와 음운과의 일대일 대응관계에 대해 잘 이해하지 못하면 결과적으로 읽기가 어렵게 된다(손옥향, 2004). 가령, 치료사가 <코끼리>라는 단어를 읽어주고 아동에게 다음 보기 중에서 찾아보라고 했다고 하자. 보기는 다음과 같다. <코피>, <코>, <코끼리> 만약 아동이 음운과 문자와의 일대일 대응을 이해하고 있다면 글자를 모르더라도 음절의 수를 세어 <코끼리>를 선택할 수 있을 것이다. 이러한 정보가 중요하다는 의미이다.

종성 자음이 없는 단자음 + 단모음(예: 가, 나, 다........파, 하 / 고, 노, 도........포, 호 / 거, 너, 더........퍼, 허 등) 구조의 기본 글자 읽기는 우선은 개별 글자를 변별하는 활동에서부터 시작하여 글자의 음가를 익힌 후 단어나 문장 중에서 해당 글자만을 찾아 읽는 단계를 거쳐 몇 개의 기본 글자로 구성된 단어를 읽을 수 있는 단계로 치료활동이 전개된다. 이 과정에서 다양한 변수가 생기겠지만, 어떤 아동의 경우 순수 개별 낱글자는 읽지만, 단어에 들어 있으면 잘 읽지 못하는 경우가 있다. 예를 들면, '자'자는 잘 읽으면서 '모자'의 '자'자는 잘 읽지 못하는 것이다. 또 다른 경우는 가령 '나'자를 보면 나비, 나무 등 '나'자가 포함되어 있는 단어를 열거하기 시작하는 경우도 간혹 관찰할 수 있다. 앞서 수세기 활동에서도 언급했던 것처럼 읽기나 쓰기 활동에서도 오류가 발견되면 그 원인을 찾기 위한 세밀한 관찰이 필요하다. 오류를 해결해야 이후 과정의 치료활동이 수월해질 수 있다.

그림 5-36 │ 글자 읽기 치료의 접근 순서

(1) 개별 글자의 변별

글자 읽기의 첫 시작은 음가를 제공하지 않은 상태에서 먼저 같은 글자를 찾는 연습부터 시작한다. 예를 들면, 아래 <그림 5-37>과 같은 방식이다. 모든 활동이 그렇지만 처음에는 쉬운 단계에서 시작하여 점차 난이도를 올리는 방식으로 접근하며 아동이 개념을 확립할 수 있도록 도와준다. 이 과제의 단계1에는 가와 카를 변별할 수 있는지를 확인하는 과정이 들어 있다. 그렇다면 이에 앞선 과제에서는 이 과제보다 더 단순한 구조의 과제를 제시하였으리라는 것을 추정할 수 있다.

아래의 그림 중 단계2를 보면 보기 중 빨간 색 글자를 하나 추가하여 오답을 유도하고 있다. 이런 식으로 혼동을 유발하여 주의집중력을 요구하는 동시에 자극의 정확한 변별력을 향상시키기는 것이다. 예시 중 마지막 단계3에서는 단어(물론 아동이 읽을 수 있는 수준의 단어는 아니다) 속에서 보기의 글자인 '가'자를 확인하는 과제이다. 이런 과제를 잘 수행해야 동화책이나 간판 등의 활자로 된 정보에서 배운 글자를 확인할 수 있다. 지금까지의 작업은 글자를 읽는다기보다는 시각적으로 동일한 자극을 선별해내는 과정이라 할 수 있다. 이렇게 개별 글자에 대한 시각적 변별이 가능해지면 이제부터는 본격적으로 글자 읽기에 들어간다.

그림 5-37 같은 글자(모음) 찾기 활동 자료

---

11 글자 학습에 있어서 글자체에 따른 반응의 정도가 다르다. 가령 **가**와 가를 '가'자와 다르다고 생각할 수 있다.

(2) 개별 글자의 음가 익히기

아래 그림과 같이 학습목표가 되는 글자와 해당 글자가 포함된 단어와 그림을 제공하며 글자와 해당 글자의 음가를 익히도록 한다. 이 과정에서 활용되는 단어는 아동에게 익숙하거나 아동이 잘 알고 있는 대상을 사용하는 것이 좋다. 하지만 글자에 따라서는 아동이 알만한 적절한 단어를 찾는 것이 쉽지 않을 수 있다(예: '히'가 들어간 단어). 이런 경우 사용되는 어휘가 아동 수준에 비해 다소 어려울 수도 있다는 점을 기억하자. 또한 이 단계에서 유의해야 할 점은 어떤 글자를 학습할 때 해당 글자가 항상 음절의 맨 앞에 오는 예만 사용하지 않도록 해야 한다는 것이다. 예컨대 '가'의 경우, 가수, 가위, 젓가락, 요가 등 학습 목표 글자의 단어 내 위치에도 신경을 쓸 필요가 있다.

<그림 5-38>의 경우 치료사는 제일 먼저 좌측의 '가'자를 가리키며 /가/라고 크고 분명하게 소리 내어 읽은 후 아동에게 따라하도록 한다. 그리고는 가방 그림을 가리키며 이름을 묻는다. 아동의 입장에서는 글자보다는 그림을 통해 정보를 파악하는 단계이기 때문에 그래서 가능하면 아동이 알고 있는 대상이나 개념을 학습 자료로 활용하는 것이 좋다. 아동이 '가방'이라고 대답을 하면(아동이 이를 모르는 경우 당연하겠지만 사물이나 개념의 이름을 가르쳐준다), 가방이란 글자의 청색 '가'자를 가리키며 무슨 자일지 물어본다. 같은 방식으로 <그림 5-39>처럼 글자 '가'의 위치를 맨 앞, 중간, 맨 뒤 등으로 다양하게 변경해가며 유사한 활동을 반복해서 실시하는 것이다.

그림 5-38 기본 모음 '가'자 익히기 활동 자료 1

그림 5-39 기본 모음 '가'자 익히기 활동 자료 2

(3) 미완성 단어 완성하기

이렇게 해서 학습 목표의 글자의 이름을 알게 된 다음에는 해당 글자를 활용한 미완성 단어 만들기 활동을 전개할 수 있다.

그림 5-40 글자 '가'자로 미완성 단어 만들기 자료

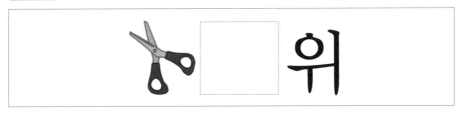

<그림 5-40>과 같은 형식의 미완성 단어 만들기 과제는 빈 칸의 네모와 비슷한 크기의 보기를 예컨대 '가, 나, 다, 라'로 만들어 놓은 후 글자 카드 중 하나를 선택하여 네모 칸 위에 갖다 놓는 방식으로 전개할 수 있다. 또는 자석 글자로 '가, 나, 다, 라' 보기를 만들어 놓은 후 자석 글자를 옮겨 놓는 방식으로 시행할 수도 있다. 물론 치료 초기단계에서는 보기를 구성하는 데 어려움이 있다. 하지만 활동이 누적될수록 다양한 보기를 제시할 수 있게 된다. 여기서 중요한 점은 글자 '가'자가 가위도 되고, 가방도 되고 숟가락도 된다는 개념을 갖지 않도록 확인해야 한다는 것이다. 이 부분에 대한 치료활동을 소홀히 하다 보면 세부적인 글자 학습에 방해가 될 수 있다.

이를 쉽게 확인할 수 있는 과제는 두 가지로 확인할 수 있는데, 첫째는 '가가'와 같은 글자를 읽어보게 하는 것이다. '가'자를 배워 알고 있는데 이 단어로 구성된 무의미 단어를 읽지 못한다면 정확한 개념이해가 부족하다고 볼 수 있다. 또 다른 방법은 가나, 가마, 나다와 같이 배우고 있는 글자로 단어를 조합해서(무의미 글자도 관계없음) 읽

게 하는 것이다. 개별 글자를 읽을 수 있다면 각각의 글자로 구성된 단어도 충분히 읽을 수 있다. 다만, 처음은 서툴 수 있다는 점에 주의할 필요는 있다. 그리고 이 과정에서 신경 써야 할 점은 글자를 최대한 자연스럽게 읽는 연습이 필요하다는 것이다. 예컨대 '나가'라는 단어를 보고 읽기 연습을 할 때 아직 읽기가 자연스럽지 않은 관계로 나~… 가~… 이렇게 분절적으로 길게 끌면서 읽기가 쉽다. 물론 충분히 그럴 수 있다. 하지만 이렇게 읽는 습관에 길들어지면 글자가 익숙해진 다음에도 여전히 모든 글자를 하나씩, 하나씩 분절하며 자연스럽게 읽지 못하는 현상이 벌어질 수도 있다. 이 점에 주의를 기울이며 치료활동을 전개하여 이후의 단어 읽기, 문장 읽기에 대한 대비를 해야 할 것이다.

(4) 간단한 단어 읽기

다음에 해볼 수 있는 활동은 치료사와 함께 하는 것으로서 제시된 문장에서 흑색의 작은 글자는 치료사가 읽고, 푸른색의 큰 글자만 아동에게 읽게 하는 것이다. 이 치료활동에서 주의해야 할 점은 손가락이나 막대 등을 이용하여 읽고 있는 글자를 하나씩 하나씩 가리켜 줘야 한다는 것이다. 글을 좌에서 우로 하나씩 차례대로 읽는

그림 5-41 학습한 글자로만 구성된 단어 읽기 자료

다는 방법을 알려주는 동시에, 글자와 음가를 일대일 대응해가며 살펴볼 수 있도록 하는 것이다. 그런데 <그림 5-41>처럼 아동이 학습한 단어만을 사용하여 문장을 만들어낸다는 것은 결코 쉬운 일이 아니다. 그래서 간혹 어색한 문장이 만들어지기도 한다. 이럴 경우 적절한 수준의 동화책을 찾아 같이 읽으면서 아동이 읽을 수 있는 단어나 글자가 나오면 직접 읽어보도록 하는 활동을 곁들이는 것도 좋다.

(5) 글자의 음가 활용하기

그리고 개별 낱글자가 어느 정도 익숙해지면 시행할 수 있는 활동으로 다음의 세 가지를 검토해볼 수 있다.

첫째, 아동이 식별할 수 있는 글자가 포함된 단어를 읽어주고 단어 내 음절의 위치를 통해 해당 글자를 찾아보는 것이다. 예를 들면, 보기로 가로수, 숟가락, 마징가라는 단어를 제시하고 임의로 하나를 골라 불러준다. 가령 치료사가 '마징가'를 선택하여 읽었다면 아동은 자신이 알고 있는 글자 '가'의 /가/음의 위치를 파악하여 해당 글자를 고를 수 있다. 물론 이 과제를 해결하려면 글자 수와 음절의 수가 같다는 것을 이해해야 하며, 글자를 읽는 순서(방향)와 동시에 글자와 음절이 일대일로 대응된다는 것을 알아야 한다.

둘째, 아직 배우지 않은 한 개의 글자와 배워서 알고 있는 글자의 조합으로 된 단어를 제시하고 찾아보는 활동이다. 예를 들면, 치사, 치아, 치마라는 보기를 제시한 후 가령, 치아라는 단어를 찾게 하는 것이다. 그래서 가운데 보기인 치아를 제대로 선택하였다면, 가볍게 나머지 단어인 치사나 치마를 읽어보게 한다. 글자 학습의 단계에서 아직 '가'에서 '사'까지만 학습한 수준이라면 당연히 글자 '치'자는 알 수 없다. 하지만 /치아/라는 단어를 통해 치사나 치마도 읽을 수 있을지 모른다. 만약 별 어려움 없이 나머지 글자를 읽었다면 이 아동은 사치나 마치라는 글자도 잘 읽을 가능성이 높을 것이다.

셋째, 아동에게 익숙한 그림을 주고 그림에 맞는 글자를 혼자의 힘으로 찾도록 하는 것이다(<그림 5-42>). 그림의 예처럼 바위의 그림을 보여주고(바위를 모르는 아동에게는 바위라고 이름을 알려준다) 해당 글자를 찾는 연습을 한다. 아직 '위'자를 모를 단계지만, '바'자를 찾기만 하면 해결할 수 있는 비교적 간단한 활동일 수도 있다. 하지만 글자의 결합으로 단어가 완성된다는 사실을 잘 이해하지 못하는 아동의 입장에서는 어려운 과제일 수 있다는 점을 기억해야 한다. 옆에 제시한 기타도 마찬가지다. 물론 이 과제는 가~타까지는 배우고 난 다음에야 가능한 문제이다.

그림 5-42 그림에 맞는 단어 찾기 활동

학습 속도가 느리고 더딘 아동과의 글자 읽기 학습은 장기적 관점에서 접근해야 한다. 단기간의 효과를 기대하기 힘든 것이 보편적이다. 물론 아동에 따라 학습의 진전 양상은 천차만별이다. 게다가 꾸준한 복습활동이 없으면, 가나다라부터 하까지 성공적으로 학습을 마친 후 가령 '거·너·더·러'를 배우는 동안 앞에서 배운 내용의 상당 부분을 망각하는 경우도 적지 않게 있다. 이에 대비하기 위해서라도 각 개별 글자를 완전하게 학습할 수 있도록 하는 동시에 간헐적으로 복습 활동을 하는 것을 잊어서는 절대로 안 된다.

4) 개별 글자 쓰기

숫자는 0부터 9까지의 숫자의 조합으로 이루어진다. 이러한 숫자로 구성된 큰 숫자를 읽는 것은 자릿값에 대한 이해 등의 개념이 형성되어야 자유롭게 가능하겠지만 숫자는 적어도 10개의 코드만 익히면 쓰는 데는 지장이 없다. 이에 비해 글자는 초성 자음, 초성 겹자음, 초성 복자음, 단모음 그리고 복모음 등 단위 글자가 많고 이들의 결합 방식에 따라 상대적으로 많은 수의 글자가 만들어진다. 물론 음운인식에 의해 글자를 읽는 것이기에 음운인식을 알게 되면 처음 접하는 단어도 쉽게 읽을 수 있지만 그럼에도 불구하고 음운인식을 파악하는 데까지 오래 걸릴뿐더러 기본적으로 알아야 할 글자가 간단치 않다. 그래서 숫자와 달리 글자의 쓰기는 처음부터 읽기와 병행하여 가르칠 것을 권하고 싶다. 읽기의 학습 속도와 쓰기의 학습 속도에 상당한 차이가 나더라도 특별한 사유가 없는 한 쓰기는 늦지 않게 시작하는 것을 추천한다. 연필 등 필기구를 이용한 글쓰기가 힘들다면, 그냥 손가락으로 글자를 따라 쓰게 하거나 자석 글자를 통해 조합하는 방법으로라도 글자를 시각적으로 표현하고 익히는 데 소홀하지 않도록 해야 한다.

(1) 따라 쓰기

따라 쓰기 활동은 연필이나 색연필 등의 필기도구를 쥐고 힘을 주어 선을 그을 수 있어야 할 수 있다. 만약 이런 조건이 아니라면, 색칠하기나 조금 큰 활자를 이용하여 손가락으로 따라 쓰기를 하도록 하며 좌우상하의 변화를 느낄 수 있도록 해주는 것이 좋다. 우선 글자의 크기를 크게 한 후 점차 익숙해짐에 따라 줄여가는 것이 방법이 될 수 있고, 가급적 글씨체는 단순하게 보일 수 있는 글씨체를 사용하는 것이 좋다. 이 역시 아동이 어느 정도 글씨 쓰기에 익숙해지면 조금씩 다른 글씨체를 섞어가며 연습하면 된다.

그림 5-43 글자 쓰기 연습 자료 1

어느 정도 글씨 따라 쓰기가 익숙해지기 시작했다면 이제는 글자의 일부분을 제거한 후 완성해보도록 하는 활동으로 유도할 수 있다. 궁극적으로는 아무로 단서 없이 글을 쓰는 것이다. 그리고 학습량이 증가함에 따라 글자 수가 늘어나면 서로 유사한 글자(예: 마와 바, 다와 타 등)의 변별력을 확인하는 글자 쓰기 활동도 필요하다.

그림 5-44 글자 쓰기 연습 자료 2

위 그림과 같이 글자의 일부를 제거한 상태에서 따라 쓰기 과제를 완성하는 연습을 거친 후에는 보다 자연스러운 맥락에서의 따라 쓰기 과제를 제공한다. 모든 치료 활동에서 그렇듯이 아동의 독립적인 과제 수행을 목표로 활동은 구성되어야 한다. 따라서 처음에는 단서가 제공되지만 시간의 경과에 따라, 학습 수준의 향상에 따라 점차 단서를 제거한다.

그림 5-45 글자 쓰기 연습 자료 3

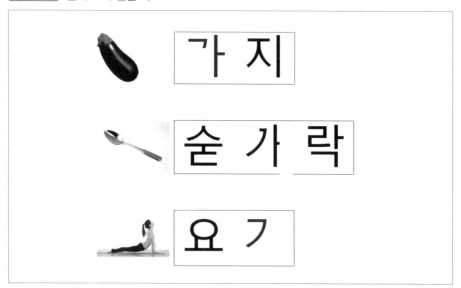

아동과 글자 학습을 꾸준히 하다 보면 점차 그 학습 속도가 붙는 것을 확인할 수 있다. 이전에 배운 내용을 다음 과제에 일반화하여 적용하는 능력이 생기기 때문이다. 그럼에도 상대적으로 빨라진다는 의미이지, 절대적으로 빨라진다는 의미는 아니다. 느리다. 그렇지만 그 가운데 성장이 있으므로 끝까지 포기하지 않고 매진하면 좋은 결과를 성취할 수 있을 것이다. 게다가 요즘은 스마트 폰을 갖고 노는 일이 잦아지면서 자음과 모음을 이용하여 글자를 조합하는 일에 자주 노출될 수 있는 환경이다. 모바일 애플리케이션을 이용하여 놀이와 학습을 겸할 수도 있다. 컴퓨터나 아이패드와 같은 보조기구를 활용하는 것도 방법일 수는 있으나 어느 한쪽, 즉 디지털 환경을 통한 학습에만 치중하지 않도록 주의를 기울이는 것 역시 중요하다.

(2) 종성 자음 쓰기 연습

종성 자음을 연습해야 하는 수준의 아동이라면 <그림 5-46>과 같은 활동을 통해 다양하게 접근할 수 있다. 종성 자음의 보기를 제시하고 종성 자음만 추가하여 글자를 완성하는 수준에서도 할 수 있고, 종성 자음을 포함한 글자를 스스로 쓰게 할 수도 있다. 아래 활동 자료 중 화살표는 종성 자음을 써야 할 위치를 알려주기 위해서인데 학습 초기에만 제시한 후 이후 활동에서 생략하면 된다. 그리고 이 수준에서의 활동이 서투른 아동을 위해서는 보기 중 하나를 고르게 한 후 이 단어(예: 군인)를 안 보고 쓰게 하는 것도 연습 방법이 될 수 있다.

그림 5-46 글자 쓰기 연습 자료 3

(3) 단어 쓰기(문장 완성)

일부 어휘가 생략된 문장을 전체적인 맥락을 파악하여 의미를 구성하면서 빈칸에 종성 자음이 포함되어 있는 단어를 쓰는 과제 활동은 단순한 단어 수준의 활동과는 차원이 다르다. 이러한 쓰기 활동은 다양한 수준에서 진행할 수 있는데 어느 경우든 고도의 정신적 활동을 요구한다. 아주 간단하게는 '종이 ㅁ에 물을 따르다.'와 같이 한 글자에 관계가 분명한 문장으로 연습할 수 있다. <그림 5-47>에서 소개하고 있는 일부 자료처럼(도둑 그림) 모양이나 소리를 흉내내는 의태어나 의성어를 주제로 본 활동을 연계해서 진행해도 좋다. 그림 자료 속 네모 상자 안에 있는 문장을 보면 처음 시작이 비슷하다. 뒤에 이어지는 문장과의 관계를 살펴보고 논리적으로 생각해야 자연스러운 문장을 완성할 수 있다. 이런 식으로 종성 자음 쓰기 연습을 다양한 수준에서 할 수 있다.

그림 5-47 문장 속 단어(종성 자음 포함) 채우기 활동 자료

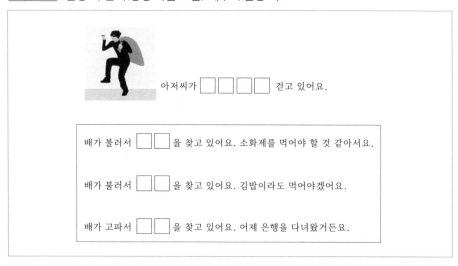

물론 맞춤법이 서툴다고 해서 반드시 글을 잘 읽지 못하거나 글의 이해력까지 떨어지는 것은 아니다. 읽기, 쓰기, 말하기, 듣기 능력은 개인 내 차이가 있을 수 있다. 따라서 위와 같이 맞춤법에 맞는 글자쓰기 연습을 할 때에 적용하는 문장의 어휘 수준과 이해 수준이 아동에게 적합한지 살펴봐야 한다. 특히 본 활동의 주요 목적이 종

성 자음에 있는 만큼, '애 vs. 에', '외 vs. 왜' 등과 같이 다소 모음 선택이 어려운 문제는 배제하여 오로지 종성 자음의 선택 능력에만 초점을 맞출 수 있도록 한다.

(4) 문장 완성하기

단어 채우기 활동을 통해 문장 완성이 익숙해졌다면 이제는 짧은 문장을 채워 전체 문장을 완성해보는 연습도 시도해볼 만하다. 문장과 문장의 관계를 파악해야 한다는 점에서 문장의 연결 어미에 대한 지식이 필요한 활동으로 전개할 수도 있고, 지시어를 통해 문장의 내용을 제한하는 방법도 적용할 수 있다. 처음에 문장을 직접 쓰기 활동을 통해 완성하기에 앞서 적당한 문장을 찾는 연습을 먼저 시도한 후 진행하는 것도 좋다. 어느 정도 연습을 하고 나면 아동이 스스로의 힘으로 문장을 쓰는 것에 대한 부담을 덜어줄 수 있다.

그림 5-48 문장 연결하기 활동의 다양한 예시

예시 1. 날씨가 더워서	① 두꺼운 코트를 입었어요. ② 외투를 벗었어요. ③ 보일러를 틀었어요.
예시 2. 배가 고파서	① 병원에 갔어요. ② 서점에 갔어요. ③ 라면을 끓이려고요.
예시 3. 비가 오는데도	① 우산을 썼어요. ② 축구를 하네요. ③ 날씨가 흐려요.

<그림 5-48>의 예시 1과 2는 비슷한 수준의 활동이다. 제시된 문장에 이어질 문장으로 가장 자연스러운 것을 ①, ②, ③번 문장 중 하나를 고르면 된다. 다만 예시 2는 배가 고파서 라면을 먹었다가 아니라 라면을 끓이겠다고 미약하지만 우회적인 표현을 사용하고 있다. 예시 3은 동사의 어미의 의미를 파악하는 활동이라 할 수 있

다. 위에서 제시한 각각의 활동을 역방향으로 전개할 수 있다. 예컨대 예시 1의 경우는 보일러를 틀었어요. 왜냐하면…, 예시 2에서는 병원에 가서 무엇을 했을지 빈칸을 채워보도록 할 수 있다. 예시 3의 경우는 각각의 문장이 정답이 되기 위해 어미를 어떻게 고쳐야 하는지에 초점을 맞춰 연습할 수 있다. ① 비가 (   ) 우산을 썼어요. 아마도 ( )안에 들어갈 문장은 '와서, 내려서 등'이 될 것이다. ③ 비가 (   ) 날씨가 흐려요. 이 문장이 자연스럽게 되기 위해서는 '오려는지, 온다고 하더니 등'이 될 것이다. 아니면 앞에 '비가'라는 표현마저도 삭제를 해서 가령 '날씨가 흐려요.' 앞에 올 수 있는 문장을 직접 만들어보게 할 수도 있다. 이런 식으로 짧은 문장과 짧은 문장을 연결해 하나의 문장을 완성하는 연습을 했다면 이제는 조금 더 아동이 주도적으로 문장을 완성할 수 있는 기회를 제공한다.

<그림 5-49>의 예시에서 먼저 활동 1은 아동의 입장에서 선택할 수 있는 경우의 수가 갈수록 점점 많아진다. 이 과제를 여러 아동을 대상으로 동시에 실시할 경우 문장 표현이 서로 달라질 가능성이 높다는 의미이다. 이 과정에서 띄어쓰기나 맞춤법 등도 고려할 것인가는 아동의 전반적인 수준을 보고 판단해야 한다. 문장 쓰기의 목적이 쓰기의 유창성, 논리적 사고나 유연한 생각하기에 더 큰 비중을 두고 있다면 띄어쓰기나 맞춤법 오류에 관한 피드백은 가볍게 제시하는 정도로 그치는 것이 좋다. 그리고 복수의 반응이 가능한 문장에 대해서는 아동과 치료사가 번갈아 하며 서로 다른 문장으로 표현해보기 활동을 시도해도 좋다.

활동 1에 비해 활동 2는 난이도가 훨씬 높다. 특정한 조건 여기서는 선택한 기분에 맞는 작문을 해야 하기에 간단치 않다. 가령 아빠한테 선물을 받으면 일반적으로 기분이 좋다, 행복하다 등의 표현이 이어지기 마련인데 '짜증'이란 단어를 선택할 경우 무엇인가 짜증을 낼만한 합당한 근거를 마련해야 하기 때문에 작문하기에 쉽지 않을 수 있다. 이런 문장완성 활동과 관련해서는 시중에 나와 있는 교재를 참고하여 아동의 수준에 맞도록 적절하게 조절하거나 치료사가 아동의 특성이나 선호 등을 고려하여 창의적으로 만들어 시도할 수 있다. 당장 활동 2의 아빠의 선물을 예로 든다면, 채워야 할 문자에 반드시 포함시켜야 할 단어를 특정 명사(예: 엄마, 창고, 교환, 창피 등)나 부사(예: 뜻밖에도, 엄청, 순식간에, 몰래 등)로 한정하여 문장을 완성하는 방식으로 변화를 주어 활동할 수 있다.

이런 단계를 거친 후에 시도할 수 있는 활동이라면 특정 단어(예: 시험, 소풍, 낚시, 방학 등)를 글의 소재로 하게 하거나 좀 더 긴 장문의 작문이 가능한 아동이라면 글의 주제를 제시하여 글쓰기를 유도할 수 있다. 이런 작문 과제는 숙제로 내줄 수도 있다. 이렇게 해서 완성된 아동의 글을 갖고, 앞서 이야기했던 것처럼 아동의 작문에 포함된 어휘와 문장, 문장의 표현 등을 소재로 심화학습 자료를 만들어 사용할 수도 있다. 기존 활동 자료에 조금만 변화를 줘도 해당 아동에게 맞는 자료를 만들어낼 수 있다. 처음에는 힘들겠지만 자꾸 하다 보면 요령이 생기고 서적이나 자료 등에서 내용을 참고하게 되더라도 그대로 쓰지 않고 아동의 특성에 맞게 변화를 주기가 수월해질 것이다.

그림 5-49 **문장 연결하기 활동의 다양한 예시**

활동 1. 다음의 표현으로 시작되는 문장을 완성해보세요.

- 자동차에 기름이 떨어져서 _____.
- 친구랑 싸워서 _____.
- 기분이 좋아서 _____.

활동 2. 아래 제시된 기분이 되도록 문장을 완성해보세요.

- 방을 열심히 청소했는데 _____.
- 아빠한테 선물을 받았는데 _____.

※ 기분 단어: 짜증, 속상, 기쁨, 억울함, 통쾌, 분함 등

치료보고서 작성하기

제**6**장

치료보고서 작성하기

01 │ 초기평가와 초기보고서 작성 요령

　아동의 인지상담 치료를 위해서는 인지발달 또는 학습 수준에 대한 평가를 통해 주요 치료 영역을 선정해야 한다. 센터나 치료실 내원 후 처음 실시하는 초기평가는 병원이나 타 기관 등에서 최근에 실시한 평가 결과나 보호자 인터뷰 등 사전에 파악 가능한 정보의 양이나 질에 따라 달라질 수 있다. 객관적인 정보가 충분히 있다면 그 정보를 참고로 아동을 이해하는 데 필요한 추가 사항을 중심으로 적절한 평가 도구나 평가 항목을 선정하면 된다. 반면에 아동의 평가 자료가 오래된 것이거나 아예 평가 이력이 전혀 없는 경우에는 아동에 대한 정보를 파악하기 위해 평가 계획을 신중히 수립해야 한다. 평가는 아동의 수준에 최대한 접근할 수 있어야 한다. 가령 구구단을 외우기만 하는 아동이라도 보호자의 입장에서는 '곱셈을 할 줄 아는 아이'라고 표현할 수 있다. 단순 덧셈 문제는 해결하지만 실제 상황에서는 덧셈 문제를 해결 못하는 아동도 두 자리 덧셈이 가능한 것으로 평가될 수 있다. 따라서 사전에 파악된 정보를 바탕으로 아동의 현 수준을 가늠하여 평가 자료를 구성하여 평가해야 그 결과가 향후 이어지는 인지상담 치료의 방향과 연계될 수 있다.

　통상적으로 인지상담 치료 시간은 40분 정도다. 현실적으로 평가 역시 40분 내외로 진행되는 경우가 많다. 이런 짧은 시간에 아동을 평가한다는 것은 쉽지 않다. 처음 낯선 곳에 온 탓에 치료실에서 나가겠다며 평가 시간 내내 떼쓰며 실랑이를 벌이다 시간을 소진하는 경우도 적지 않다. 치료사의 질문에 묵묵부답이거나 평가와는 무관한 행동에만 집중하는 경우도 흔하다. 이런 경우에는 먼저 치료사와 아동과 어느 정도 친밀감을 형성한 후 나중에 평가를 실시하는 것도 방법이다. 또는 보호자에게 양해를 구해 2~3회에 걸쳐 평가를 하거나 일단 인지상담 치료를 시작한 후 치료과정 중 필요한 평가를 짧게, 반복해서 실시하는 것도 대안적 접근이 될 수 있다. 어떤 과정을 거쳐서든 아동에 대한 평가가 이루어져야 치료 목표를 정할 수 있게 된다.

초기평가 과정에서 사용되는 평가는 앞서 2장에서 소개된 기초학습검사, 기초학습기능 검사 등의 내용 중 일부를 활용하거나 치료사가 직접 구성하여 아동을 이해하는 데 필요한 평가 항목으로 구성하여 실행하면 된다. 평가를 받은 아동의 입장에서는 낯선 사람과 단 둘이 있는 상황에서 평가가 이루어지는 만큼 긴장하거나 위축될 수 있다. 따라서 초기 평가 과정은 아동이 편안한 분위기에서 평가에 반응할 수 있도록 해주는 것이 중요하다. 물론 쉽지 않다. 하지만 아동의 심리적 불안이 평가 결과에 영향을 미칠 수 있는 만큼 결코 간과해서는 안 될 요인이다. 같은 이유로 초기평가 보고서에는 아동의 행동과 태도 등에 대해 기록하는 것이 좋다. 아동의 행동이나 태도가 평가 결과 자체에 영향을 미칠 수 있기 때문이기도 하고 향후 인지상담의 과정에도 영향을 미칠 수 있기 때문이다. 또한 평가 후에는 아동의 행동이나 태도와 관련해, 보호자와 이야기하며 평소 반응에 비해 특이한 점은 없었는지 확인한다. 아동이 치료사에 대한 경계로 인해 나타난 행동인지 평소에도 자주 보이는 모습인지 구분하기 위해서다. 중요한 것은 아동에 따라서는 환경에 대한 예민한 반응으로 인해 가령 처음 만난 치료사 앞에서는 자신의 잠재력을 충분히 발휘하지 못할 수 있다는 사실을 반드시 유념해야 한다.

인지상담 과정 중 초기평가 보고서에는 통상적으로 아동의 인적 사항에 대한 정보, 태도 및 행동, 평가 내용 및 결과 그리고 향후 치료 계획 등으로 구성된다. 초기보고서 역시 보고서의 일반적 형식을 따르는 만큼 초기보고서의 작성에 관한 일반적 요령이나 원칙은 다음 절의 보고서 작성 요령을 참고하기로 한다.

02 | 중간보고서 구성 요소 및 작성 요령

치료 초기 장·단기 계획을 수립하였다면, 자연스레 치료 대상 아동이 어느 정도의 진전을 보이는지, 계획한 목표에 잘 접근하고 있는지 돌아보게 된다. 치료과정상 적정 시점의 중간 평가는 당연한 절차이며 그 결과를 정리한 것이 중간보고서라고할 수 있다. 보통의 경우는 이와 같이 치료에 대한 평가의 과정으로서 중간보고서가작성될 수도 있지만, 부모나 보호자의 요구(아이의 성장이나 치료 효과에 대한 궁금증)나 학교또는 타 기관에서의 요구, 보험이나 재정적 후원 등에 수반되는 서류12로서 요구되는 경우가 있다. 어떤 이유에서든 보고서를 통해 아동의 현 수준에 관한 이해나 궁금증이 해소되고, 어느 정도 미래를 예측할 수 있어야 할 것이다. 보고서는 이러한 기본취지를 잘 살려서 작성해야 한다.

그런데 처음에 보고서 작성 요청을 받으면 당황하거나 막막할 수 있다. 다른 사람이 쓴 평가보고서를 보면 특별히 대단해 보이지 않지만 막상 직접 작성하려면 난감한 것이 사실이다. 그런데 다른 사람의 보고서가 그냥 평범하게 보이는 까닭은 무엇일까? 어쩌면 보고서의 내용이 상식적이고 보편적인 것들로 구성되어 있기 때문일지도 모르겠다. 그만큼 보고서 작성에 특별한 요령이 있는 것은 아니라는 말이기도 하다. 보고서를 작성하게 되는 구체적인 목적에 부합되기 위해 특히 더 강조해야 할 사항은 없는지를 고려하면서 외형적 형식보다는 아무래도 보고서 작성 이유의 본질을 생각하고 그러한 내용들을 명확하게 잘 전달하도록 작성하려고 한다면 그렇게 어려운 일도 아닐 것이다. 지금부터는 보고서를 작성하는 데 도움이 될 만한 사항에 대해 함께 생각해보기로 하자. 몇 가지 기본 구성 요소와 작성 원칙에 충실하다 보면 보고서를 작성하는 데 있어서의 큰 어려움은 없을 것으로 기대된다.

1. 보고서의 구성 요소

일반적으로 보고서에는 치료 대상 아동의 신상에 관한 정보와 치료에 관한 정보가담겨져 있다. 먼저 아동의 신상과 관련해서는 성명, 학교(특수학교, 특수학급, 통합학급), 학

---

12 이런 경우 별도의 기재 양식이 제공되기도 한다.

년, 생활 연령, 장애가 있다면 진단 명, 장애 정도, 진단 일자 등을 기재한다. 치료에 관한 내용으로는 치료 기간, 치료의 장기적 목표, 단기적 목표 그리고 현행 수준, 향후 방향 및 기타 의견 등의 내용으로 구성된다. 향후 방향은 장기 목표와의 현행 치료의 효과 및 진전 정도 등을 고려하여 진술하는 것에 해당한다고 할 수 있다. 끝으로 기타 의견에는 향후 치료 과정에서 검토해야 할 사항이라든지 아동에 대한 특이 사항(예: 의학적 조치 사항, 아동이 싫어하거나 좋아하는 것들)을 기재하면 된다.

2. 보고서 작성 요령

1) 계획서를 살펴보자

초기 치료단계에 작성하는 대상 아동의 장·단기 계획서는 치료사에게는 일종의 나침판과도 같다. 물론 나침판으로서의 역할을 제대로 수행하려면 그만큼 계획서가 신뢰할 수 있어야 하고 타당해야 한다는 것을 전제로 한다. 치료 과정을 통해 목표가 수정되기도 하고 변경되기도 하겠지만 어쨌든 계획상 목적을 향해 치료 과정이 잘 진행되고 있는지를 돌아보는 과정이 중간보고서 작성의 의미이기도 한만큼 가장 처음 단계는 아무래도 장·단기 계획서에 대한 검토부터 시작하는 것이 좋다. 이런 맥락에서 계획서가 담고자 했던 기본 취지를 보고서에도 담을 수 있으면 좋을 것 같다. 즉, 계획 수립의 원칙, 즉『SMART』를 평가를 위한 준거로 사용해도 유용하다.

SMART 기법은 목표를 설정하는 데 유용한 방법으로서 목표를 구체적으로(Specific), 측정 가능해야 하고(Measurable), 성취 가능하고(Achievable), 현실적이고(Realistic[13]), 시의 적절해야(Timely) 한다(노동조, 2006). 치료 아동을 대상으로 목표를 이러한 원칙에 따라 세웠거나 혹은 그렇지 않더라도 중간 보고서를 작성하는 방법에 이러한 요소를 잘 반영하면 아동의 현 상황을 제대로 기술하는 데 도움이 될 것이다. 특히나 치료실 상황에서 치료 주기(평균 주 1~2회)나 치료 시간(평균 40분/1회) 등의 여건을 고려할 때 아동의 전반적인 발달 정도를 기술하는 데는 무리가 따른다. 치료 목표와 관련된 구체적인 내용을 중심으로 할 수밖에 없는 것이 현실이다.

따라서 구체적인 영역을 대상으로 현재의 성취 수준을 가능한 한 양적 자료를 사

---

[13] 때때로 적절하게(relevant)로 적용되기도 한다.

용하여 제시하고 그것이 의미하는 바가 무엇인지 아동의 입장에서 현실적이고 기능적인 관점에서 기술하는 것이다. 그리고 장·단기 목표를 고려하였을 때 지금 현재의 수행 수준이 앞으로 지속될 치료과정에서 어떤 의미를 갖고 있는지 등을 최대한 담을 수 있으면 좋다. 형식이나 내용에 있어서 다소 차이가 있을 수 있겠지만 이러한 원칙은 종결보고서를 작성하는 데 있어서도 핵심적인 요소로 작용하리라 본다.

2) 특정 영역을 중심으로 구체적으로

1회기 40분~50분으로 보통 일주일에 한두 차례 진행되는 치료 상황에서 치료의 구체적 대상은 한정적일 수밖에 없다. 이로 인한 당연한 결과지만 따라서 보고서의 내용은 특정적이고 구체적인 내용일 수밖에 없다. 중간보고서에 대상 아동의 전반적인 발달 수준이나 모든 영역에서의 수행 수준을 기술할 수 없다. 그런데 이렇게 한정된 영역을 다시 구체적으로 기술하는 것이 중요하다. 예컨대 수리적 능력에 대해 '수세기(또는 덧셈)를 잘함'처럼 기술한다면, 이 보고서를 읽은 사람이 해당 아동을 이해하기 위해서는 보고서를 작성한 치료사에게 추가적인 질문을 수차례 해야 할 것이다. 수세기를 잘 한다는 것이 20 이상의 수에서도 유효한 것인지, 5개씩 묶어서 세기를 잘 한다는 말인지 알 수 없다. 덧셈을 잘한다는 표현도 받아 올림이 포함된 세 자릿수 덧셈을 잘 하는 것인지, 한 자릿수 덧셈을 잘 하는 것인지 이 문장만을 읽어서는 알 수 없다. 즉, 읽는 사람에 따라 다르게 파악할 가능성이 있는 만큼 소통의 차원에서라도 보다 구체적으로 기술하는 것이 중요하다.

3) 아동의 독립적 수행을 전제로…

아동의 수준은 가능하면 아동 스스로 할 수 있는 정도를 기준으로 기술하는 것이 좋다. 하지만 장애가 있는 아동이라면 장애 정도(severity)에 따라 치료의 효과가 잘 나타나지 않는 경우도 많고 특히, 아동 혼자서는 과제를 수행하거나 문제를 해결하지 못하는 경우도 비일비재하다. 아동이 혼자서 수행할 수 있는 수준을 기록해야 객관적 판단이 가능하나, 이런 경우에는 치료사나 교구 등의 도움을 받아서 아동이 혼자서 수행할 수 있는 수준을 기술하면 된다. 즉, 치료사의 모델링이 반드시 있어야 한다든지, 신체적 촉구나 언어적 촉구가 어떻게 제공된 상황에서 수행이 가능한지를 기술하면 대상 아동의 수준을 이해하는 데 도움을 줄 수 있다.

4) 알기 쉽게

작성된 보고서가 어디로 누구에게 전달되는 간에 그 내용은 아동의 부모나 보호자에게 직·간접적으로 전달되기 마련이다. 또한 보고서를 읽거나 보고서를 통해 소통해야 할 사람이 같은 치료 영역의 전문가가 아닐 수 있다. 따라서 내용 파악이 쉽게 되지 않는 전문 용어나 축약어 등의 표현은 가급적 지양하는 것이 좋다. 전문 용어나 어려운 용어를 써야 실력을 갖춘 치료사로서 인정받는 것은 아닌 만큼, 누가 봐도 쉽게 이해할 수 있도록 작성하는 것이 좋다.

5) 긍정적으로 그리고 객관적으로

칭찬은 고래도 춤추게 한다고 했다. 그런 의미에서 평가에 있어서도 긍정적인 표현은 중요하다. '** 수행 불가, *** 과정에서 오류 발생, **** 처리가 서투름' 등과 같은 부정적 표현보다는 치료사의 신체적 촉구 제공 시 수행 가능, 정반응 비율 30%, **** 기능 수행을 위해 조금 더 연습이 필요함과 같이 중립적이거나 긍정적으로 표현하는 것이 무난할 것 같다. 그렇다고 해서 부정적 표현을 절대로 하지 마라는 의미는 아니다. 다만, 같은 내용이라도 부정적 요소를 강조하기보다는 긍정적인 부분을 더 강조하면 어떻겠냐는 의미이다. 하지만 긍정적 표현을 강조한다고 해서 없는 사실을 과장하거나 왜곡해서 진술해서는 안 된다. 치료사의 입장에서 아동의 진전된 모습을 통해 자신의 능력을 입증하고 싶은 마음이 왜 없겠는가? 그러다 보면 어쩌다 한 번 아동의 우연한 성공이나 일회적 성공을 일반화하여 묘사하는 오류가 발생할 수도 있다. 물론 없는 사실을 기재하는 것은 아니나 보고서의 목적이나 다음 치료단계의 연계성을 고려하여 일반적 현상으로서 아동의 수준을 기술해야 한다. 어쩌다 한 번이 아동의 수준인지는 합리적으로 판단해야 한다.

6) 6하 원칙은 필수

모든 문서 작성에 있어서의 기본이기도 한 사항이지만 그래도 강조하지 않을 수 없는 것은 바로 6하 원칙의 내용을 담고 있어야 한다는 것이다. 치료 대상에 대한 간단한 소개, 치료 기간, 치료 내용, 방법 및 효과, 그리고 치료사(치료 기관)의 이름과 서명이 들어가야 할 것이다. 보고서 양식이나 형식에 지나치게 신경 쓸 필요는 없다고 본다. 다만 보고서를 읽게 될 치료사 자신을 포함한 이해관계자의 입장에서 파악하기 쉽도록 작성하는 것이 더 중요하다.

7) 개인정보보호법

주지의 사실이지만 2011년 개인에 관한 신상이나 정보는 법으로 보호받게 되어 있다. 이제는 많이 정착되어 주민등록번호 대신 생년월일만 표기한다든지 이름과 전화번호 등을 전부 공개하지 않는 것(예: 홍길*, 010-****-1234)이 보편화되었다. 보고서 작성역시 개인정보보호법을 준수해야 한다. 더불어 보고서가 특정 목적 및 용도 외에는 사용을 금한다는 문구를 기재하여 혹시나 있을지 모를 경우에 대비해야 한다. 또한 보고서의 배포 대상도 부모나 보호자가 지정하거나 반드시 보호자 동의를 받아야 한다.

3. 종결보고서 작성 요령

종결보고서는 말 그대로 치료활동이 종료되는 시점에 작성하는 보고서를 말한다. 종결보고서라고 해서 작성 과정에서 특별히 달라지는 것은 없다. 치료활동이 종료되는 것은 여러 가지 이유로 치료기관을 옮기는 경우가 대부분이며, 더 이상 치료가 필요없는 경우는 그렇게 많지 않다. 이유가 무엇이든 기존 치료사에서 다른 치료사로 치료의 주체가 바뀌는 경우가 많다. 종결보고서의 작성 목적이 이런 상황을 위한 것이라면 그 동안의 치료과정과 현행 수준, 아동과 관련된 기타 의견 등을 제시하는 것이 좋다.

먼저 치료 과정에 관한 언급은 사실 현행 수준으로 가늠할 수 있는 경우가 많다. 읽기, 쓰기, 수 세기, 셈하기 등의 기초학습의 경우 그 내용이 상당히 위계적인 만큼 현행 수행 수준을 알면 이전의 치료내용이나 이후의 치료내용을 가늠할 수 있다. 물론 각 단계별 완전학습이 가능했음을 전제로 그렇다는 것이다. 따라서 과거 치료 활동 내용에 대한 언급은 향후 치료를 담당할 치료사 입장에서 필요한지 판단하여 기재하면 될 것 같다. 치료가 종결되면서 작성되는 보고서라는 점에서 차이가 있을 뿐 사실상 중간보고서와 크게 다르지 않다.

향후 치료 방향에 대한 언급도 새로운 치료사의 평가와 관점에 따라 달라질 수 있으므로, 차기 치료사가 참고할 수 있는 정도로 언급하면 충분할 것 같다. 다만, 아동과의 상호작용 과정에서 미리 알아두면 좋은 점이나(가령, 칭찬의 목적으로 머리를 쓰다듬으

면 화를 낸다.[14] 치료 보조 도구로 활용하면 좋은 것들 또는 그 반대의 것(예: 숫자 카드[15])
에 관한 정보도 유용할 수 있다. 특히 정보처리에 관한 아동의 특성을 알려주면 새롭
게 아동을 담당하게 될 치료사의 입장에서는 시행착오를 줄일 수 있다는 점에서 큰
도움이 될 수 있다. 이 외의 보고서의 작성 요령은 중간보고서와 동일한 원칙이 적용
되는 만큼 여기서 중언부언할 필요는 없을 것 같다.

03 | 보고서 작성 연습

보고서 작성에 정답이 있는 것은 아니지만 지금부터는 구체적인 사례를 통해 앞서
살펴본 원칙을 어떻게 반영할 수 있을지 정확성과 명확성의 차원에서 함께 고민해보
는 시간을 갖고자 한다.

장기목표(예): 종성 자음이 없는 단모음 글자 및 이들 단어로 구성된 3음절 이하의
단어를 읽을 수 있다.

단기목표(예): 단자음과 단모음(아, 어, 오, 우)으로 구성된 2음절 이하의 단어를 읽을
수 있다.

치료의 목표를 가령 위와 같이 설정했다고 가정하고, 구체적인 보고서 작성 요령
을 생각해보기로 하자. 다만, 포괄적인 접근을 위해 치료 대상 아동의 장애 유형 및
정도는 특정하지 않기로 한다.

---

14 초기 Rapport 형성이 중요한 만큼 불필요한 자극은 사전에 피할 수 있으면 최대한 피하는 것이 좋다.
15 아동이 카드에 지나칠 정도로 집착하여 숫자에는 관심을 보이지 않는 경우도 있다.

1. 상황 a. 현재 수준 기술하기

** 아동은 낱글자는 잘 읽는 편이나 가끔 잘못 읽을 때가 있음. 또한 2음절의 낱글자 조합은 잘 읽지 못함.

✎ 이 아동은 자음과 아, 어, 오, 우로 조합된 단어 즉, 가~후까지의 낱글자를 잘 읽는 아동 인 것 같은가? '가끔'은 얼마 만에 한 번을 의미하는 것일까? 그보다 먼저 <잘 읽다, 읽지 못하다>의 기준은 무엇일까? 물론 이해를 돕기 위해 과장해서 기술한 내용이지만 한 번 같이 생각해보기로 하자. 위 진술에 있어서의 가장 큰 문제점은 읽는 사람 마음에 따라 달리 해석될 여지가 크다는 점이다. 판단의 기준을 제시하지 못하고 있기 때문이다. 그리 고 오류, 즉 읽지 못하는 경우에 대한 구체적 내용 파악이 안 된다는 문제점도 지적하지 않을 수 없다.

✍ 그럼 어떻게 바꿔서 진술하면 좋을까?

우선 치료 목표로 삼고 있는 대상 글자를 제시해주는 것이 좋다. 현재 고, 노, 도, 로~ 코, 토, 포, 호까지 초성 자음과 오 모음과의 결합된 글자를 학습하고 있다든지 구체적인 대상을 제시해주는 것이 필수적이다. 그리고 낱글자를 잘 읽는다는 여러 가지 경우로 확인이 가능하다. 따라서 맞다, 틀리다의 이분법적 선택을 통해(예: 글자 '고'자를 보여 주면서 '고'자가 맞는지 아닌지 선택하도록 해서) 확인할 수도 있고, 서로 유사한 글자 (가, 기, 거, 개 등)에서 해당 글자를 선별하게 할 수도, 단어 안에서 해당 글자 찾기·읽 기, 짧은 동화책에서 해당 글자 찾기·읽기가 가능한지 등 어떤 맥락에서 읽을 수 있는 지 구체적으로 밝혀주는 것이 좋다. 그래야만 다음 단계로의 단계적 접근의 실마리를 쉽게 얻을 수 있기 때문이다.

또한, 어떤 경우에도 평가의 기준이 구체적인 것이 좋다. 가령, <부자, 어부, 모자, 나 무, 서가, 호수....... 등>과 같이 해당 수준의 두 음절 단어를 10개 제시했을 때의 성공 률을 제시해주면 보고서를 읽는 사람이 더 쉽게 아동의 수준을 파악할 수 있다. 그리고 오류가 있다면 구체적으로 적시해주는 것이 좋다. 비슷한 상황에서 오류가 계속 발생할 가능성이 있기 때문이다. 타와 다를 혼동하여 읽는 사례가 둘에 한 번꼴로 발생한다든 지 빈도수와 함께 기재하는 것이다. 특히 통-글자 학습에 익숙한 일부 아동의 경우 예 컨대, 글자 '나'만 보더라도 나무나 나비로 읽는 경우가 있다. 일시적인 현상일 수도 있 지만 의외로 이러한 현상이 고착되어 이후 후속 학습에 걸림돌로 작용하는 경우가 많으 므로 오류나 특이사항은 반드시 기재하여 그 이후 치료에서 중요하게 다룰 수 있는 인 식의 기회로 삼는 것이 바람직하다.

2. 상황 b. 현재 수준 기술하기

** 아동은 낱글자는 물론 해당 수준의 2음절의 낱글자 조합도 오류 없이 잘 읽으나 시간이 너무 오래 걸림.

✎ 위 기술한 내용에 따르면 해당 아동은 가령, 두부, 구두, 바다, 너머 등 목표 수준의 단자음 + 단모음으로 구성된 단어를 읽는 데는 어려움이 없을 것 같다. 물론 앞서 제안한 것처럼 어떤 맥락에서 이러한 글자가 식별되는지 순수 글자 자극으로 제시한 경우에서만 가능한지, 동화책이나 안내 표지판 등 보다 자연스러운 맥락에서도 읽기가 가능한지 써 주면 좋을 것이다. 한 가지 신경 쓰이는 것이 있다면 바로 시간이 너무 오래 걸린다는 표현이다. 이러한 문장만으로는 읽기의 유창성 내지는 효율성 차원에서 또 다른 중재나 지원이 필요한지 판단하기가 어렵다.

✐ 그럼 어떻게 바꿔서 진술하면 좋을까?

오류 없이 잘 읽는다는 표현으로 정확하게 읽을 수 있다는 것을 알 수 있다. 읽기의 정확성에 대해서는 크게 의구심이 생기지 않을 것이다. 다만, 시간이 오래 걸린다고 되어 있는 부문에 대해서는 조금 더 구체적으로 기술하는 것이 좋겠다. 만약 이렇게 제시되었다면 어떨까?

구분	예시	시간
1음절	수, 토, 우, 저	14초
2음절	가수, 소라, 포도, 파마	32초

물론, 위 예시는 가상의 상황이다. 시간이 이렇게 걸린다고 하면, 향후 읽기 학습이 지속되더라도 이 아동의 경우 문자 해독(coding)은 가능할지 모르나 의미를 파악하는 데는 힘들 수도 있다. 읽기 이해가 가능하려면 읽기 유창성이 확보되어야 한다. 단어를 연속으로 읽으면서 음독을 통해 단어의 의미를 파악하고 그 의미를 바탕으로 문장의 의미를 파악하는 과정에 어려움이 발생할 가능성이 높다. 따라서 이렇게 시간이 오래 걸리는 이유가 무엇인지 찾는 노력도 향후 중요한 관건이 될 수 있다. 하지만 시간이 너무 오래 걸린다고만 적어 놓으면 문제로서의 위기감이 덜해질 수 있다.

3. 상황 c. 향후 치료 방향

2019년 5월 현재 장기 목표를 기준, 단기 목표는 나머지 단모음(이, 으)과 연계 학습으로 정하고 동일한 수준에서 계속 진행 예정, 단기 목표를 완수 후 장기 목표 재수정 예정

✎ 보고서의 내용을 보면, 단자음과 아, 어, 오, 우의 모음으로 구성된 단어 읽기에 이어 초성 자음과 나머지 모음 이와 으의 결합으로 만들어진 글자로 학습활동을 하는 것으로 보인다. 하지만 현재 상황에서 파악된 문제나 오류에 대한 해결방안은 제시되어 있지 않다. 이럴 경우 비슷한 오류가 향후 이어질 치료활동 과정에서 계속해서 발생하거나 치료활동의 걸림돌로 작용할 수 있는 만큼 만일 현행 수행 수준에서 개선해야 할 오류나 문제점이 있다면 이를 적시하고 구체적인 방안을 함께 기술하는 것이 좋다.

✍ 그럼 어떻게 바꿔서 진술하면 좋을까?

이 부분은 두 개의 접근이 필요할 것 같다. 현행 단계에서 관찰된 오류에 대한 해결 방안, 그리고 동시에 후속 학습활동에 대한 계획, 즉 새로운 단기계획을 제시하는 것이다. 물론 오류의 내용이나 그 정도에 따라 오류 내용에 대한 수정 자체를 목표로 삼아야 하는 경우도 있을 수 있다. 그런 경우가 아니라면 짧게라도 별도로 시간을 할애해서 오류를 수정할 수도 있고 이어지는 활동 가운데 자연스럽게 오류에 대한 문제해결 방안을 접목시킬 수 있다.
어쨌든 일시적인 현상이 아니라면 오류는 해결하고 지나가는 것이 좋다. 그런 다음 이후의 후속 학습에 대해 언급하는 것이 좋다. 이 과정에서 치료사의 판단에 따라 장기목표가 수정될 수도 있다. 예상했던 것보다 대상 아동의 반응과 향상 정도가 더 좋거나 더 빠를 수 있다. 또는 그 반대일 수도 있기 때문에 아동의 현재 수준과 진전 정도에 따라 목표 수준을 올리거나 내리거나, 목표 달성까지의 기간을 앞당기거나 연장하거나 할 수 있을 것이다.

다음의 살펴볼 내용은 연산 활동에 관한 것이다. 아무래도 학습 영역에서 가장 기초적인 영역이다 보니 보고서에 자주 등장하게 되는 내용이다. 앞서 살펴본 읽기 활동의 사례에서와 마찬가지로 앞서 살펴본 보고서 작성 원칙을 어떻게 반영할 수 있을지 정확성과 명확성의 차원에서 함께 고민해보는 시간을 가져보도록 하자.
장기목표(예): 두 자릿수 덧셈과 뺄셈을 90%의 정확도 수준에서 해결할 수 있다.
단기목표(예): 한 자릿수 덧셈과 뺄셈을 90%의 정확도 수준에서 해결할 수 있다.

치료의 목표를 가령 위와 같이 설정했다고 가정하고, 구체적인 보고서 작성 요령을 생각해보기로 하자. 다만, 치료 대상 아동 및 청소년의 장애 유형 및 정도는 특정하지 않기로 한다.

1. 상황 a. 현재 수준 기술하기

한 자릿수 덧셈은 70% 정확도 수준에서 연산 문제를 잘 해결하나, 뺄셈은 30~40% 수준의 성공률을 보이는 데 그침.

✎ 이 보고서를 읽으면 덧셈은 조금만 더 노력하면 될 것 같고, 뺄셈 연산은 아무래도 더 집중적인 연습이 필요할 것 같다. 그렇다면 어떤 노력을 어떻게 하면 될까? 성공률을 기재했기 때문에 아동의 수행 수준을 파악하는 데는 도움이 되었지만 이후 학습 활동을 어떻게 전개하는 것이 효과적이고 효율적일지 판단하기에는 무엇인가 부족한 느낌이다. 무엇이 빠졌을까?

✍ 그럼 어떻게 바꿔서 진술하면 좋을까?

우선 아동이 문제를 해결하는 방법에 대한 기술이 있으면 좋을 것 같다. 아주 드물긴 하지만, 구구단을 암기하는 것처럼 한 자리 덧셈 연산을 암기하는[16] 경우를 볼 수 있다. 만약 덧셈 암기에 성공한 아동이라면 적어도 한 자릿수 덧셈 연산이나 받아올림이 없는 두 자릿수 연산에서의 성공률이 꽤나 높을 수 있다. 또는 손가락을 이용해 문제를 해결할 수도 있고 자동화 수준에서 해결할 수도 있다. 또는 어떤 수준에서 문제를 해결하는지 구체적으로 알려주면 같은 목표를 지향하더라도 그 과정에 이르는 방법을 달리하며 후속 학습의 방향을 정할 수 있다.

뺄셈도 이처럼 구체적인 수준을 묘사하는 것이 좋다. 특히 뺄셈의 성공률이 덧셈에 비해 낮은 이유를 찾는 것이 중요한 관건일 수도 있다. 그러기 위해서는 오류가 발생하는 상황을 구체적으로 나열해주는 것이 필요하다.

---

[16] 겉으로 보이는 성공적 연산 수행 결과에는 만족할지 모르겠지만, 덧셈 연산을 기계적으로 외운다는 것은 (1+1=2, 1+2=3.......... 9+8=17, 9+9=18) 자칫 덧셈 개념 자체에 대한 이해부족이나 10의 보수 등 후속 학습에 있어서 다소 부정적인 역할을 끼칠 수 있기에 신중하게 접근할 필요가 있다.

2. 상황 b. 현재 수준 기술하기

한 자릿수 수준의 덧셈 및 뺄셈에서 오류가 관찰되지 않다가 최근 들어 오류가 빈번히 발생되기 시작함. 이에 치료사가 모델링을 보여주고 설명을 한 후 문제를 제시하면 잘 해결함. 지속적인 관찰 필요.

✎ 상황이 좀 복잡할 수 있다. 치료사의 입장에서 아동의 진전과 관련 향상이 정체되는 고원현상에 직면해도 당혹스러운 일인데 일종의 퇴행하는 모습을 보일 경우 심적 부담이 커지지 않을 수 없다. 그런 만큼 문제해결에 도움이 될 만한 정보를 찾아 기술하는 것이 좋다. 이 경우도 역시 '오류'가 '빈번히' 발생한다는 점에서 명확하지 않은 진술이라고 할 수 있다. 빈도에 관한 사항은 전체 자극 중 몇 번과 같이 객관적으로 서술하는 것이 좋다. 가장 중요한 관건은 오류가 어떤 방식으로 나타나는지에 대한 것이다. 예컨대 +, − 기호를 혼동하는 것인지, 덧셈과 뺄셈의 의미를 아직 정확하게 이해하지 못하고 있는 것인지 확인할 필요가 있다. 치료활동을 하다 보면 치료사가 알게 모르게 언어적 단서(예: 더하면 수가 커질까요? 작아질까요?)를 아동에게 제공하는 경우가 있다. 이런 단서에 과도하게 의존하다 보면 구체적 개념이 아니라 상황적 맥락을 통해 문제를 해결할 수도 있다. 그런 의미에서 오류가 나타나는 양상을 정확하게 기술하다 보면 문제의 실마리를 찾아낼 수 있다. 위에서 제시한 치료사의 모델링 또한 어떤 맥락에서는 학습의 발판이 될 수도 있지만 아닐 수도 있다는 점을 고려할 필요가 있다. 어쨌든 이렇게 모델링을 제시한 후의 반응을 언급하는 것은 추가 판단에 도움이 될 수 있다.

✍ 그럼 어떻게 바꿔서 진술하면 좋을까?

다른 활동에서와 마찬가지로 오류의 내용을 유형별로(동일한 패턴의 오류만 관찰될 수도 있다) 정리하여 제시하는 것이 좋다. 이를 통해 연산 기호에 대한 변별력 부족인지, 숫자 이어서 세기, 특히 거꾸로 세기가 불안정해서인지, 아동의 충동적인 반응 습관 때문인지(예: 덧셈 문제가 계속 제시되다가 간헐적으로 뺄셈이 제시되는 경우 또는 그 반대의 경우)를 판단할 수 있다.

3. 상황 c. 향후 치료 방향

현행 연산 과정에서 나타나는 오류를 해결하기 위해 원인을 파악하고 최소 80% 이상의 성공률을 보이면 '십의 보수' 관계를 활용하여, 합이 20 미만인 덧셈과 피감수가 10인 빼기를 목표로 활동 전개 예정

✎ 현 단계의 오류 수정이 중요하다는 것은 앞서 강조하였다. 위의 향후 치료 방향에 이러한 내용이 기술되어 있는 것은 바람직하다고 볼 수 있다. 그리고 이러한 오류가 어느 정도 해소되면 다음 단계로 진행하겠다는 것 역시 판단의 근거를 구체적으로 제시했다는 점에서 무난하다. 비록 짧은 내용이지만 비교적 향후 치료 방향에 대해 적절하게 기술하고 있다. 그래도 추가한다면 어떤 내용을 포함시키면 좋을까?

✍ 그럼 어떻게 바꿔서 진술하면 좋을까?

수학은 비교적 위계적이어서 치료활동의 전개가 용이한 편이다. 그런데 한 가지 유의해야 할 점은 단순 연산은 잘 하지만 실제 생활에서의 문제 해결 능력은 떨어질 수 있다는 것이다. 예를 들어, 유리병 속에 들어 있는 사탕 11개 중에서 4개를 꺼내 먹고 나면 몇 개가 남았을지는 모를 수 있다. '11 − 4 =?'라는 연산 문제는 잘 해결하지만 실제 상황에서 수와 연산을 활용하여 문제를 해결하는 데는 아주 서툴 수 있는 만큼 이 부분에 대한 보완을 포함시키면 어떨까 제안할 수 있다.

초기평가 보고서

2018. 1. 22

Ⅰ. 평가 개요

- 평 가 일: 2018년 1월 10일(수)
- 성   명: 김**(男)
- 생년월일: 2006년 9월 15일(만 11세 4개월)
- 학   년: 초등학교 5학년
- 장애진단: 해당사항 없음
- 주요 평가내용: 기초학습기능 평가: 읽기 & 수학

Ⅱ. 평가 태도

- 밝고 명랑한 표정으로, 질문도 자주 하고, 외형적으로는 평가에 적극적으로 임함. 치료사와의 Rapport 형성에 별다른 어려움이 없어서 평가는 원활하게 진행됨.
- 개별 과제해결과 관련해서는 문제를 쉽게 포기하거나, 끝까지 해결하려는 집착력이 낮아 보였음.
- 또한 주의집중과 관련해서는 대충 훑어본다든지, 눈에 띄는 단서에만 집중하는 모습이 자주 관찰됨.

Ⅲ. 평가 결과

1. 읽기 및 읽기 유창성(기초학습기능 평가)

- 읽기 유창성 수준이 낮아(27%tile) 향후 읽기 유창성 향상을 위한 꾸준한 중재가 요구되며, 글의 내용을 이해하려 하지 않고 단순히 글자를 읽는 데 그침.
- 빈칸 채우기 과제에서도 전체 맥락보다는 특정 단어에 집착하여 글의 흐름을 잘 파악하지 못하고 있음.
- 10초 후 일어날 수 있는 상황 기술(description)하기 과제에서도 현 상황만을 언급할 뿐 예측하지 못함.
- 개별 낱글자로 단어 조합해보기 과제도 다소 서툰 모습을 보였음.

2. 수학 기초학습기능 검사

- 연산 능력도 현재 학년을 고려했을 때 상당히 뒤처져 있는 수준(20%tile)임.

- 실제 문제해결 과정에서도 문제 상황에 대한 적적한 파악 없이 단순한 절차 및 과거 기억에 의존하여 문제를 해결하려는 경향이 강함. 이로 인해 처음 접해본 문제는 대체로 어렵다고 생각하며 쉽게 포기함.
- 사칙연산 관련해서
  ① 뺄셈에서는 두 수의 차이를 해결하는 문제(예: 300명이 와야 하는데 179명이 모여 있다면, 몇 명이 더 와야 하는가?)를 이해 못하였으며,
  ② 3000×4와 같은 문제도 일일이 0을 다 곱해가며 계산을 수행하고,
  ③ 나눗셈은 아직 수행하지 못함.
- 기타 단위의 전환(예: 130분=2시간 10분, 350cm=3m 50cm 등)을 이해 못함.

IV. 향후 치료방향

- 연산 및 문제해결 능력
  – 사칙연산의 기본 개념을 재확인한 후, 개념에 기초하여 문제를 해결할 수 있도록 함. 이 과정에서 "문제해결 기술 및 전략의 활용"에 초점을 맞춰 학습활동 전개 필요.
  – 뺄셈은 두 수의 차이 이해 관련 문제를 중심으로, 곱셈의 경우 자릿값에 대한 이해를 바탕으로, 나눗셈은 세 자리 수 나누기 한 자리 수 수준에서 진행
  – 구체적 목표: 사칙연산 능력의 향상

구분	단기	중기
덧셈	3자리 수+3자리 수 덧셈을 문장제 문제 상황에서 90% 수준에서 수행	시간, 거리, 무게의 덧셈 화폐의 덧셈
뺄셈	두 수의 차이를 구하는 방법이 뺄셈임을 이해하고 3자리 수 수준의 문장제 문제 상황에서 90%의 정확도로 해결	시간, 거리, 무게의 뺄셈 화폐의 뺄셈
곱셈		곱셈과 덧셈과의 관계를 이해. 곱셈 과정에서의 자릿값의 변화 이해 세 자릿수×세 자릿수 단순 연산 문제를 정확도 80% 수준에서 해결
나눗셈		나눗셈과 뺄셈과의 관계를 이해. 세 자릿수÷한 자릿수 단순 연산 문제를 정확도 80% 수준에서 해결

- 읽기 및 읽기 유창성
  – 주 1회 인지상담 치료 일정 등을 고려, 읽기 및 읽기 유창성 관련 치료는 가정에서 별도로 진행하기로 함.

V. 기타

- 아동 모친의 요구에 따라 수 연산 능력 및 이를 활용한 일상생활에서의 문제해결력 향상을 중심으로 인지상담의 치료를 진행하기로 함.
- 인지상담 치료 후 활동과제를 제공하여 가정에서 연습할 수 있는 기회 제공
- 밤 10시 이후 컴퓨터 게임을 하지 않기로 한 것에 대해 약속을 잘 실행할 수 있도록 아동 부모의 적극적인 자세를 권고함.

중간보고서

2018. 3. **

Ⅰ. 아동 및 치료 현황

- **이름**: 고**(○○○ 초등학교 2학년, 특수학급, 지적장애 3급)
- **생년월일**: 2009년 8월(8세 7개월)
- **치료현황**
    - 2017년 5월부터 2018년 3월 현재, 주 2회(40분/회) 치료 중
    - 장기목표: 받아 올림이 있는 두 자릿수 + 두 자릿수 덧셈을 85% 수준에서 해결할 수 있다.
    - 단기목표: 받아 올림이 있는 두 자릿수 + 한 자릿수 덧셈을 85% 수준에서 해결할 수 있다.
- **담당**: 황** 인지·학습 치료사

Ⅱ. 현행 학습 수준

- 두 자릿수 +5이하의 수는 암산으로 정확하게 연산 가능함.
- 덧셈의 교환법칙을 이해하고 있어 가령 4+59와 같은 계산도 오류 없이 처리함.
- 그런데 38+7과 같은 덧셈 연산 시 동그라미 7개를 그린 후 이어서 세기 전략을 활용하여 문제를 해결함. 이에 동그라미 그리기 대신 숫자만큼 손가락을 활용할 것을 아동에게 권하였으나, 손가락 놀림이 불편해서 잘 사용하지 않음.
- 덧셈 연산이 자동화되어 있지 않고, 10의 보수 관계를 활용하지 못하는 관계로 덧셈 속도가 빠르진 않지만 틀리는 경우는 거의 없음.
- 문장제 문제 형태로 덧셈 연산을 제시하면, 문장을 읽는 도중 "모두 합쳐야 해"와 같은 자기 지시를 스스로 사용하며 적극적으로 활동에 임하지만 문장 속 상황을 판단하기보다는 문장 내 특정 단어 '전부, 모두, 합하면'과 같은 특정 용어를 통해 덧셈을 판단하는 것으로 보임.
- **기타**: 칭찬을 하면 엄청 적극적으로 활동에 참여하다가도 사소한 지적에도 급격하게 감정이 가라앉아 수업 중 감정의 기복이 심한 편임.

Ⅲ. 향후 계획 및 개선 사항

- 받아 올림 덧셈 연산 처리속도 향상을 위해
    - 10의 보수 관계를 활용한 덧셈 연산 방법을 적용해보는 동시에,
    - 아동이 활용 중인 기존 방법을 대체할 수 있는 방법에 대해서도 고민해 볼 필요가 있을 것 같음.
- 실질적 문제해결 능력 향상
    - 일상생활에서의 실질적 문제해결 능력 향상을 위해 문장제 문제 형태의 덧셈 및 뺄셈 연산 문제를 10 이하의 수를 활용하는 정도에서 실시할 예정임.

－ 문제의 상황과 맥락 속 어휘에 대한 이해를 통해 덧셈 및 뺄셈을 판단할 수 있는 능력을 향
　　　　상시키고자 함.
　　■ 단기 목표 선정
　　　－ 아직 받아 올림의 절차가 안정된 것은 아니므로 현행 단기 목표는 그대로 둔 상황에서 아래
　　　　의 단기 목표를 새로 추가함.
　　　－ 한 자릿수 ± 한 자릿수 수준에서의 문장제 문제를 90% 수준에서 해결할 수 있음.

Ⅳ. 특이사항

　　■ 차기 평가 일정은 2018년 7월 말 예정
　　■ 아동 어머니 요구 청취 후 치료활동에 최대한 반영 예정

종결보고서

2016. 9. **

I. 아동 및 치료 현황

- **이름:** 소**(○○ 초등학교 6학년, 일반학급, 장애진단 없음)
- **생년월일:** 2004년 12월(11세 9개월)
- **치료현황**
  - 본원 음악치료 중 학습·인지 치료 의뢰
  - 주 1회(40분) 일정으로 2014년 3월부터 2016년 9월 현재 치료
  - **장기목표:** 어휘력과 문장 이해력 향상을 통해 문장의 의미를 파악해가며 4학년 국어 교과서의 글을 읽을 수 있다.
  - **단기목표:** 빈칸이 들어 있는 문장을 완성한 후 그 내용이 의미하는 바를 말로 표현할 수 있다.
- **담당:** 이** 인지·학습 치료사

II. 현행 학습 수준

- 교과서를 읽는 과정에서 줄을 건너 뛰어 읽을 때가 많음.
  ※ 학습용 자를 이용해 읽어야 할 줄을 가리키도록 하는 것은 효과가 있음.
- 치료사가 글을 읽는 도중 고의로 중단 시킨 후 다시 읽으라고 하면 어디서부터 읽어야 하는지 모름.
- 책을 읽을 때 소리내어 읽을 뿐 그 의미에 대해서는 전혀 생각하지 않음.
- 문자 완성하기 과제에서도 엉뚱한 단어라도 무엇인가 제시하는 경우가 드물고 대부분은 그냥 머뭇거릴 때가 많음.
  - 예: ㅁㅁㅁ가 떨어지자 ㅁㅁㅁ은 바다 한 가운데 멈춰서고 말았어요.
  - 위의 문제에 들어갈 빈칸의 단어에 대해서는 제시하지 못했지만 치료사가 바다의 교통수단이 뭐냐고 물어보면 유람선, 여객선, 잠수함, 보트, 항공모함 등 알고 있는 내용을 잘 대답하곤 함.
- **기타:** 전반적으로 치료활동에 소극적이며 결석이 잦아 치료가 제대로 이루어지지 못함.

III. 향후 계획 및 개선 사항

- 아주 짧은 단문을 중심으로
  - 글을 읽고 의미 말하기, 문장을 바꿔 말하기 등의 활동을 실시한 후,
  - 비슷한 의미의 글 2~3개 만들어보기 활동을 하며 의미로서 문장을 사용할 수 있는 기회가 제공되었으면 함.
- 다른 기타 영역에 대한 중재 필요

- 친구와 게임을 하는 것 외에는 별 관심이 없는 지금 이 상황이 계속된다면 향후 적응에 상당한 어려움이 예상되는 만큼,
- 학습·인지 수준에 대한 전반적 평가와 그 결과에 따른 신속한 치료서비스 제공이 매우 시급해보임.

Ⅳ. 특이사항

- 대인관계가 원만하지 않아 친구가 유일하게 한 명 존재하는데 그 친구 역시 서로 비슷한 성향이어서 둘이 같이 밤을 새며 놀거나 자주 여행을 다님. 친구와의 관계를 유지하는 가운데 학습활동에도 일정한 시간과 노력을 투자할 수 있도록 보호자에 대한 설득이 필요해보이며, 인지상담 못지않게 사회성과 대인관계에 관한 중재가 필요해보임.

치료실의 치료사로서 아동과 아동 보호자의 요구를 잘 해결한다는 것이 결코 쉬운 일은 아니다. 열정만으로 해결되지 않지만 그렇다고 열정이 없어서는 또한 안 된다. 정답이 없는 난감함 속에서 아동과의 상호작용을 통해 시행착오를 거듭하며 아동에게 한 걸음, 한 걸음 조금씩 다가서는 것이 최선의 방법일 수밖에 없는 것 같다. 이제 조금 알겠다 싶을 때 여러 이유로 아동과 작별을 해야 하는 일도 많이들 경험할 것이다. 그렇기에 내일이 아닌 바로 오늘, 아동에게 맞는 치료 서비스를 제공하기 위해 최선을 다해야 하는 이유가 여기에 있다. 그리고 이러한 노력과 열정의 과정이 기록으로 남겨지면 나 자신을 돌아보게 되는 계기가 마련된다. 일정한 거리를 두고 담당하고 있는 아동을 살펴볼 수 있는 기회도 얻을 수 있다. 평가서나 보고서가 이런 목적을 위한 활동이라고 생각한다면 너무 부담을 갖지 않아도 될 것 같다. 보고서를 읽게 된 사람이 누구인지 고려하지 않으면 안 되지만 너무 그것에 집착하기보다는, 아동을 위하고 치료사 자신을 위한 성찰의 과정이라 생각해 편안한 마음으로 작성할 수 있기를 바란다.

참고문헌

강진령 역 (2017). DSM-5 신경발달장애, 학지사.

곽금주, 오상우, 김청택 (2011). K-WISC-Ⅳ 전문가 지침서, 인사이트 심리검사 연구소.

교육부 (2015). 특수학교 교육과정 기본 교육과정. 교육부 고시 재2015-81호 별책3.

구희웅, 김영우, 이해균, 최향섭 (2005). 시각장애학생 체육과 지도자료 - 시각장애 특성. 국립
특수교육원.

권요한, 김수진, 김요섭, 박중희, 이상훈, 이순복, 정은희, 정진자, 정희섭 (2016). 특수교육학개
론. 서울: 학지사.

권준수 공역 (2014). 정신질환의 진단 및 통계 편람 제 5판, 학지사.

김도연, 옥정, 김현미 (2016). K-WISC-Ⅳ의 이해와 실제, 시그마프레스.

김동일 (2011). BASA:M 기초학습기능수행평가체제:수학검사. 서울: 인싸이트.

김동일 (2011). BASA:R 기초학습기능수행평가체제:읽기검사. 서울: 인싸이트.

김동일 (2011). BASA:EL 기초학습기능 수행평가체제:초기문해. 서울: 인싸이트.

김동일 (2011). BASA:EN 기초학습기능수행평가체제:초기수학. 서울: 인싸이트.

김동일 (2011). BASA:WE 기초학습기능수행평가체제:쓰기검사. 서울: 인싸이트.

김선, 김경옥, 김수동, 이신동, 임혜숙, 한순미 공저 (2011). 학습 부진아의 이해와 교육, 학지사.

김선옥, 조희숙 (2003). 음운자각과 초기 읽기. 한국심리학회지, 22(1), 19-43.

김시은, 임희정, 양영애 (2016). 보드게임의 인지치료적 접근에 대한 체계적 고찰. 고령자·치매
작업치료학회, 10(2), 17-24.

김시은, 임희정, 양영애 (2016). 보드게임의 인지치료적 접근에 대한 체계적 고찰. 고령자·치매
작업치료학회, 10(2), 17-24.

김애화, 김의정, 황민아, 유현실 (2014). 읽기 성취 및 읽기 인지처리 능력검사 전문가 지침서. 서
울: 인싸이트.

김은정, 유윤영, 오진희 (2012). 유아기 유추추론 발달 및 관련 요인에 관한 이론적 고찰. 미래유
아교육학회지, 19(1), 383-406.

김재순, 전병운 (2017). 지적 장애학생의 단어 학습을 위한 한글 읽기 프로그램 개발 및 적용 사
례 연구: 훈민정음 제자원리 활용을 중심으로. 공주대학교 특수교육논집, 21, 1-21.

노동조 (2006). SMART 평가기법을 통한 도서관 장기발전계획 평가에 관한 연구: B대학교 학술
    정보관의 사례를 중심으로. 한국도서관정보학회지, 37(4), 351－370.

도경수 외 공역 (2016). 인지심리학, 센게이지러닝.

문수백 (2016). K－DTVP－3 한국판 아동 시지각발달검사. 서울: 인사이트.

박경숙, 김계옥, 송영준, 정동영, 정인숙 (2004). KISE－기초학력검사도구 개발 연구. 국립특수
    교육원.

박경숙, 윤점룡, 박효정 (1987). 기초 학습기능검사 개발 연구. 서울: 한국교육개발원.

박경숙, 윤점룡, 박효정 (2001). 기초학습기능검사 실시요강. 서울: 한국교육개발원.

박권생 역 (2014). 인지심리학, 센게이지러닝.

박소진 (2014). 영화속 심리학, 소울메이트.

박소진 (2016). 처음시작하는 심리검사와 심리평가, 소울메이트.

박영숙, 박기환, 오현숙, 하은혜, 최윤경, 이순묵, 김은주 (2019). 현대 심리평가의 이해와 활용.
    학지사.

박혜원, 곽금주, 박광배 (1996). 한국 웩슬러 유아용 지능검사지침서. 특수교육사.

배경미 (2013). FIE－B(FUG) 집단 프로그램이 유아의 인지기능 및 수학적 사고력 증진에 미치
    는 영향. 인지발달중재학회, 4(2), 67－81.

변관석 (2017). 보드게임을 활용한 집단교수가 발달장애 고등학생의 사회적 기술 수행과 수학적
    문제해결에 미치는 효과. 특수교육연구, 24(1), 34－63.

서유헌 (2005). 나는 두뇌 짱이 되고 싶다. 랜덤하우스중앙.

서유헌 (2010). 내 아이의 미래가 달라지는 엄마표 뇌교육. 생각의 나무.

성현란, 이현진, 김혜리, 박영신, 박선미, 유연옥, 손영숙 (2004). 인지발달. 서울: 학지사.

손옥향 (2004). 음운의 소리합치기 방법을 통한 정신지체아동의 읽기 지도 효과. 대구대학교 석
    사학위 청구 논문.

송찬원 (2011). 읽기학습장애아동 및 일반아동의 신경심리적 작업기억특성 비교: 아동용 Rey－
    Kim 기억검사를 중심으로. 학습장애연구, 8(2), 87－107.

신민섭 외 (2007). 웩슬러 지능검사를 통한 아동전신병리의 진단평가, 학지사.

오경자 외 공역 (2014). 이상심리학(7판), 시그마프레스.

유경미 (2014). 시지각훈련프로그램이 지적장애아동의 주의집중에 미치는 효과. 한국발달장애
    학회, 18(4), 79－96.

유미숙, 윤소영, 전유진 (2013). 심리치료사를 위한 치료 계획. 시그마프레스.

육진숙, 권재성, 변은미 (2006). 가정에서의 인지재활 치료지침서, 군자출판사.

이경우, 홍혜경, 신은수, 진명희 (1997). 유아수학교육의 이론과 실제. 서울: 창지사.

이근후 공역 (1995). 정신질환의 진단 및 통계 편람 제 4판, 하나의학사.

이명우 (2003). 상담사례개념화 교육 프로그램 개발 연구. 연세대학교 교육학과 박사학위논문.

이영재 역 (2007). 읽기 곤란에서 난독증까지, 학지사.

이우경 (2017). 최신 이상심리학, 학지사.

이태수, 나경은, 서선진, 이준석, 김우리, 이동원, 오유정 (2017). 국립특수교육원 기초학습능력 검사(NISE−B·ACT) 개발 연구. 국립특수교육연구원.

장미경, Z. Maoz, 이상희, 정민정, 김유진, 신현정, 김미경, 손금옥, 유미성, 김경남 (2012). 정신 건강론. 태영출판사.

장미경, 이상희, 정민정, 손금옥, 조은혜 (2007). 아동상담의 이론과 실제. 태영출판사.

장선철 (2007). 특수아동교육. 서울: 태영출판사.

장애인 등에 관한 특수교육법(시행령) (2018). 국가법령정보센터, http://www.law.go.kr/

장휘숙 (2016). 전생애 발달심리학, 박영사.

전혜진, 김승민, 이경현 (2016). 숨은그림찾기 그림책에 의한 주의집중력 효과연구 − 초등학교 저학년을 중심으로. 커뮤니케이션 디자인학 연구. 57, 141−154.

정안순 (2011). 보드게임요법이 만성 정신분열병 환자의 실행능력에 미치는 효과. 가정간호학 회, 18(1), 40−47.

정옥분 (2009). 청년심리학, 학지사.

정종진 (2015). 뇌기반 학습의 원리와 실제, 학지사.

최정원, 이영호 (2007). 학습치료프로그램지침서, 학지사.

최정윤, 박경, 서혜의 공저 (2013). 이상심리학, 학지사.

허난설, 이명경 (2018). ADHD 하위 유형별 주의집중능력과 학습전략 비교. 정서·행동장애연구, 34(1), 159−176.

황정숙 (2003). 자료 유형(그림, 실물)과 제시 순서에 따른 3, 4, 5세아의 수세기 능력. 열린유아 교육, 8(3). 295−315.

Bandura & Menlove. (1968). Factors determining vicarious extinction of avoidance behavior through symbolic modeling. *Journal of personality and Social Psychology 8*, 99−108.

Bandura, A. (1977). *Social learning theory*. Englewood Cliffs, N. J.: Prentice−Hall.

Beck, A. T. & Emery, G. (1985). *Anxiety Disorders and Phobias: A Cognitive Perspective*. New York: Basic Books.

Beck, A. T. (1964). Thinking and depression. Part 2: theory and therapy. *Archives of General Psychiatry 10*, 561−571.

Beck, A. T. (1972). *Depression: Causes and Treatment*. Philadelphia: University of Pennsylvania Press.

Beck, A. T. (1976). *Cognitive therapy and the emotional disorders*. New York: Meridian.

Beck, A. T., Rush, A. J., Shaw, B. F. & Emery, G.(1979). *Cognitive therapy of depression*. New York: Guliford Press.

Ellis, A. (1962). Reason and emotion in psychotherapy, New York: Lyle Stuart.

Ellis, A. (1984). The essence of REBT—1984, *Journal of Rational—Emotive Therapy*. 2(1), 19—25.

Klonoff, E. A., Knell, S. M., & Janata, J. W. (1984). Fear of nausea and vomiting: the interaction among psychosocial stressors, developmental transitions, and adventitious reinforcement, *Journal of Clinical Child Psychology 13*, 263—267.

Knell, S. M., & Moore, D. J. (1990). Cognitive—behavioral play therapy in the treatment of encopresis. *Journal of Clinical Child Psychology 19*, 55—60.

Krumboltz, J. D. (1969). *Revolution in counseling*. Boston, MA: Houghton Mifflin.

Meichenbaum, D. & Goodman, J. (1971). Training impulsive children to talk to themselves: a means of developing self—control. *Journal of Abnormal Psychology 77*, 115—126.

Phillips, R. D. (1985). Whistling the dark? A review of play therapy research. *Psychotherapy*, *22*, 752—760.

Reid(1997, 김시은, 임희정, 양영애, 2016에서 재인용), Social work practice with groups: A clinical perspective. Brooks/Cole Publishing Company, 511 Forest Lodge Rd., Pacific Grove, CA 93950—5098.

Reid, K. E. (1997). Social work practice with groups: A clinical perspective. Brooks/Cole Publishing Company, 511 Forest Lodge Rd., Pacific Grove, CA 93950—5098.

색인

공저자 약력

박소진

덕성여대 심리학 박사 수료

경력

2007~ 2010년 덕성여대 학생 생활 연구소 상담원(전)
2008 ~2011년 덕성여대 심리학과 출강(전)
2007 ~2014년 아동청소년 관련 센터 소장(전)
2012년 ~현재 한국인지행동심리학회(협) 대표
2017년 육군 교육 사령부, 영진사이버대학교 자문위원
2017년 단국대학교 특수교육학대학원 출강(전)
2018년 추계예술대학교 출강(현)

저서

1. "비극은 그의 혀끝에서 시작됐다" (언어와 심리관련 교양서)
2. "영화 속 심리학" 1, 2의 저자(영화 속 인물을 통해 정신 병리 및 심리를 파악하고 치료기법 등 안내)
3. "처음 시작하는 심리검사와 심리 평가"
4. "당신이 알아야 할 인지행동치료의 모든 것- 행복해지기 위한 기술"
5. "나는 자발적 방콕주의를 선택했다"
6. "영화로 이해하는 심리상담"
7. "영화로 이해하는 아동청소년 심리상담"
8. "인지행동치료 개론" (번역서) 공역

손금옥

중앙대학교 대학원 유아교육학과 박사과정 수료

경력 및 자격

2002년 ~ 2015년 남서울대학교 아동복지학과 강사
2000년 ~ 2017년 혜전대학교 언어재활과, 유아교육학과 강사 및 겸임교수
2008년 ~ 2015년 남서울대학교 부설 아동가족상담센터 상담연구원
현) 원광보건대학교 유아교육과 교수
현) 한국임상모래놀이치료학회 이사
현) 한국인지행동심리학회 협동조합 교육이사
   인지행동지도 전문가 및 슈퍼바이저 자격
   학습장애(난독증)교육상담사 전문가 자격
   심리발달평가사 전문가 자격
   부부-가족 코칭 전문가 자격
   유치원 원감 자격
   보육시설장 자격

저서 및 논문

1. 유아동작교육
2. 영 · 유아 놀이지도의 이론과 실제
3. 아동상담의 이론과 실제(공저)
4. 보육학개론(공저)
5. 정신건강론(공저)
6. 교사-아동관계증진 프로그램이 예비교사의 공감 및 교육신념에 미치는 영향
7. 아동의 행동문제, 부모의 양육태도 및 양육스트레스에 미치는 놀이치료의 효과(공저)
8. 아버지의 공감능력 증진과 유아기 자녀의 행동문제 개선을 위한 부모놀이 치료의 효과(공저)
9. 아버지의 부모놀이치료 프로그램 참여효과(공저)

10. 놀이치료를 활용한 부모교육프로그램에 참여한 부모의 공감능력 및 자녀의 정서행동문제의 변화과정분석 (공저)
11. 유아교육 발전 방안 연구(공동연구)
12. 군인가족 상담지원 연구(공동연구)

김익수

서울대학교 특수교육 석·박사 통합과정 박사과정 수료

경력

2003년 2월 특수학교(초등)2급 정교사 취득
2003년 3월 ~ 2007년 2월 서울대학교 장애학생지원센터 조교, 전문위원(전)
2006년 강남대학교 유아특수교육 대학원 출강(전)
2007년 백석대학교 특수교육학과 출강(전)
2009년 ~ 2019년 2월 아동발달 관련 센터 근무(전)
2018년 시각장애 일상생활 영역 평생교육 프로그램(국립특수교육원) 집필진
2019년 3월 ~ 현재 협동조합 소요(디지털교육 공동체) 디지털포용국장(현)
2019년 3월 ~ 현재 한국인지행동심리학회(협) 교육위원

한국인지행동심리학회 협동조합 소개

본 학회는 인지, 행동 심리학을 기반으로 관련 분야의 전문 인력을 교육하고 양성하며, '인지행동' 관련 상담 프로그램 개발 등을 전문으로 하는 기관으로 2014년도부터는 육군교육사령부의 용역 사업을 진행해왔으며, 학회 대표인 박소진은 「영화 속 심리학」(1, 2)를 출간한(2014~15) 이후로 영화 상담관련 교육과 한국교원연수원에서 영상 콘텐츠 개발 등 활발한 활동을 하고 있음.

홈페이지 www.kicb.kr
문의 kicbt@naver.com/010-3925-4045

인지발달 및 학습향상을 위한

인지상담의 이해와 실제

초판발행	2019년 12월 27일
지은이	박소진·손금옥·김익수
펴낸이	노 현
편 집	배근하
기획/마케팅	노 현
표지디자인	조아라
제 작	우인도·고철민
펴낸곳	㈜ 피와이메이트
	서울특별시 금천구 가산디지털2로 53 한라시그마밸리 210호(가산동)
	등록 2014. 2. 12. 제2018-000080호
전 화	02)733-6771
f a x	02)736-4818
e-mail	pys@pybook.co.kr
homepage	www.pybook.co.kr
ISBN	979-11-90151-33-7 93180

정 가   15,000원

박영스토리는 박영사와 함께하는 브랜드입니다.